Anonymus

Baierischökonomischer Hausvater

oder Gesammelte und vermehrte Schriften der Kurfürstlichen Gesellschaft Sittlich und Landwirthschaftlicher Wissenschaften in Burghausen

Anonymus

Baierischökonomischer Hausvater
oder Gesammelte und vermehrte Schriften der Kurfürstlichen Gesellschaft Sittlich und Landwirthschaftlicher Wissenschaften in Burghausen

ISBN/EAN: 9783742892669

Hergestellt in Europa, USA, Kanada, Australien, Japan

Cover: Foto ©ninafisch / pixelio.de

Manufactured and distributed by brebook publishing software (www.brebook.com)

Anonymus

Baierischökonomischer Hausvater

Baierisch ökonomischer Hausvater.

Oder

gesammelte und vermehrte

Schriften

der

kurfürstlichen

Gesellschaft

sittlich- und landwirthschaftlicher Wissenschaften in Burghausen.

Erster Band.

München, bey Joh. Nepomuck Fritz, Buchhändler nächst dem schönen Thurme 1780.

Baierisch ökonomischer Hausvater zum Nutzen und Vergnügen.

I. Stück. August 1779.

Von den verschiedenen Erdarten, als dem Grunde der ganzen Landwirthschaft.

Theure Bürger! die ihr dem Vaterlande Dienste geleistet, die ihr ruhig am wärmenden Feuer der vergangenen Zeiten vergessen auf gegenwärtige mit runzelnder Stirne schmählt, hört mich mit euch schmählen, mit euch weinen, nicht, daß ihr alt geworden, sondern, daß eure Bemühungen in der Jugend so weit von eurem wahren Berufe entfernt waren, und daß ihr jetzt im Alter noch nicht aufhört eure Pflichten zu verkennen. — Vorher versäumtest du ehrwürdiger Greis deine Pflichten, und jetzt schmählst du auf den, der sie erfüllen will. Nein! Lieber Alter, es ist nicht alles

alles bös, was unsre heutige Welt lehrt; daß es aber mehr Böses im Umgange, als es zu den Zeiten der alten Deutschen, gebe, gesteh' ich dir zu, ehe führte Redlichkeit alle Kontrakte, man schlug in die Hand, und es vermochte mehr, als obrigkeitliches Beyseyn. — Steiget Täge unsrer Vorältern, steiget vom Grabe herauf, ändert Herzen, dann legt euch selig in eure Gräber, in die Oerter eurer Ruhe wieder.

Liebe Bürger eines Vaterlandes! nehmet alles von der bösen Seite, nur die Bemühungen eines baierischen ökonomischen Hausvaters segnet mit eurem Einverständniß, segnet Erfahrung mit eurem Bewußtseyn, und lehret noch mehr die Nothwendigkeit der Land = und Stadtwirthschaft.

Wie nothwendig man in dieser so nützlichen Wissenschaft auf den Himmelsstrich, wo man lebt, Rücksicht tragen müsse, lehrten schon lange vor uns Männer, deren Asche vielleicht noch im Grabe, oder von Winden verweht auf unsrem Boden zerstäubt liegt, sie lehrten auch weiter, daß man zerschiebene Erden auf jedem Strich Landes zu betrachten, daß man nach dem innerlichen Werth Achtung tragen müsse, was man

da

da vortheilhaft pflanzen, säen u. ſ. w. könne; denn ſo wie die beßte Geige, wenn ſie ein Lehrjung in die Hände nimmt, ſammt ihrer Güte falſche Töne giebt, ſo zeigt auch die beßte Erde die ſchlechteſten Früchte, wenn ſie nicht ihrer Natur gemäß verbraucht worden; Kenntniß der Erdarten ſetze ich an den erſten Ort, da es aber Arten der Erde giebt, ſo eine Frucht mit Nutzen, eine andere mit Schaden zeigt, ſo wollen wir zu erſt die Erden eintheilen, dann beſtimmen, wie dieſe Erden gut herzurichten, wie ſie vortheilhaft zu gebrauchen. — Liebe Mitbürger, die ihr eure Tage in der Umarbeitung der Erde zugebracht; wir wollen euch nicht unmenſchlich uns zu folgen zwingen; Nein — nur unſre Anſchläge ſollt ihr leſen, oft leſen, den Weg zum Herze ſolchen nicht verſperren, ſie als die Sorge für euer größeres Wohl verſuchen. Wir ſchreiben keine Schmähſchriften, ob ſolche gleich mehr Geſchmack und Aufnahm haben, noch wollen wir an geheiligten Perſonen uns vergreifen, und Spott auf ihre Häupter hinſchelten, vielmehr haſſe ich ſolche Vergehen, vielmehr ehre ich den Mann, der dem Landvolke Segen und Heil predigt, ich ehre ihn als Diener der Religion, als Sittenrichter, als das beßte Mittel ein Land zu beglücken; wie froh geht der Mann seinem Hirten zu, und wie froh nimmt er seine Lehren zu Herze, wie vergnügt eilt er seiner Wohnung entgegen, setzt sich unter seine Kinder, unter seine Knechte und Mägde, erzählt ihnen die Lehren des ehrwürdigen Mannes — Mein! guter ehrwürdiger Herr! können Sie nicht dem Vaterlande etwelche Stunde ihrer Bemühungen schenken, nicht die ökonomische Anschläge in ihrem Pfarrumkreis als der erste unternehmen, und durch ihren Nutzen den Nachbar reitzen, daß er gleiches unternimmt; könnten sie nicht Vergnügen auf so eine Art ihren Empfindungen verschaffen, wenn sie sehen, daß in etwelchen Jahren ganze Ebnen durch ihre Aneiferung fruchtbar geworden, daß sie sich einen Gutthäter der Menschheit nennen, und als einen ächten Patrioten verehren lassen dörfen, in diesem ehrwürdiger Herr, theure Mitbürger eines Vaterlandes rufen wir euch auf, uns eure Gedanken nicht zu enthalten, uns mit noch mehr Erfahrung zu belehren, oder unsre Sätze durch euer Gutachten zu schützen! — Frostige Kenner dieser verborgenen Quelle aller Glückseligkeiten eines Staates helfet uns wegsetzen, aus dem Satel heben! Halbgelehrte und Gecken verlachen! dann wollen wir gemeinschaftlich den Ruhm theilen

len, gemeinschaftlich von der Güte des Monarchens versichert unsre Tage ohne Vorwürfe, ohne die quälenden Gedanken in unsrem Herze nähren zu müssen, enden: er ist weg, und hinterließ keine Spur. — Eifert o Freunde! eifert in die Wette, wer den ersten Kornkranz erhält, wer dem Mitmann am meisten zu nützen im Stande, wer zu erst die Gunst eines Fürsten, zu erst Orden und Bänder aus Norden erhält, da ehrt man den Landmann, da kennt man seine Verdienste, da hat man die meiste Aufmerksamkeit auf die Oekonomie, auf diese reichhaltige Quelle des allgemeinen Wohls. Engelland, was große Geschenke giebt es dem Ackersmanne, wie viele Vorzüge hat dieses Königreich vor allen andern Ländern, Ackerbau, Viehzucht, alles steht besser bey ihnen; um aber Beyspiele auch von unsren Landesleuten herzusetzen, müssen wir die Kurpfälzische physikalische-ökonomische Gesellschaft zu Lautern als das seligste anführen, wären nicht manche Leute, die nichts zweymal lesen wollen, so hätten wir Lust gehabt, von dieser großen Gesellschaft etwas mehr herzusetzen, wir werden für dießmal nichts von andern Schriften brauchen, bis wir das gütige Wohlwollen gegen unsren Hausvater erfahren haben; denn es läßt freylich übel Ge-

lehr-

lehrten ihre Kenntniß entehren, und Dinge widersagen, so sie aus der Quelle genommen. Allein, wenn gelehrte, einsichtsvolle Männer auch das betrachten, daß fünf Theile gegen einen nicht die Bücher zu kaufen, zu bekommen, und oft zu lesen Zeit und Gelegenheit haben, so müssen sie uns auch so hin und wieder zu gut halten, wenn wir unsre Landesleute zu unsren Nachbarn führen, diesen ihre Arbeiten und Bemühungen in so weit sie thunlich und geschickt sind, zeigen. Wir haben also die Erden einzutheilen, die man gemeiniglich

  Gartenerde,
  Thonigte,
  Kalkigte,
  Sandigte

nennt. — Man muß entweder den großen Nutzen, den man aus der Kenntniß dieser Erden zu ziehen im Stande ist, nicht glauben, oder annehmen, daß man diesen eigentlichen Werth unmöglich kennen könne, wenn man nicht Chymie versteht, denn diese lehret die Mischung der Körper, und gründet alle ihre Versuche auf wirkliche Beobachtung, mithin ist ihr Glauben beyzumessen; die Folgerungssätze sind meistentheils eben so richtig, denn sie sind aus den beßten Gründen zugenommen, und auch wieder der Beobachtung unterworfen worden.

Ein gewisser Gelehrter und angesehener Mann glaubt, die Mischung der Erden trage nicht viel zur Fruchtbarkeit bey, koste übrigens vieles Geld; setzt eine Berechnung an, so ganz richtig; — wenn man ein Morgen Lands, oder nach hiesiger Sprache ein Tagwerk, das ist eine Strecke von 40000 Quadratschuhen nur vier Zoll hoch mit Erde überlegen wollte, müßte man auf 100 Quadratschuhe einen Wagen voll, auf 40000 dieser Quadratschuhe aber 400 Wägen Erde führen, und wenn man dieß alles gethan, habe man den Sandacker etwas schwerer, den Thonacker aber um vieles Geld leichter gemacht. Einem Manne wollen wir nicht widersprechen, der seine Tage in Versuchen zugebracht, und alles so gefunden; wir sagen nur unsre Meynung, was wir denken, und erfahren, und was Baiern da vor merkliche Beobachtung hat. Sich ganz auf die Düngung verlassen, nichts, gar nichts auf die Mischung der Erde halten, scheint uns nicht thunlich und überhaupt praktisch zu seyn; denn man nehme in ein Gefäß Sand, dünge solchen, er wird locker bleiben, bey starkem Luft sich in der At-

Atmosphäre zerstäuben, von starken Regengüssen abgespielt, die Wurzel kaum mehr zu halten im Stande seyn; nehmen sie einen lockern Erdestrich, wie wenig, wie dünne da die Früchte wachsen, und wie stark der gesäete Saame, weil er nicht fest in der Erde liegt, von den Vögeln aufgefressen wird, man darf nur auf den Flug der Tauben ein wenig Acht haben, welche Felder sie wählen, sandigte sind diesen Thierchen die liebste, weil sie ohne Mühe die Körner finden; man muß lieber einmal Geld und Arbeit nicht scheuen, wenn man was Praktisches gethan haben will, sagte ein Landmann, als ich ihm die Stelle eines gewißen vorlas, säen kann man an alle Orte, dieß ist ganz gewiß, allein einärndten kann man nicht gleich von allen Orten, daher kömmt, daß viele Landleute verderben, weil sie ihre Gründe umgekehrt brauchen, auf Felsen Waitzen säen, und im fetten Grunde Haber bauen, ich konnte lange die Ursache nicht entdecken, daß alle meine Vorgeher bey all ihrer Arbeit dennoch arm, und zum Fortjagen hergerichtet waren, da mir ein guter Herr sagte: Freund deine Felder sind zu leicht, sieh diesen Berg, wo Niemand etwas hinbaut, liegt die beßte Erde, führe sie auf deine Aecker, begeile sie, und laß deine Düngstabt wohl zurichten,

ten, so wirst du die Quelle der Verderbniß deiner Vorfahrer entdecken; lieber Herr, ich hab es erfahren, daß auch Männer, so nicht Pflug und Ege geführt, geschickt, und ihnen nicht alles zu widersprechen, sehet diese Felder, wie sie reifen, wie der Klee hier halbschuhhoch über der Erde wächst, wie da das gesündeste Gras um meine Hütte hervorgrünt, ich hab es erfahren, und ich kann dem Mann nicht genug danken, daß er mich belehret, und glücklich gemacht. Hier rollten ihm Thränen vom Danke abgezwungen über die Wangen, und ich verließ ihn mit dem sehnlichsten Wunsche: seine Felder möchten tausendfältige Früchte zeigen. Erdemischung ist gewiß nützlich, allein Düngung ist eben so nothwendig. Der Engelländer Tull glaubt, die Erde könne ohne Düngung nützliche Früchte zeigen, wenn sie nur gut umgearbeitet, ein Sentenz, den der Landmann verlacht, und dem großen Engelländer mit gutem Wissen sagt, alle Erden tragen Früchte, allein, wie viel, was vor eine, lohnet es die Mühe, daß man an schwillen Tagen sein Haupt von der Sonne braun brennen läßt? — Nein! eine gute Mischung der Erde mit nahrhaftem Düngen begeilt giebt mehr, als eine lockere, als eine ungedüngte, man muß oder keine Naturlehre kennen,

nen, oder ganz wider Erfahrung streiten, wenn man das gesagte unwahr nennen wollte, im lockern, folglich brennenden Sand ist es nicht genug, daß man düngt, man muß so ein Feld etwelche Jahre (wenn man auch keine Erde hinführen will, unbearbeitet lassen, damit die Oberfläche fest von den anwachsenden Unkräutern werde, durch so eine Liegenlassung bekömmt die Erde eine ganz andere Natur, sie wird tauglich zu Dingen, die man vorher umsonst würde in so eine Erde gesäet, gepflanzt haben, das ist vielleicht die Ursach, warum der oben angesetzte Gelehrte geglaubt, man konnte mit blossem Düngen sandigte Ebnen zum urbarsten Boden umschaffen, da er diese Kruste für lautern Sand gehalten. — Nein, alle Mühe, alle Arbeit ist umsonst, macht man es nicht auf unsre oben angesetzte Art, so wird vieler Dünger verschwendet, und weniger Nutzen verschafft, ich habe es auf hiesigem Boden gesehen, daß es nicht gieng, wenn man auch noch so viel Dünger auf solche Orte geführt, und die Vorfahrer des oben angemerkten Bauers geben hievon Zeugschaft, und ihre Armuth ein Beyspiel. Ein gewißer Gelehrter suchte mit allem Fleiße Naturalien, und besonders Abdrücke zu finden, er gieng Felsen aus und ein, fand aber

Wun-

Wunderdinge, allein die Hand des bezahlten Künstlers war die Natur, die dieser Mann zu finden geglaubt, er setzte sich, schrieb diese Dinge mit Kupfer der Welt vor, und glaubte Dank dadurch zu bekommen, man hatte aber statt Dank in die Fäuste gelacht, und den guten Mann sammt allen seinen Bemühungen wenig geachtet, in der Oekonomie muß der Hausvater fast alle Schritte seiner Leute beobachten, sonst sind seine Anmerkungen fehlerhaft, es ist gleich gesagt, die Erde ist sandigt gewesen, und tragt jetzt dennoch Früchte, man sagt aber nicht, wie tief der Sand, ob nicht unter einer solchen Oberfläche gute Erde verborgen, durch die Landkultur empor gekommen, das untersucht man nicht. Dünger, wenn er zu viel auf ein Feld gebracht wird, schadet, denn so wie Salz den Speisen Geschmack und Kräfte giebt, wenn es ordentlich verwendet worden, im Fall man solches an einer Speise zu viel gebraucht, dieselbe verderbt, ungenießlich macht, so ist es auch mit dem Dünger, er ist das Gewürz, so der Erde Kraft und Wirkung giebt, er ist im Stande oder eine glückliche Aerndte zu schaffen, oder die Frucht zur Verfäulung zu bringen; es gehört überhaupt zu der ganzen Oekonomie eine gute Kenntniß der natürlichen Dinge,

der

der Dinge, so man brauchbar herstellen, mit Nutze unternommen haben will. Wir wollen den Versuch wagen, die Strecke von Ingolstadt gegen klein Salvator, von München gegen Nymphenburg, von Neuötting nach Neumark in Baiern untersuchen, ob solche Ebne nicht könnte auf eine Art genützt werden; man muß aber, um dieses zu bewerkstelligen, sehen, was für eine Erbe da vorhanden, und ob denn dieser Grund zu allem unnütz, die Erde, die sich an allen diesen Orten befindet, ist freylich im Grunde steinigt, allein die Oberfläche, so fast an allen Orten einen guten Schuh hoch, ist die gesegneste Erde, wenn sie bearbeitet, und gedüngt, es ist eine Erde, die dann entsteht, wenn man solche wüste Oerter auf etwelche Jahre liegen läßt, die Pflanzen, die da anwachsen, verfaulen, und so kömmt von Jahr zu Jahr eine gute Erde in Vorschein; diese Gegenden wollte man ihnen aus lauterm Eigensinne zu einer genießlichen Frucht, Kraft und Wirkung absprechen, so kann man das Aufkommen (*) der Färberröther Krapp, nicht als eine

---

(*) Der Schönfärber Backhaus in Landshut, hat Krapp auf solche Orte gebaut, da ihm aber diese wieder genommen worden, hat der Färberröthebau in Baiern aufgehört.

ne unmögliche Sache angeben; denn diese wächst wie jedes Unkrant wächst, wurzelt um sich, und kömmt auch in einer ansehnlichen Menge auf dem schlechtesten Erdreich fort, wenn solche recht gedüngt, ist sie freylich ergiebiger, allein es ist hier nur die Rede, daß sie da wächst, wo Unkraut auch wächst, daß aber Unkraut auf den obigangemerkten Orten wachse, wird jeder wissen, der diese Gegenden gesehen, — nun mag der sorgfältige Landmann vielleicht gerne diese Art Früchte auf jene Ebnen zu bauen wissen, wo er wirklich gar nichts, er möchte eine Erklärung von dem Baue dieser Pflanze haben, es ist nicht zu rathen, daß man Schriftsteller abschreibe, wohl, daß man solche benütze, Männer, so den Färberröthebau angesehen, geben die erste Anweisung, daß sie sagen, man könne diese Röthe oder säen, und dann, wenn der Saam angewachsen, ein Pflänzl, wie man im gemeinen Leben spricht, geworden, versetzen oder durch Chymie, denn die Natur dieser Wurzel treibt im Frühjahre viele neue Ausschläge, so Keime nach dem Färberröthebau genennet werden, man nimmt diese Ausschläge, Nebensprossen, wenn sie Wurzel haben, vom Haupt hinweg, und versetzt solche, wie die Saamenpflänzlein, auch das Kraut der Färberröthe giebt neue Keime, wenn sie zum

Ein-

Einlegen hergewachsen, und es wird wie die Keime in die Erde gelegt, und bey seinem Aufwachsen wie mit dem Keime und Saame verfahren. Man muß aber beym Versetzen auf gewiße Umstände schauen, die meisten, die die Färberröthe bauen, versetzen die Pflanzen im May, in welcher Zeit sie ihre Größe erhalten, daß sie zum Versetzen tauglich, und geben auf die Witterung acht, regnigte Witterung ist den Färberröth verständigen Bauern am liebsten, denn sie ersparren eine große Mühe, daß sie nicht die jungen Pflanzen begießen dörfen, acht und neun Zolle ist das Maaß, so solche Sproßen haben sollten: man hat bey der Ablösung vom Hauptstock zu merken, daß man die Erde oben hinwegräumt, und den Stock am Boden entblößet: Damit man die Sproßen mit Nutzen wegnehmen, und brauchbar erhalten kann, der Saame ist sehr hart zu bekommen, weil die Länder, wo solche Färberröthe wächst, ihr meistes Einkommen davon ziehen, denn alle Färber brauchen diese Röthe, die man einst geglaubt, man könne sie nur zum Rothfärben brauchen. Hellot versichert aber in seiner zuverläßigen Färbekunst, daß man diese Röthe zu allen Farben verwende. — Wie kann aber dieser Anbau zuwege gebracht werden? erstlich müße

man

man den Saamen dem Landmanne, oder wer immer solchen bauen wollte, geben, und wer die ersten Pfund brächte, den sollte man belohnen; denn Belohnungen sind die beßten Mittel ein Volk, eine Gemeinde aufzumuntern, solche thätig zu machen. Das wäre so meine Meynung, denn ich kann, noch will ich Jemand zwingen mir zu Liebe etwas zu unternehmen, ich rathe, und rathe nur Dinge, die viel, recht viel nutzen, die leicht zu verrichten, und großes Geld tragen, man bearbeitet die Erde mit Pflügen, und dann eget man solche, laßt einen Schuh breit Zwischenraum, oder wie man sagt, Furchen, damit man Erde hat, mit welcher man die Stöcke bedecken kann, und theilt alles in Beete ein. Will man aber nicht mit ausländisch nützlichen Dingen sich abgeben, so kann man auf diese Gegenden auch Weitzen, Gersten, Haber, u. s. w. bauen, denn sie haben einen halben Schuh guter Erde, diese halb Schuh tiefe Oberfläche wäre mithin zu einem Anbau genug, man müßte hier nur beym Pflügen dem Pflugeisen eine Richtung geben, daß es nur etwa drey vier Zolle tief in die Erde gieng, die Furchen nur 6 — 7 Zolle breit machen, daß man alles hinsäen könnte. Ich habe einen armen Mann gesehen, der so eine Art Erde, die ihm der Eigenthüthümer auf vier Jahre gegeben, an einem Berge herunter mit einem solchen Fleiße zugerichtet, daß man es kaum glauben sollte. Allein Bemühung und heißer Eifer macht Felsen zu Lustgärten, und Sümpfe zu Felder. —

O! wollte unser durchleuchtigster Landesvater auch die gnädigsten Gesinnungen für Baiern nähren, solches, wie seine liebe Pfalz begnaden, auch die ökonomische Gesellschaft in Burghausen auf einen glücklichern Fuß herrichten, und so viele Mittel wie Lautern an die Hand geben, dem Vaterlande nützen, aufhelfen zu können. Freund! lesen Sie die Schriften dieser großen Gesellschaft, lesen Sie ihre Geschichte, wie viel Karl Theodor Künste und Wissenschaften schätzt, jährlich neue Zulagen(*), jährlich neue Gnaden fließen dieser verdienstvollen Gesellschaft von den Händen unsers gnädigsten Landesvaters zu, unter der durchleuchtigsten Protektorinn Elisabethe Auguste wird diese Gesellschaft groß, wird dem Vaterlande nützlich.

Künste und Wissenschaften nähren ein Land, und die weisen Anstalten eines liebsten Fürsten, eines Liebhabers des gemeinen Mannes vermeh=

(*) Bemerkungen der Kurpfälzischen physikalischen Gesellschaft in Lautern.

mehren die Glücksumstände; O! könnten wir unsre Völle des Herzens niederschreiben, könnten wir Baiern recht unsers gnädigsten Landesvaters heißes Bestreben sein Volk zu beglücken, empor zu bringen, mit Worten erklären, ihr würdet von der Güte dieses großen Fürsten voll all eure Bemühungen mit doppeltem Fleiße fortsetzen, alles für den Namen Karl Theodor unternehmen. — Allein da ich Erfahrung, Versuche eben bey einer physikalisch, ökonomischen Gesellschaft als das Hauptmittel seinem Mitmanne wahrhaft rathen zu können, gefunden, so sollte man auch solche Gelegenheiten haben; denn die Oekonomie verlangt wie die Chemie Versuche: hätte man nie etwas verwendet, immer Kosten verscheut, man wäre in der Chemie noch weit zurücke, wo man wirklich Dinge besitzt, so allein Versuch, nicht Vorwissen gegeben. — Wer aber, als Privatmann hat so viel Mittel, wer Oerter zu versuchen, wer Zeit, wenn er nicht Schaden, nicht mit lauter Versuchen Bettler werden will. — Gesellschaften können solche Dinge unternehmen, Gesellschaften, so von sich reich, oder von Fürsten unterstützt, die nicht Geld und Zeit achten, sondern deren Zweck Versuch und Beobachtungen. — Man hat große Männer in der Landwirthschaft

schaft, man hat aber auch eben so viele Stuben=
gelehrte, so Pflug und Ege auf ihrem Schreib=
tische umwenden, und weder Anhöhen, noch Süm=
pfe gewahr werden, sie denken wenig an den Grund
der Landwirthschaft, ihrem ersten Triebe gefolgt
muß die Sache gehen. — Nein, so geht das
Ding nicht, wollen Sie liebe Beeiferer der öko=
nomischen Wissenschaft gründlich zur Sache ge=
hen, so müssen Sie nicht so gerade hin meinen
Worten glauben, nicht gleich mit dem Worte:
thonigte Erde, zufrieden seyn. — Weise Män=
ner, Männer, die eine Wissenschaft real er=
lernen wollen, bringen ins Innerste, zergliedern
die Bestandtheile jeder Sache. Thonigte Felder
haben ihren Vortheil in dem, daß sie die Re=
gengüsse nicht einbringen, und bey starker
Sommerhitze den Pflanzen die Feuchte nicht ab=
gehen lassen, sie werden von darum auch kalt
genennet. — Sandigte Erde hat aber auch einen
Nutzen; denn, wenn man sie mit der thonigten
vermischt, schaft sie solche lockerer. Kalkerde trock=
net aus, erwärmt, und leidet kein Unkraut ne=
ben sich. Gartenerde wächst von den verfaulten
Pflanzen, und ist für die Gärten, als andere
Früchte sehr vortheilhaft, man findet solche in
keiner gar großen Anzahl. —

Das

Das ist also der Eingang in unsre Schrift, das der Grund, auf dem ein sistematisches Werk wird aufgebauet, und dem ächten Landmanne vorgestellt werden; denn wir hätten auch von allen Materien was hersetzen können, was vom Ackerbau, was von Viehzucht, Forsterey, Fischfang und Salz; denn dieß sind die Quellen, durch welche wir im Auslande bekannt, dieß sind die einzige Mittel bis daher gewesen, mit dem Ausländer bekannt zu werden; denn das Kommerze ist stark hier vernachläßiget, zum größten Theil aber noch nicht recht eingeführt gewesen; denn die Bedürfnisse hatten keine so große Oberhand genommen, Segen von Oben beglückte dieses Land mit reichhaltigen Aernbten, man kannte also kein Bedürfniß, das einem auf andere Mittel zu denken hätte Stoff gegeben, man machte seine Sache nach dem Gebrauch seiner Vorältern fort, und verlachte einen, wenn man von andern Dingen, als Landesprodukten gesprochen. — Kurz soll ich Ihnen die Oekonomie wahrhaft beschreiben, so nenne ich solche ein Kind der Versuche, sie ist die Schwester der Chemie; beede haben Versuche zum Vater, beede Erfahrniß zur Mutter; man kann wohl philosophisch demonstriren, daß dieß dieß ist, daß $a + b + c = a\,b\,c$ sey, weil es in der Mathe-

matik angenommen, und seine Richtigkeit nach
dieser gelehrten Männer Sinn hat; in der Land=
wirthschaft und ihrer Schwester der Oekonomie
heißt es anders, hier muß a + b + c in ein
Gefäß gethan, der wahren Operation unterwor=
fen, und wenn es die Probe gehalten, für wahr,
für gut erklärt werden.

Die Gesellschaft von Burghausen ist eben nicht
so ohne Verdienst, es finden sich Glieder in dieser,
die auch auf ihren Gütern vieles versucht. Wer
kennt den berühmten Herrn Doktor Schäfer nicht,
wie viel er Versuche mit den Schafen angestellt, wer
die Bemühungen des Freyherrn von Hartmann, des
beständigen Vicepräsidenten dieser Gesellschaft nicht,
ein immerwährender Arbeiter in diesem Fache, ein
wahrhafter Beeiferer für das Wohl der Gemeinde.
München zählt auch geschickte Leute. Herr Kanoni=
kus und geistlicher Rath von Kohlmann ist einer.
Er hatte viele Jahre Erfahrung, und immer seine
Freude mit dieser Wissenschaft gehabt. Wir haben
es von einem Freunde schon in der Ferne gehört, und
hier selbst erfahren, daß Herr von Kohlmann ver=
diente unter die großen Männer Baierns gezählt zu
werden. Hr. von Kollenbrenner kurfürstl. wirklicher
Hofkammerrath hat sich ebenfalls in solchen Schrif=
ten

ten mit vielem Ruhme gezeiget, diese schönen Bemühungen haben ihn in verschiedene gelehrte Gesellschaften gebracht, verschiedenen Ruhm in der Welt erworben. Herr Medikus Baader verdient auch unter die Zahl gesetzt zu werden; Kurz Baiern zählt große Männer in diesem Fache, und man hätte auch andere große Kenner in Klöstern und auf Pfarreyen, allein sie bleiben der Welt verborgen, sie lassen die beßten Erfahrungen mit sich absterben.

Sollte einer solcher Männer unsre Schrift lesen, so bitten wir ihn, daß er uns auch möchte mit seinen uns verehrungswürdigen Versuchen aufhelfen, nützen; wir werden das Lob nicht uns, sondern allein ihm zuschreiben, nur damit Ehre suchen, daß Männer durch eine solche Einschickung unser Werk billigen, für gut halten; denn ein Mann, der nichts von dieser Wissenschaft weis, wie viele nichts wissen, erweißt uns weder Ehre, noch Unehre mit seinem Urtheil, wir verlassen uns auf Kenner, was diese einwenden, werden wir überlegen, und nach Thunlichkeit befolgen, dem gemeinen Mann aber, wenn er zu uns kömmt, uns näher fragen wollte, werden wir nichts hinterhalten, sondern die Sache nach Umständen erklären. Es ist selten, daß ein Landmann

sei=

seine Zuflucht zu den sogenannten Gelehrten nimmt, obwohl ich ein Beyspiel von einem Bauern bey Ingolstadt erlebt; dieser hatte jährlich unglückliche Zeiten zu erleben, und er wußte die Ursache nicht, Zutrauen zu einem Gelehrten half ihm das ganze Uebel heben; er zählt wirklich gesegnete Jahre, erwünschte Tage seiner Arbeiten, und ersprießliches Wahrwerden der Anschläge, Rathgebungen dieses Gelehrten.

Man könnte öfter einem Uebel vorkommen, wenn man auf Gelehrte sein Zutrauen hätte; allein so lange man mit Smelfungen die Sache betrachtet, so wird sie nicht gut, nicht vortheilhaft erscheinen; denn York sagt in seinen empfindsamen Reisen: Smelfungus, der gelehrte Smelfungus reißte von Bologne nach Paris… von Paris nach Rom… und so weiter… aber mit Spleen und Gelbsucht gieng er aus, und jeder Gegenstand, wo er vorbey kam, war entstellt, verbleicht und verzehrt… Ich wills der Welt erzählen, rief Smelfungus, — sie thäten besser, wenn sie es ihrem Arzte erzählen. Vorurtheil, und der übel gegründete Stolz der Menschheit zerschlägt die beßten Sachen. Vorurtheil und Aberglaube haben im Anfange solche Schriften bestritten, und mit den gröbsten Ausdrü=

drücken belegt. Man ward aber nachher etwas vernünftiger, und wir wünschten, daß man gar aufhörte, sich über nützliche Dinge aufzuhalten, sich dawider mit schändenden Worten herauszulassen. — Bürger! theuerste Mitmänner des Staates, kommen euch Dinge vor, deren euch gewiß viele vorkommen werden, nehmt unsre Anschläge zu Rath, sucht Hilfe bey Gelehrten, nehmt unsre treue Rathgebung an, ich weis, ihr werdet uns am Ende Dank wissen, und unsre monathlichen Schriften als einen Leitfaden beschauen; wir werden euch mit allen Theilen der Oekonomie u. s. w. unterhalten; und wenn ihr wollt, belehren, euch nützliche Maschinen in Kupfer stechen, und wenn es die Behandlung fodert, vorlegen.

Ge=

Gedanken
ueber die Polizey.

Die Erfahrung hat mich gelehret, Ihnen liebe Landesleute eine Abhandlung über die Polizey zu liefern, Ihnen mit offnem Herze zu gestehen: daß ich kein Land weis, wo weniger diese Wissenschaft getrieben wird, als in Baiern; hier macht jeder nach seinem Sinne seiner Waare den Werth, und wenn man beym Rathe darüber spricht: so heißt es immer, hier zu Lande läßt es sich nicht thuu, gar nicht? — Mein! lieber Herr, wer ist im Stande die Glückseligkeit eines Landes zu befördern, als die Polizey, ist nicht diese, die das Wohl der Staaten hergestellt, und Glückseligkeit über das ganze verbreitet, nun wenn sie dieses ist, wie sie es gewiß ist, so müssen sie oder doll in ihrem Kopfe, oder wider eine allgemeine Wahrheit lärmen. — Gehen Sie einmal hinaus zu dem Mann, der diese Wissenschaft wohl versteht, gehen Sie an den Rheinstrom zu unsern Landesleuten, zu den ersten Kindern Karl Theodors, fragen Sie solche, ob sie nicht Polizey zu so einer glücklichen Stufe, auf der sie wirklich stehen, gehoben. Denn nehmen

Sie das schönste Haus, die kostbarste Einrichtung, wenn solche nicht ordentlich, passend, wenn Tische und Stühle im Wege stehen, wenn die Dinge in verkehrter Ordnung sind, was mag so das schönste Haus nützen. — Oder bleiben sie bey dem Ausdruck, den ich einmal gelesen zu haben mich zu entsinnen weis: daß einer die Uhre aufziehe, und der andere wieder stehen lasse, hier ist es eben so, der Mann, so sich durch seinen Fleiß etwelches Geld erarbeitet, das muß er wieder um schlechte Waaren, oder um bleiben zu dörfen, hingeben.

Der Kaufmann wird niemals mit seiner Waare heruntersteigen, und wenn auch der Landmann seine Früchte um 8 Kreuzer reichte. Die Polizey, wenn sie allgemein, wenn sie wirklich in ihrem Kleide erscheint, verschont Niemand, vom letzten Manne im Staate bis zum ersten hinauf, alles muß sich ihrer Untersuchung, ihrer Einrichtung unterwerfen; denn es läßt übel, wenn nur der Landmann arm seyn soll, damit der Kaufmann volle Tische halten, und die beßten Ersparungen des nützlichsten Mannes im Staate verzehren kann; die Art reich zu werden ist die nächste, wenn man 100 Prozente nimmt, und in alle Fächer seiner Mitbürger Eingriffe wagt; wenn der Kaufmann Waaren vom Auslande sich zulegt, so man im Lande auch haben könnte, und wegen dem Leute Stift und Steuer zahlen müssen. — Wenn die Polizey hier am Brette wäre, wenn diese Sitz und Stimme im Rathe hätte, wenn sie eben, wie in rheinischen Landen thronte, so därfte jeder nur mit dem handeln und wandeln, für welches er seine Anlagen erlegt. Ist das eine Polizey? Wenn der Bäcker das Brod nicht größer macht, als in den Zeiten, wo Hungersnoth im Vaterlande geherrschet.

Tage der Freude, der Fürsehung, Zeiten, seligste Zeiten, die ihr das Glück uns zugeführt. Ihr seyd der Freude, des reinsten Vergnügens werth.

Gott, die ewige Fürsehung, die alles Gute in der Welt macht, hat uns einen Fürsten zur Wohlfahrt bestimmt, ihm schon bey seiner Entstehung die Wahrheit ins Herz gelegt, daß er zum Wohl Pfalz und Baiern erschaffen, Gott! unumschränktes Wesen, Dank sey der Fürsehung: Dank, ewiger Dank, daß du Karl Theodorn deinen geliebten, durch den schon so viele Menschen

ſchen glücklich geworden, auch für Baiern erhal=
ten. Unnenbare Wohlthat, daß du uns Karl
Theodorn ſchenkteſt.

Viele Gelehrte gaben ſich mit der Unter=
ſuchung ab, aus was Urſache ſich die Menſchen
zuſammen begeben, und Geſellſchaft gemacht.
Jeder glaubt was anderes, und wenn es recht
unterſucht wird, ſo iſt es die allgemeine Glück=
ſeligkeit. Dieſe Glückſeligkeit nun beſteht in ei=
ner ordentlichen Uebereinſtimmung der Theile zum
Ganzen. Eine ſolche Uebereinſtimmung ſchafft
eine gute Polizey; denn ſie lehrt den Völkern
Religion, Rechtſchaffenheit, Patriotiſmus, Ge=
ſundheit, Politik, ſchafft die Nahrung zum Le=
ben her, häuft Schätze, und trägt Sorge, daß
nichts unnöthig aus dem Lande geführt wird,
ordnet das Regiment, und iſt die erſte im Staate.
Nun, dieſer verehrungswürdigen Wiſſenſchaft hat
man bis daher allen Zugang verbothen, man
ſchrie von Glückſeligkeit, und kannte das Mit=
tel nicht, oder wollte es nicht kennen; denn im
trüben iſt leichter fiſchen, als im reinen Waſſer.
Das wußten die Leute gut, ſie brachten alſo ein
Gelärm unter den gemeinen Mann, der hier zu
Lande ſehr dumm erzogen worden, und alles ſei=
nem

nem Obern glaubte, wenn der sagte: daß die Polizey etwas wider die ganze Menschheit, wider Religion und gute Sitten wäre. Zufrieden mit dieser Erklärung rufte dann der Landmann seinem Untergange aus vollem Halse zu, fluchte auf die Erhalterinn der Staaten, auf die Polizey, die so sorgfältig für alle Fälle der Unterthanen denkt, die ihre Freude hat, wenn auf jedem Gesichte Vergnügen wohnt. Diese ward in dem Angesichte eines hiesigen Landmannes ein Abentheuer, diese verlor ohne Verschulden ihr Ansehen, man glaubte ihrem herrschenden Einflusse nicht, ob man gleich in der ganzen Gegend, bey seinen Nachbarn alles Glück aus ihrem Daseyn aufblühen gesehen. — Wo diese ist, da ist Religion, Religion nach ihrem wahren Verdienste, da dörfen keine Mißbräuche sich an den Ort der wahren Gebräuche bringen, da dörfen die Diener der Religion nicht die Leute mit Nebendingen unterhalten, und über diesem die wahren Gründe derselben versäumen, nicht alle Bemühungen, so ohnedem die Pflicht eines Priesters, eines Dieners der Religion fodern, sind sich zahlen zu lassen erlaubt. Nein! sie ist menschlicher diese göttliche, diese heilige Religion, diese Wonne einer frommen Seele, sie schaut auf Stand,

auf

auf Umſtände, und dann geſtattet ſie noch ungerne; daß man ſich um Schuldigkeiten belohnen läßt, zu gut von ihrem Stifter eingerichtet, verſcheut ſie, dieſe allgemeine Religion, die Armen noch ärmer zu machen, und vom armen Gute ſich ſatt zu eſſen.

Polizey lehrt Rechtſchaffenheit, dieſe große und vortheilhafte Tugend, die ſo vieles Gutes in den Staaten geſtiftet, ſie lehrt Patriotiſmus. Sie lehrte Kurtius den edeln Ritter Roms ſterben, und den Staatsmann unterrichtet ſie, wie man leben müſſe, wenn man recht und gut als Staatsmann leben will, ſie macht alle Mittel ausfindig, die Geſundheit der Unttrthanen recht glücklich herzuſtellen, ſchafft ungeſunde Speiſen vom Markte, führt geſunde hin, richtet die Form des allgemeinen Weſens ein, ſtellt ein Hauptrad, durch das alles getrieben wird; kurz, es iſt kein Verdienſt, ſo nicht der Polizey zuzuſchreiben, ſie iſt die Mutter aller Glückſeligkeiten, ſie hat keinen andern Zweck als eben ſolche.

Nun wo dieſe wohnt, ſind die Wiſſenſchaften im Werthe, im Anſehen, ſie iſt das einzige Mittel den Willen der Unterthanen vollkommner zu machen, ſie verbahnt Laſter, verbreitet Tugend, und verdringt die Bosheit. Wo

Wo sie herrscht, ist kein Aberglaube mehr, dieser Unterstützer alles Unglückes muß weichen, wann er aber von unserm Vaterlande weichen wird? — das ist eine Frage, — er weichet dann, wenn ihr meine Landesleute aufhöret, nur den Schein einer Sache zu ehren, wenn ihr einmal wahre Begriffe annehmen, und euer wahrhaftes Glück zu besorgen im Stande seyn werdet, bringt ihr es so weit, daß ihr euren wahren Nutzen einsehen lernet, so wird es anderst um eure Bemühungen werden, ihr werdet ausrufen:

Wieland. Verwünschtes Vorurtheil, du
        Mutter unsrer Pein!
wie würden ohne dich so viel Sokraten seyn?
Du blendest den Verstand mit trügerischer Klarheit,
mit manch entlehntem Zug der göttlich schönen
        Wahrheit
schmückst du Jdolen aus, die nimmermehr Karban
der Weisen Don Quixott, verwirrter sehen kann.

Ihr werdet zum Thron Karl Theodors flühen, diesen großen, weisen Gesetzgeber um die nämlichen Anordnungen bitten, so Pfalz am ersten beglückt; denn Karl Theodor sieht mehr bey

Er=

Ertheilung eines Gesetzes auf das Wohl der meisten Bürger, als auf das Wohl einzelner, jenes zieht er diesem vor, jenes ist, auf das er sein ganzes Augenmerk heftet. Der weiteste und näheste Unterthan in seinem Staate empfindet seine Glückseligkeit, wenn er sich nicht halsstärrig daran selbst verhindert.

Der Beförderer des pfälzischen allgemeinen Glückes ist unser Regent, er wird es auch von uns werden, ja er ist es schon in vielen Stücken geworden; denn niederträchtige Schmeicheleyen haben bey Ihm kein Gehör, edle Gesinnungen, Nutzen für das Ganze sind Dinge, durch die man seine Gunst zu bekommen Gelegenheit hat.

O! daß ich im Stande wäre, liebe Landesleute, Ihnen alle vorführen zu können, so ihr Wohlergehen Karl Theodorn zu danken, erstaunen müßten Sie, und bey diesem Anblicke die Folgen ihres einstigen Glückes wahrnehmen können. Nein! nicht alles können Sie sich einbilden, nicht alles denken, was unser Fürst für uns Gutes vorhat; denn die Liebe, die Beeiferung für seine Unterthanen ist zu groß, zu treffend, als daß man sie so mit stillem Geblüte hinschreiben kann.

Lieb-

Liebſte Pfälzer! theuerſte Landesleute, ich beneide euch ſtatt Baiern, daß ihr eher die Güte, die Vorſorg Karl Theodors genoſſen, daß ihr eher dieſe Wiſſenſchaft gehabt, mithin immer einen Sprung in der Glückſeligkeit vor unſer ſeyd; gönnet uns wirklich das Glück, das erwünſchteſte Glück, läßt uns auch Geſetze bekommen, ſo uns einmal mit Grundlehren, in wem das Glück eines Staats beſtehe. Uebrigens bleibt es eine ausgemachte Sache: daß, wenn die Menſchen ſo handelten, daß ſie nichts unternehmen, nichts ohne guter Abſicht zu haben, ohne den Endzweck ihrer Beſtimmung, Daſeyns zu betrachten, daß alle ihre Bemühung einſtimmig, mithin vollkommen, denn das Bewußtſeyn dieſer Vollkommenheit erweckte vergnügte Stunde, beſtändiges Vergnügen aber, wenn ſolches dauerhaft. Wären dieß die Menſchen ordentlich zu wählen im Stande, die weiſeſten Geſetze wären freylich überflüßig, allein da ſteht noch vieles in unſerm Baiern im Wege. Vorurtheil, ſchlechte Erziehung und tauſend andere Dinge hemmen da allen Fortgang; wie nöthig iſt es alſo, daß Karl Theodor Geſetze giebt, Geſetze, die man die Polizeygeſetze nennt; denn alle Streite, alle Zwiſtigkeiten der Unterthanen kommen von

dem

dem Mangel dieſer Geſetze her; wären die Polizeygeſetze ordentlich, die Prozeßkrämmer hätten ſchon ausgearbeitet. Es kann alſo unmöglich ein Staat glücklich werden, wenn der Fürſt ſeine Unterthanen frey handeln ließe, nicht durch weiſe Geſetze ihre Wohlfahrt beförderte, wenn ſolcher nicht wie Karl Theodor die Tugend beſitzt, Liebe gegen ſeine Unterthanen zu haben. Likurg, der große Geſetzgeber ſetzte alles Glück auf die Liebe gegen ſeine Unterthanen, dieß war die Urſache, warum Sparta 500 Jahre geſtanden, warum es ſich ſo lange erhalten.

Es iſt und bleibt eine ewige Wahrheit: daß die Wiſſenſchaften das Herz bilden, den Verſtand vervollkommnern, und weiſe Polizeygeſetze ſolche blühen machen.

Mithin rathe ich euch, liebſte Landesleute, wenn ihr je für euer Wohl ſorgt, daß ihr nicht mit Schmähworten ſolche Geſetze, wenn ſie euch einmal ſollten vorgelegt werden, aufnehmt, ſondern von derer Güte überzeugt, danket, und ihren Nutzen erwartet. Denn Nutzen ſieht man nicht gleich, wohl Abnutzung, der Mann iſt nicht vernünftig, der gleich mit tauſend Gulden ein Reicher werden will, wird er aber dieſe antragen, sie nützlich verwenden, so werden von Jahr zu Jahr solche mehr, und in einer angemessenen Zeit zu einem Kapital erwachsen. Jedes Ding, wenn es groß werden soll, braucht Zeit, der Stein, die Pflanze, alles war klein, und die Zeit machte solches wachsen, was mit Sorge und Zeit erworben wird, wächst, daß man es nicht merkt, wird größer ohne es recht zu wissen, und ist von einer Dauer; denn so wie schnell anlaufende Wässer sich eher, als man vermuthet, verlieren, so geht es auch mit den Reichthümern, hat man das erstemal zu viel Glück, so wagt man immer, und endlich wird man unglücklich. Nicht anderst, als ein Lotteriespieler, gewinnt er einmal, so glaubt er, schon künftig die ganze Lotterie auszuheben; ordentlich zu einer Sache sich Wege machen, schaft die Dauer der Sache, so geschah es oft Leuten, die mit so einer Kleinigkeit angefangen, mit solcher aber nach und nach reiche geworden. Findet ihr nicht gleich den Nutzen, so denket, wie viele Gegenstände die Polizey zu besorgen, in einem Lande zu besorgen, wo man die größte Unordnung gehabt, wo es mit rechtem Leibe anzusehen war, wie wegen Abgang dieser Polizeygesetze drey Tausend Bauernhöfe gezählt worden, so öde und verwüstet. Denn die schönsten Landgüter

güter dürften nicht in den Händen der armen Landleute blühen, sondern dem trägesten Theile des Staates müßten solche zugehören. Die Ausgaben des Fürstens sind groß, und die Einnahmen nicht gar zu einträglich. Man murrte ohne zu wissen, sprach den Handlungen eines liebsten Fürstens mit Eigensinn entgegen. — Lieber Vater, ruft das Kind, lieber Vater! geben Sie mir Brod; wenn solcher keines im Hause, was thut er, er trägt Sorge, daß Brod herkömmt, wenn es anderst seine Mittel zulassen; unterdessen kränkt es ihn in seiner Seele, weil er nicht helfen, nicht Brod reichen kann, — Ihr dörft nicht glauben, daß Karl Theodor mit lächelndem Munde, mit fröhlichem Herze alle Schritte in seinem Leben gethan; Nein! sein Vaterherz ist zu empfindsam, als daß es mit Nero denken könnte, zu viel Philosoph empfindet solches die Trübsalen seiner Unterthanen, und dachte für jeden. Man weis nicht, was ein Regent heißt, ein Regent, der so viele Liebe für sein Volk, der seine Tage wohl weis, daß sie aufhören, sich enden werden, alles das hemmt seine Bemühungen, das hindert seinen heißen Eifer, beeden Staaten wohl zu wollen, dennoch nicht, in das setzt er sein einziges Wohl. — Ich stehe euch gut, liebe

Landesleute, daß er euch beglückt, und das Joch einer langen Dienſtbarkeit euch abnimmt, daß er euch thätig zu werden lehrt. Eure Trägheit war euch bis daher zu verzeihen; denn je mehr einer gearbeitet, je glücklicher eure Umſtände geworden, je mehr habt ihr Anſtöße gehabt. Die Beamten waren Leute, ſo all ihre Kunſt und Wiſſenſchaft in das geſetzt, daß ſie den Landmann erarmt, wie, und welchergeſtalten, iſt ſchon in den baieriſchen Beyträgen abgehandelt worden. Es ſind noch Urſachen vorhanden, ſo man aber ohne einen gewiſſen Stand nicht beleidigen, und Haß ſich auf den Hals ziehen zu wollen, verſchweigen muß. Die Polizeyrichter müſſen ſchon dieſe Umſtände aus dem Wege räumen, wenn ſie ihre Geſetze glücklich unter den Leuten wirken ſehen wollen, ſie müſſen da nicht die Perſonen anſehen, denen ſie Regeln machen, ſonſt fällt die Katze auf die alten Füße.

Rom, das mächtige Rom ward durch dieſe Geſetze groß, und man ſah allemal etwas Unglückliches ihm begegnen, wenn es ſolche ein wenig weggeſetzt, am beßten, am ſeligſten war Roms Zuſtand. Da Traian ſolches beherrſcht, Traian der beßte Kaiſer brachte es mit der Macht Roms

am

am weitesten, weil die Gesetze der Polizey, oder
allgemeinen Glückseligkeit am schärfesten da be=
obachtet worden.

Seine Gesetze waren weise, sie waren mit
der Güte, mit der Gerechtigkeit vergesellschaftet,
und sein eignes Beyspiel hatte vor allen hervor=
geleuchtet, und war das Mittel, womit er seinen
Unterthanen den Gehorsam angewöhnt.

Jeder folgte mit freudiger Miene, mit zu=
friednem Herze, jeder liebte, jeder ehrte ihn, je=
der sah sein Glück grünen, und wollte unter
seiner Regierung leben. Stolz auf den Gedan=
ken von Traian regiert zu werden, gieng der
Bürger, der Bauer vor seinen Thron, da wur=
den sie ihrer Wünsche, ihres Gesuches erhört;
dann giengen sie mit einem verzeihlichen Stolze
nach ihrer Hütte, nach ihrem Hause, und schrien
laut: Traian ist mein Vater, mein Wohlthäter,
dem habt ihr euer Wohl, euer Glück zu danken,
er hat mich erhört, der Gerechtigkeit gesteuert,
und das drückende Uebel mir vom Leibe geschafft.

Es ist freylich eine große Sache, daß ein
Fürst ein so weitschichtiges Land beglückt, sich
fähig findet, allen seinen Unterthanen Recht zu

thun

thun, da sie solche oft gar nicht kennen, und auch den Namen ihrer vielen Gerichte meist nicht wissen. Allein, die Mittel, so Fürsten anwenden, solche kennen zu lernen, sind Leuten, die diese Sprache führen, unbekannt.

Um diesen Satz mit etwelchen Gründen etwas kenntlicher herzustellen, will ich zeigen, auf welchem Wege Fürsten die glücklichen Umstände ihrer Unterthanen, ohne selbe zu kennen, zu befördern Gelegenheit haben.

Das ist eine richtige Wahrheit, daß der Geist eines Fürstens keinen Vorzug vor dem gemeinen Geiste hat, Vorzug des Geistes kömmt nicht von ihm, sondern von seinen Werkzeugen her; der Geist ist für sich nichts, wenn der Körper nichts ist, stehen aber beede in einer genauen Verhältniß, so wird der Geist wirken, wird handeln. Es mag ein Geist noch so groß, noch so viele Vortheile von seinem Körper erhalten, so ist er doch nimmermehr im Stande so viele Tausend Orte und Menschen zu übersehen. Fürsten wählen von darum Männer, Männer, die ein gutes Herz, eine Kenntniß des Landes haben, die nicht bey jeder Handlung auf neuen Gewinnst,

Ver-

Vermehrung ihrer Schätze denken, diese nun bemühen sich nach ihren Fächern die Umstände der Unterthanen, die Beschaffenheit des Landes durch ihre untergeordnete Bedienten inne zu werden, und so wird vom Fürsten alles beherrscht.

So hat Karl Theodor Pfalz, und seine entferntsten Länder mit gleichem Glücke begnadet, so Bergen, wie die Mittelpfalz in einen erwünschten Stand gesetzt.

Ich müßte zu viel, zu lange reden, wenn ich Ihnen heute alles sagen müßte, ich hoffe mit dem meinen Zweck erlangt zu haben; mein Zweck aber war euch auf einen Fall herzurichten, von dem, wenn er zutreffen sollte, ihr dennoch Begriffe im Voraus habt, und also nicht ohne Ueberlegung gegen den Strom arbeitet.

Ich leg' euch noch einmal das Bild unsers gnädigsten Landesvaters in kurzen, in zu geringen Ausdrücken, nur von dem schwächesten seiner Unterthanen gezeichnet, vor, Karl Theodor ist der frömmste, der gerechteste und menschenfreundlichste Fürst. Europa zählt nur einen, der den Frieden liebt, und nicht auf das Blut
er=

erschlagner Menschen Tromphéen für die Nachwelt baut, gütiger als Traian, vorsichtiger als Friderich, und mehr Held als Alexander, mehr als alle Helden von der allgemeinen Zeitrechnung hergenommen, alle seine Handlungen verrathen Ueberlegung, das ist nicht zum Lob gesagt, das ist nicht darum gesprochen, weil man Fürsten ehren, mehr ehren als andere muß; Nein! es ist Wahrheit, Pfalz giebt Zeugschaft und Baiern wird es auch geben, wenn es lange ihren Karl Theodor erhält, das ich wünsche, das ich mit meinen Landesleuten hoffe.

Von

Von verschiedenen Haus-dann andern Mitteln, seine Gesundheit zu schützen.]

Wie vielen Vorzug die Hausmittel oft vor den künstlichsten gehabt, weis man aus der Erfahrung, und ich glaube sicher, daß sie um so mehr nützen, weil sie gemeiniglich Produkte unsres Vaterlandes; denn die Wurzeln und Kräuter aus Amerika-schienen mir für die Natur eines Europäers nicht geschaffen zu seyn, und überhaupt mehr Schaden als Nutzen anzurichten. So wie ein Projektant, wenn er etwas in einem Lande glücklich durchgesetzt, auch in dem andern die nämlichen Glücksumstände zu erleben meynt, sich irrt, so geht es mit allen Sachen, es sind nur Augenblicke, oft Umstände, wo diese wirken. — Ein weiser, ein vorsichtiger Hausvater trägt nicht darum Sorge, um selbe zu kennen, und bey einer vorfallenden Krankheit zu verwenden, er trachtet auch sich Zeichen zu sammeln, welche ihm eine Krankheit aus Tausenden herauskennen lehret.

Man hat schon einige Bücher; allein ein vollständiges, ein Buch, das alle Krankheiten der

Menschen und Thiere in sich begreift, daß so abgehandelt, daß der Landmann daraus vernünftig werden kann; giebt es noch keines.

Wermuth ist ein gutes Mittel, und wächst häufig in unsrem Lande, er ist für Menschen und Vieh. Menschen hilft er in der Kolik, Magen, Milz, und Mutterbeschwerung.

Dieß ist die Erfahrung vieler Aerzte, die sich nur mit Krankheitenkennen abgeben, und dieß Mittrl sehr gut gefunden. (*) Er blüht im Julius und August, riecht widrig, und schmeckt bitter. Obgleich die Wurzel nicht so unangenehm ist, sondern vielmehr eine gelinde Süßigkeit zugleich zum Schmecken giebt. (**) Die chymischen Operationen haben (***) ein alkalisches Salz, welches mit einem subtilen Schwefel, Oel,

und

(*) Leipzigersammlungen.

(**) Nach den Untersuchungen des Hrn. Pörners giebt er mit Wasser ein gesättigt braunes sehr bitteres Defokt, welches ohne Zusatz dem Tuche eine blaßgelblichte Farbe, mit Kochsalz eine bräunlich grüne, mit Alaun eine zitrongelbe, und mit grünem Vitriol eine Olivenfarbe mittheilt. Hrn. Sukow ökonomische Botanik.

(***) Das Salz, so man in der Asche der Pflanzen, und andern Dingen findet, nennt man Laugensalz, oder ein kalisch Salz (Sal alcali) Chemie.

und Harz verbunden gewesen, wie auch eine dünne Erde in dieser Pflanze entdeckt. Das Salz nützt im kalten Fieber, bey verschleimtem Magen, sein Oel stillet Schmerzen und Krampf in Gedärmen.

Das bittere Salz ist das beßte Mittel in allen Gallenkrankheiten, so von dem Mangel der Galle, von vieler Säure, von Verstopfung der innern Theile, von der Fäulung der Säfte herrühren. Die Bitterkeit dieser Pflanze schafft Oefnung, wenn man sie mit Kamillen nimmt, tödtet den Wurm.

Wermuth befördert auch die Verdauung, und ist gut wider die Gelbsucht. Wider die Wasfersucht dient (*) die Essenze dieser Pflanze, überhaupt hat er gute Wirkungen, wenn er im Jahre eine gewisse Zeit durch getrunken wird. Schützt Kleider und Wäsche von den Motten und Schwaben. Der Rauch dieses Krauts vertreibt die Flügen und Mücken aus dem Zimmer. Wenn es mit Eyer weiß gerieben, und aufgeschlagene, blaue

Klei-

(*) Weingeist, mit welchem man alle in dieser Pflanze befindliche in derselben auflösbare Theile ausgezogen hat, erhält den Name einer Tinktur, einer Essenze, oder Elixirs, nach seiner verschiedenen Dicke, die es dadurch erhält, und auch wohl nach der einmal eingeführten Gewohnheit. Erxleben Chemie.

Flecke, Augen gelegt wird, so vertreibt es solche, alten Leuten wird er aber überhaupt mißrathen.

Es giebt einen Wermuth, den man den gemeinen, einen andern, so man den römischen nennt, Gartenwermuth ist milder als der römische, man nimmt den Wermuth hier zu Lande unter das Bier, statt dem Hopfen. Ist gut wider (*) die Flöhe und Ameisen.

Zur Gesundheit dient auch, daß man wisse, ob man warme, oder kalte Getränke zu sich nehmen soll, und welches von beeden besser. Hier muß die Konstruktion der Nerven, und des ganzen Menschen betrachtet werden, anderst muß der Bauer, anderst der Staatsmann solche gebrauchen.

(**) Warme Brühen, Thee u. s. w. sind nicht so nützlich, als man glaubt; denn man hat mit der Erfahrung gelehret, und es folgt aus dem menschlichen Körper von selbsten, daß es einen großen Unterschied mache, ob man die Brühen kalt oder warm trinkt.

Kälte und Wärme haben einen verschiedenen Einfluß auf unser Wohl. Die Wirkung kal-

Stär-

(*) Hanövisch nützliche Sammlung.
(**) Tissot von der Gesundheit der Gelehrten.

ter Getränke ist feste Zasern, verdikte Säfte, Stärke des Körpers u. s. w. zu schaffen. Warme hingegen sind die Antypathie, schaffen schlappe, dünne Säfte, und Schwäche der Zasern. Ein Magen, der eine schwache muskulose Kraft besitzt, wird mehr von Speisen und Blähungen ausgedehnt, als der, so eine gute Muskel Kraft hat.

Das warme Getränk wirkt das erste, die Gefäße des Körpers werden weich und erweitert, mithin ihre Säfte freyer durchgelassen, woher Blutflüsse bey Schwachen u. d. gl. entstehen, Leute hingegen, so trockne und steife Zasern, starke verengte Gefäse haben, Bauersleute meyne ich, diese trinken mit Nutzen warme Getränke, schwache Personen, Männer, so oft den ganzen Tag beym Pulte sitzen, Damen, und überhaupts Leute, so keine so große Anstrengung der Nerven durch ihre Arbeit verursachen, kurz Madame! Sie werden weniger geplagt seyn, wenn Sie mir folgen, wenn Sie allen warmen Getränken entsagen; Sie werden gesünder, und nicht so viele Plagen mehr von Ihrem Körper haben.

Eben so ist es auch mit dem Baden, Baden ist eine gute Sache; allein man muß wohl den=

denken, daß es nicht eins, ob man so oder anderst badet, Baden stärket, und löst auf.

(*) Machen Sie die Probe, Mademoiselle! waschen Sie täglich mehrmal ihre Augen mit kaltem Wasser, so werden Sie gesichert seyn, nicht einmal schwache und fliessende Augen zu bekommen, waschen Sie ihre Ohren, ihre Wangen täglich mit frischem Wasser, so werden Sie wenig Anfechtung für Ohrenflüsse und geschwollene Backen haben; denn das kalte Wasser stärkt die Haut und Gefässe: daß hernach nicht jede Erkältung schädlich wird. Der Verlust an der Zartheit Ihrer Haut wird unbeträchtlich seyn, wenn die Sache am Ende nicht gar zum Vortheil Ihrer Schönheit ist.

Ich gönne den weichen Herrn, die sich nicht anderst als mit warmem Wasser waschen, und den Bart einseifern lassen, ihre geschwollene Backen, ihre Flüsse in Ohren und Drüsen.

―――――――――

(*) Nouvelles inftructions fur les Eaux minerales de Brucknau en la principoté de foulde.

Die Fortsetzungen folgen.

Baierisch ökonomischer

Hausvater

zum Nutzen und Vergnügen.

II. Stück. September 1779.

Die Erden, so wir im ersten Stücke behandelt, waren vier: Gartenerde, Thonigte, Kalkigte, und Sandigte. Diese haben ihren Nutzen, ihren Vortheil; wann man sie allein, oder aber in der Mischung betrachtet.

Die Gartenerde; daß sie mehr fruchtbar, als alle übrige Erbarten, ist kein Zweifel; und die Erden, so man aus Weyher, Stadtgräben; überhaupts aus solchen Oerter raumt, wo viele Pflanzen in die Fäulung übergehen, und in Anzahl Fisch sich vorfinden, sind so gesegnet, daß man statt einer zehen fachen Vergütung, so gemeiniglich ein gute Erde giebt, zwanzig fachen Lohn zu hoffen. Wir haben in Ingolstadt gesehen,

hen, daß man bey Raumung der Stadtgräben auf die heraus geführte Erde Habern gebaut, welcher so schwarz grün von der Erde aufgewachsen ist: daß wir uns recht wunderten: daß so gesegnet eine Frucht werden könnte. Der Sand am Ufer eines Flußes liegt nahe an einander, aber dieser Haber stund eben so gut, so nah. Haben Sie Gelegenheit, lieber Hausvater! solche Erden in Ihrer Nachbarschaft zu bekommen; so versäumen sie nicht solche auf ihren Aeckern, in ihren Gärten zu verbrauchen. Sie ist nutzbar, diese Erde, und ist von den animalischen Theilen geschwängert, mithin auch eine reichhaltige Düngung. Sie ist eigentlich eine Gartenerde mit mehr animalisch, und vegetabilischen Theilen geschwängert, als die gemeine ist. Wir haben hier nichts gesagt, ob wir ihnen gleich den Nutzen durch die Anführung einiger Orte erwiesen. Wir werden mit unsern immerwährenden Erfahrungen noch mehrers zu entdecken Gelegenheit haben. Jetzt unternehmen wir unsere angefangene Bemühungen weiter fortzusetzen.

Reine, und unreine Erde sind auch Abtheilungen, die aber geringe Achtung verdienen, besonders, wann man solche in der Oekonomie

brau=

brauchen wollte, Gelehrte, die alles durchgrü=
beln, und am Ende dennoch nichts anderes ge=
than, als Hypothesen gehäuft, mögen sich damit
abgeben, darinn Kenntniß, und Nutzen suchen.

Die unreine Erden seyn allein in der Oeko=
nomie zu gebrauchen, derer Zahl groß. Die vier
obengenannte seyn nur die Hauptarten, so eine
Menge untergeordnete in sich begreifen. Es ist
wahr die Chimie stellt eine reine Erde durch ihre
Operation her, die weder Geschmack, noch Ge=
ruch, die also keine Güte der Oekonomie ver=
schaft, die ein Caput mortuum, das durch Zu=
sätz erst wieder nützet.

Lieber Hausvater! lachen Sie, wenn Sie
ohngefähr sollten Gelegenheit haben über einen
solchen Gegenstand, der im mindesten praktisch,
ein Kollegium zu hören. So ist es auch mit den
Anbefehlungen der Höfen; diese unternehmen vie=
les, das nicht im ganzen thunlich, hie und da ist
es zu weilen anzuwenden, an den meisten Orten
aber nicht. Es wäre nützlich, wann man gewisse
Leute aufstellte, die in dem Laude die Gründ
wohl wußten. Diese Leute sollten ihr Urtheil ab=
geben, jährlich ihre Bemerkungen einschicken, und

auf so eine Weis Gelegenheit machen, daß man überall die Hindernisse heben, und den Nutzen befördern könnte.

Wer wird sagen, mit Fug behaubten, daß um Weilheim eigensinnige Leute wohnen, weil sie weder Weitzen, noch Hopfen bauen. Leute, so gewiß nichts weniger, als eigensinnig, vom Vorurtheil verwehnt haben solche Früchte auch da anzubauen unternommen, ihr Wille war gut, ihre Müh und Arbeit umsonst. Die Erde auf dieser Gegend ist Thonigt, und wegen den vielen Steinen, so unter den selben liegen, sehr mühsam zum pflügen. Man muß einen Acker durch drey — viermal den Pflug höher stecken. Leute, die mit dieser Bauart nicht wohl verstanden, nicht von den ersten Jahren unterrichtet worden, sind hart zu brauchen, wann man sie nicht abrichtet. Setzen wir also alle Vorurtheile weg, bemühen wir uns, so viel es möglich, unsere Sachen so anzuschicken; daß man nicht mit unsern Bemühungen schade, nicht Leute auf verworne Gedanken bringe.

Thonerde wär die zweyte, so wir angemerkt: sie ist schlüpfrig, fett im anrühren. Den Nutzen auf Feldern haben wir im ersten Stücke
ange=

angemerkt. Nun wollen wir auch den häuslichen Nutzen in den wirthschaftlichen Städten beysetzen. Wann sie rein, läßt sie sich zu einem Deige kneten; auf der Scheibe drehen, und im Feuer zu einem festen Körper brennen. Je weniger fremde Theile solcher mit sich führt, desto mehr ist er zu gebrauchen. Ist er aber gemischt; hat er zuweilen kalkartige, zuweilen merglartige Theile bey sich, öfters gar eisenhaftes Wesen, welches ihm auch verschiedene Farben giebt. Die Chemie macht ihre Untersuchungen: löst die thonartigen Erden, und Steine (als Töpfer Ziegel, Walker, Pfeifen, Porcelainerd) im Feuer durch feuerfestes Laugensalz, durch Kalkerde, Gyps auf, welche alle fremde Theile verglassen. (*)

Töpfer, oder Hafnerthon muß keine kalkartige Theile haben, sonst werden die Geschirr, so man daraus verfertiget von gar geringer Dauer. Die Kalkerde löst sich im Feuer auf, verursacht mithin Zwischenräume, welche machen, daß man einen Ofen umsonst verschmiert, einen Hafen umsonst binden läßt.

Man

(*) Anfangsgründe der Chemie von Joh. Christ. Polyk. Erxleben.

Mau giebt vieles Geld in der Stadtwirthschaft um Geschirr, u. s. w. aus, und bekommt schlechte Dinge davor. Ist Mergl in der Thonerde, so hat man in der Chemie entdeckt: daß sich dieser, wie alle andere fremde Theile (so nicht Kalk) verglassen; mithin auch ein löcherrichte Maschine verursachen.

Hafner sollen ihre Erde, die sie zu verbrauchen gesinnt, wohl untersuchen, wohl Sorg tragen; daß sie solche wählen, die wenig fremde Theile mit sich führen, oder aber die Kunst verstehen, solche aus der Erde zu sondern. Sie mögen also eine solche von vielen fremden Theilen angestopfte Erde schlemmen, damit sich die schweren Theile von leichtern entfernen, und zu einer dauerhaften Massa werden.

Leimen ist auch eine Art Thon, schlechter als die obige, man braucht ihn zu Dachziegel und Backenstein, er brennt sich roth im Feuer, halt auch öfters kalkigte Theile in sich. Man muß ebenfalls auf einer Ziegelhütte Sorg tragen, daß der Zeig wohl zugerichtet, damit nicht die Arbeit umsonst.

Die Walkererde ist auch eine Gattung Thon. Man braucht sie in Fabriken, sie nimmt der Woll die schmuzigen Theile, schäumt im Wasser.

(*) Pfeiffen Thon ist reiner als die angezeigten, man findet ihn um Kehlheim, und in der obern Pfalz.

Porcellain heißt man den feinsten Hafnerthon, es wird durchs brennen weiß, hart, nicht so spret, wie Glas, man hat dergleichen Erde in Baiern, auch eine Fabrik in Nymphenburg, dieß sind die nützlichsten Thon Arten, so man in der Stadtwirthschaft braucht, und hier zu Land sich finden lassen.

Die Gesellschaft sittlich, und landwirthschaftlicher Wissenschaften zu Burghausen machte uns den gütigen Antrag, daß wir ihre Schriften, und Bemerkungen, so sie uns von Zeit zu Zeit zuschicken werden, einschalten dörfen.

Wie erwünscht uns dieser Antrag gewesen, mag sich kaum einer zu Herzen kommen lassen:
daß

(*) L'Art de Faire des pipes à tabac, par M. Duhamet du Monceau, à Par. 1771.

daß eine Gesellschaft, die unter der Errichtung des Freyherrn von Hartmann, des beständigen Vicepräsidenten groß, und dem Vaterlande nützlich geworden, uns unterstützt; und durch diese Unterstützung unser Unternehmen am ersten gebilliget. Dieser große Gelehrte, dieser verdienstvolleste Freyherr war es, so uns seinen auch verdienstvollen und beständigen Direktorn Herrn Doktor, und Professor Schranck bey Gelegenheit, da er zu München sich aufgehalten, unterm 13. Sept. zugeschickt. Dieser Herr lieferte uns die Schriften der Gesellschaft, die manchen Mann in Baiern und im Auslande genützt, manchen guten Burger, Bauern dem Staate wieder hergestellt.

Lautern ist die Mutter, so Pfalz beglückt, so dort Glück und Segen verbreitet, so Manufakturen, und Fabriken errichtet, und so viel schönes, und nützliches gethan, daß man mehr zu hoffen weder Fug, noch Recht hat.

Burghausen ist das nemliche in Baiern, nur findet sich ein kleiner Unterschied: daß man in Mannheim die Akademie der Wissenschaften zur Freude gewohnen, sole und frey einige Vortheile abgetreten. (*) Wieder daß man dort nicht von den

---

(*) Bemerkungen der kuhrpfälzischen phisikalischen ökonomischen Gesellschaft. Geschicht vom Jahre 1773.

den (*) Großen des Staates Unterdrückungen zu gewarten gehabt — Nein, man weiß zu wohl, daß man nützliche Dinge nicht zernichten soll. — Schöne Litteratur bildet das Herz; allein die Oekonomie nährt den Mann, der sie wohl braucht; mehrt die Einkünfte, und schaft Gelegenheit, daß die vorige aufkommt. Man hätte das beßte Mittel, wann man die verdienstvolle Gesellschaft zu Burghausen mit der hohen Kammeralschul in Lautern vereinigte, damit man die Umstände beeder Länder einsehen lernte. So könnte man das Glück von beeden Staaten befördern, vereinen.

Die Fortsetzungen folgen.

(*) Ebenderselben Bemerkung vom Jahre 1774. In dem Innern der Gesellschaft (sagt die Geschichte) waren dieß Jahr merkwürdige Veränderungen vorgangen. Höchst glorreich für dieselbe war die gnädigste Entschließung Ihrer churfürstl. Durchleucht der gnädigsten Frau, die höchstdieselbe durch den durchleuchtigsten Präsidenten der Gesellschaft bekannt machen liesen, in Zukunft die gnädiste Protekterinn der Gesellschaft zu seyn. Dieser höchste Beyfall entzündete neues Leben, und neues Feuer in den Adern der Mitglieder, und überzeugte sie sattsam, wie sehr man in ihrem Vaterlande ihre Bemühungen schätzte, da selbst die durchleuchtigste Landesmutter sie in höchst eignen Schutz, und Pflege nahm.

Abhandlung von der Erkanntniß- und Verbesserung der Erde. Von Leopold Freyherrn von Hartmann, des kön. schwediſ. hohen Vaſa-Ordens Ritter, Sr. churfl. Durchl. zu Pfalz, adelichen geheimen und Regierungsrath, dann beſtändigen Vicepräſidenten der Geſellſchaft ſittlich- und landwirthſchaftlicher Wiſſenſchaften zu Burghauſen, verſchiedener hohen Akademien, und Geſellſchaften Mitgliede.

Der Beruf der wohlthätigen Natur iſt es Herrden zu ziehen, und das Land zu bauen. Ein reizender Beruf, den der Schöpfer zu unſern Erſten machte; weil daraus die Erhaltung des Lebens, und die Wohlfart aller Völkerſchaften entſpringt. Die Geſchichtskunde giebt uns die untrüglichen Beweiſe, daß die Landwirthſchaft in alten Zeiten die eigentliche Beſchäftigung der vornehmſten Leute, und erhabenſten Männern geweſen ſey. Selbſt mit Lorbern gekrönte Helden baueten mit eigenen Händen ihre Felder. Atilius war mit der Ausſaat beſchäftiget: als ihm die oberſte Würde eines Befehlhabers angetragen wurde. Quintius ein Mann, der mit ſeinem erhabenſten Geiſte die Tugenden, und die edelſten Sitten vereinbarte, vergoß die bitterſten

Thrä=

Thränen, da ihn eine Gesandschaft von dem Pfluge als Konsul nach Rom abholete: und derselbe daher in solchem Jahre seine Felder nicht selbst anbauen könnte. Er eilete von der süßesten Entzückung durchdrungen nach abgelegten Purpur mit Lobe, Hochachtnng, und Liebe überhäufet nach seiner Hütte, und Heerden zurücke.

Der unvergeßliche Cato brachte seine erste Jahre auf den väterlichen Landgütern zu, wo er von keinen Sorgen gefesselt sich unter Arbeit, und Mäßigkeit ergötzte, und seine glückliche Tage in einer stillen Zufriedenheit dahin flossen. Und da er öfters die benachbarte Meierey des Curius betrachtete, fand er in der bezauberenden Redlichkeit dieses Mannes eine unbegränzte Größe der Seele, und ein glänzendes Muster, welches in ihm die hizigsten Triebe zur eifrigen Nachahmung erregete. Er erwog mit einem erquickenden Nachsinnen, wie klein die Wohnung, und das Feld eines solchen Helden sey, welches derselbe, nachdem er der berühmteste Römer geworden, und so viele streitbare Völker besieget, selbst angebauet, und darinn das unschuldigste Vergnügen empfunden hatte. Diese Vorstellungen rührten den grosen Cato auf das lebhafteste: und flößten ihm die

näm-

nämliche brennende Liebe zu dieser reizenden, und nützlichen Lebensart ein. Wie viele der größten Geister wurden oft von dem Pfluge in die Versammlungen der weisesten Römer gerufen, welche über die Angelegenheiten der halben Welt berathschlugen, und hundert Völkern Gesetze vorschrieben; auch wenn sie einem Kriegesheere vorgesetzet waren, mitten unter dem Schrecken der Waffen die schönsten Beyspiele einer ruhmvollen Tapferkeit, einer heldenmüthigen Seele, und unveränderter Mäßigung dargestellet haben: und der Unsterblichkeit würdig, mit Purpur geschmücket, als Erreter des ganzen Volkes in die frolockenden Mauern des gebietherischen Roms eingezogen sind. So lang die Römer ein aufmerksames Aug auf die Landwirthschaft gerichtet hatten, eben so lang strömte dieses weitläufige, mächtige Reich in unerschöpflichen Ueberflüße: ihre Macht stieg zum höchsten Grade der Vollkommenheit. Aber kaum hatten die von einem übertriebenen Stolze beherrschten Römer ihr ganzes Heil in den Waffen, und Eroberungen gesuchet, den Ackerbau, und die Viehzucht ihren Sclaven überlassen, die solche nachläßig besorgten: so verschwand die Freude zur Landwirthschaft, und diese Kunst gieng nach und nach ganz unvermerkt verloren, wodurch

dann

dann diese so gewaltige Monarchie zu sinken anfieng, und endlich den gänzlichen Umsturze unterliegen mußte.

Die Schwäche des Geistes, der Mangel des Geschmackes, die Verwöhnung an elende Vorurtheile, das schlafe, und unthätige Wesen der erhabensten Leuten selbst haben auch in den gesitttesten Ländern, leider einige Jahr hunderte die Landwirthschaft bloß dem Zufalle überlassen; und man rechnete es sich gleichsam zur Schande in die geprüften Erkänntnissen einzubringen, und sich mit diesem so nützlichen, als unentbehrlichen Gegenstande zu beschäftigen, der doch ein hauptsächliches Stück der Weltweisheit ausmachet; und worauf sich das wohl der glücklichen Völkerschaften bloß, und allein gründet: weil die Landwirthschaft die vornehmste Quelle des Reichthumes, und die wahre Stütze eines Staates ist. Denn was helfen alle Werkstätte der Künste, was die zahlreichesten Kriegesheere, was ein mächtiger Handel, wenn ein Land seine Schätze gegen fremdes Getreid vertauschen muß; wenn ganze Silberflotten in den Abgrund versinken, wenn die Bergwerke aufhören Gold, und Edelsteine zu geben, wenn die Arbeiten der Künstler still stehen, und

das

das Gewerb des Handels merklich zerrissen wird: so ist doch ein fruchtbares Land durch den unermüdeten Eifer, der es bebauet, noch immer reich genug, das Volk, und den Soldaten zu ernähren, sich in seiner Stärke, und seine Nachbarn in Ehrfurcht zu erhalten.

Die Landwirthschaft diese niemal ertrocknende Urquelle des allgemeinen Reichthumes war lang genug ihrer unverdienten Vergessenheit ausgesetzet, so wie ihre Ausübung, und Behandlung, als eine den erhabenen Leuten unwürdig geschienene Sache nur allein dem Bauernvolke, und solchen unerfahrenen Personen überlassen, die weder Beobachtungen anzustellen, noch aus Beobachtungen, und Erfahrungen Schlüsse zu ziehen wußten, durch welche man zur Entdeckung der Wahrheit untrüglich hätte geleitet werden können. Bis endlich der glückliche Zeitpunkt unserer Tagen erschienen ist, wo man fast in allen wohl angeordneten Staaten erhabene Gesellschaften errichtet hat, welche auf diesen Gegenstand mit regen Eifer sich gänzlich verwenden, und andurch an Tag legen, wie die blosse praktische Känntniß als zu dunkel, unsicher, und eingeschränket sey, auch viele Dinge verrichte, ohne den genüglichen Begriff zu besitzen,

warum solche geschehen; ohne auf die abwechseln=
den Jahresgänge, veränderten Boden, auf Wär=
me, und Kälte, Trockne, und Feuchte, denn
auf andere sich ereignende Umstände den behöri=
gen und nöthigen Bedacht zu nehmen. Die phi=
losophische, und auf der Naturskunde gegründete
Anleitung zur Landwirthschaft entgegen, setzet die
untrüglichen Känntnisse der Hilfswissenschaften
voraus; das ist, derjenigen Wissenschaften, auf
welchen sie die ächten Grundsätze entnimmt, all=
gemeine, und besondere Regeln herleitet, und er=
weist, wie man zur Verbesserung nützlicher Ge=
genständen die zuverläßigsten Mittel vorfinden,
und die richtigsten Erfahrungen behörig anwen=
den soll. Sie enthüllet über alle Unternehmun=
gen die Grundursachen, woher die Mängel, und
Gebrechen entspringen, und wie denselben durch
eine wesentliche Ausübung abzuhelfen sey.

Die vielfachen unfruchtbaren Versuche, die
sich in den landwirthschaftlichen Unternehmungen
öfters entäußern, und daher den gemeinen Mann
zur Nachahme billigermassen schüchtern machen,
stammen eigentlich daher, daß man verabsaume
eine unentbehrliche Einsicht in der Naturskunde
zu erwerben, und daß man die Grundursachen

des

des Wachsthumes, und der Fruchtbarkeit, die Beschaffenheit des Erdreiches, dessen Lage, Güte und Fehler, weder sorgfältig, noch auch mit geprüfter Känntniß beurtheile: so wie die werkzeuglichen und wesentlichen Hilfsmittel zu dessen thätiger Verbesserung anzuwenden vernachläßigen, oder den Feldern, und Gründen öfters übel gewählten Dünger, oder Mergel, auch unschicklichen Saame anvertraue.

Da man doch durch die einfachsten Vorbereitungen ohne vermehrten Aufwande Schätze verschaffen könnte, welche unsere angenehme, und entzückende Hoffnung übersteigen: auch mit einen so unerwarteten, als glücklichen Erfolge die nützlichen Bemühungen belohnen wurden. Denn nur die Art geschickt zu verfahren, und anduch die Erde zum gedeilichen Wachsthume nützlich herzurichten, kann allein den beglückten Fortgange den ersprießlichen Ausschlag ertheilen: weil die Erde, da sie auch erschöpfet ist, noch zu einen hohen Grade der Fruchtbarkeit gelanget, wenn man mit ihr behörig umzugehen die benöthigten Einsichten besitzt.

Da

Da ich die unverdiente, und all zu schmeichelhafte Ehre genieße, beständiger Vicepräsident zu seyn: so hat mich diese süße Erinnerung mit der theuersten Pflicht immer beschäftiget gehalten die Känntniß der Erde, und ihre Verbesserung zu meinen Hauptgegenstande zu machen. Deuten sie mir also nicht ungnädig, daß ich ihnen heute die hievon gesammelten Begriffe mittheile, welche durch die Naturkunde unterstützet, und durch drey Jahr lang fürgebauerte fleißige Untersuchungen, durch untrügliche Erfahrungen behörig erprobet sind.

Alle organische, oder lebendige Körper empfangen ihren Wachsthum von Innen durch Annehmung, oder Anwendung der Grundtheile, welche von dem Urheber der Natur bestimmet sind dieselben zu nähren; und ohne denen sie nicht wachsen wurden. Da nun die Pflanzen organische Körper sind, so wachsen sie nicht anderst als nach den Verhältniße der Nahrung, die ihre Wurzeln empfangen; und die man ihnen zu ihren Unterhalte nützlich mitzutheilen weiß.

Zu dem Wachsthume, und der Fruchtbarkeit aber gehöret Erde, Wasser, Wärme, Luft,

E Salz

und Oel: denn die Feuchte, Wärme, und freye Luft erweichen die Zaserchen der Pflanzen, bringen die oelichten, und salzichten Theile in die Gährung, und machen dieselben flüchtig. Die Erde empfängt diese Nahrungssäfte für die Pflanzen theils von Innen durch die vermöge der innerlichen Hitze stets in die Höhe getriebenen Ausdünstungen, denn in der Mitte derselben liegenden Dunst- oder Wasserkugel; theils von außen, da die gedachten Dünste in der Luft sich verdickern, und durch das Thau, den Regen, und Schnee auf dieselbe wiederum zurücke fliessen: als wodurch viele salzichte, und oelichte Säfte mitgetheilet werden. Weil das Regen- und Schneewasser viel eher als das Erdwasser zur Fäulung gelanget, so giebt es die untrügliche Probe, daß es viele oelichte Theile in sich enthalte. Das Thau entsteht aus dünnen Körperchen, welche die Wärme der Erde in die Höhe treibt, wenn die Einflüße der Sonne bey ihren Untergange bereits geschwächet sind: und da die Luft wegen ihrer starken Ausdehnung, und daraus erfolgender Verdünnerung viel eher erkältet, so machet sie diese oelichten, und salzichten Dünste in einer geringen Höhe von der Erde dicht; und daher fallen diejenigen, die schwerer sind als die Luft, wieder zur Erde hinunter.

Um aber die Erde vollkommen tüchtig zu machen, damit den Pflanzen diese nöthige Nahrung gänzlich beygebracht werden könne, so müssen ihre Bestandtheile zergliederet, und die inwendigen Zwischenräume vervielfältiget werden; und hierauf gründet sich die Bearbeitung, das Umgraben, und das Pflügen des Erdbodens: wodurch die Zwischenräume eröffnet, die Erdklößer abgesönderet, und den Wirkungen der Luft dermassen ausgesetzet werden, daß solche genüglich, und nützlich eindringen, zugleich die schädliche Säure, (welche der Erde gleichsam eingewebet ist) abgetrieben, das Unkraut ausgerottet, und das Erdreich mürb, und locker gemacht werden könne. Daher auch die beßte Zeit zum Säen alsdenn erscheint, wenn der Acker genüglich gerühret ist, und die behörige Lockerheit besitzt; folglich weder zu feucht, noch zu trocken ist: weil so denn die Wurzeln ohne Wiederstande behörig sich auszustrecken vermögend sind, der nöthige Zugang zu denselben der Luft erforderlich offen steht, und das nährende Wesen (welches in der Erde sich befindt) von allen Seiten her die Wurzeln berühren kann. (*) Wie denn hauptsächlich die

E 2 Luft

(*) Weil die Verschiedenheit der Felder, und Gründe nicht gestattet eine Regel zu entwerfen, wie tief gepflü-

Luft das erste Mittel ist, dessen sich die Natur bedienet die Erde fruchtbar zu machen, und daher auch das beßte Land ihres Einflußes beständig vonnöthen hat: weil ohne dem Luft keine innerliche Bewegung statt findet, folglich ohne derselben der Wachsthum unmöglich beförderet werden kann.

---

pflüget, und geackert werden soll: so muß sich hierinfalls jeder Landwirth an die Beschaffenheit seiner Gründe halten, und nach derer Wesenheit tiefer oder höher ackern. Da nun aber angeführter massen die behörige Lockernheit der Felder das zum Wachsthume erforderliche Hauptstück ist, so soll man, wo es die Lage des Feldes immer leidet, die Furchen alle Jahre ändern. Denn zum Beweise, wenn selbige heuer von Morgen gegen Abend gewesen, so müssen solche in folgenden Jahre von Mittage gegen Mitternacht gemacht werden: weil dadurch das ganze Feld in dem Verlaufe von zwey Jahren vollkommen gerühret wird, welches ansonst nicht geschieht, wenn man immer die alten Furchen ziehet. Wenn sich das Wasser, oder der Regen auf einen Erdreich als zulang aufhält, so ist solches dem Wachsthume ungemein zuwider, weil die Luft behörig durchzudringen andurch gehindert, und daher die Erde ihrer unentbehrlichen Einflüße merklich beraubet wird. Man soll demnach bey dem Ackern die Striche der Furchen also einrichten, daß nach dem natürlichen Abhange des Landes das Wasser einen freyen Ablauf bekommt, und die Furchen müssen gerad gemacht werden, denn jemehr sie es sind, jeweniger kann das Wasser auf dem Boden sitzen bleiben: wo dieses nichts nutzet, müssen eigene Abzugsgräben verfertiget werden.

kann. Da es nun ein untrüglicher, von allen Naturskündigen angenommener Satz ist, daß nicht alle Pflanzen unter jeden Himmelsstriche gedeilig fortkommen; weil einige ihre Nahrung vermittelst der Wurzeln mehr aus der Erde, andere aber durch die Saugröhrchen ihre den Wachsthum beförbernde Theile mehr ans der Luft ziehen, so muß ein fürsichtiger, und verständiger Landmann die Gegend, Wärme, und Kälte des Orts, besonders aber die Eigenschaft seiner Grundstücke entdecken, und andurch beurtheilen, ob die benöthigten Säfte für die zu ernährenden Früchte in mehrerer, oder geringerer Menge vorhanden seyen, und wie die Pflanzen mit glücklichen Erfolge erzeuget werden können; denn wie, und auf welche Weise den Mängeln, und Gebrechen des Feldbaues abzuhelfen komme.

In dieser Ruckficht soll bey sandichten Gründen das zu eilfertige Verschlingen der natürlichen Feuchtigkeit verhinderet, in den festen aber den Regen, und Thau der Weg erleichtert werden, die fruchtbringenden, salzichten Theile den Pflanzen von der Oberfläche zu zuschlämmen, und ihre in sich enthaltende oelichte Kraft mitzutheilen: denn aus diesen salpeterichten Theilen entsteht vermitmittelſt des Thaus, und Regenwaſſers jener ſchleimichte Saft, welcher den Wachsthum der Pflanzen beförderet, und in ſeiner Wirkſamkeit erhält.

Wenn die Erde thonarticht, oder leimicht iſt, ſo können die Ausdünſtungen nicht durchbringen, und durch die Sonnenſtralen wird der Thon all zu ſehr zuſammen gezogen; und erhärtet bey warmer Witterung: er giebt ungern die fetten Theile, und das Waſſer von ſich, hält die benöthigte Luft ab, hemmet die Wirkung der Sonne, und bleibt daher zu kalt, verhinderet anbey den Zugang der Luft zu den Wurzeln, welche dadurch ihrer Nahrung (ſo die Erde ohne Luft nicht von ſich geben kann) merklich beraubet werden. Entſtehen aber bey ſchwülen Sommertägen Riſe, und Spalten, ſo gewinnt die Luft einen zu ſtarken, und heftigen Durchgang, und es wird anbey durch die Sonne die Austrocknung veranlaſſet, die Wurzeln zerriſſen, und dieſelben ihres Nahrungsſaftes entblößet. Wenn aber dieſe Spalten ſich in dem ſpäten Herbſte ergeben, ohne daß ſolche von dem Luftwaſſer angefüllet werden, ſo bringt der Froſt deſto freyer in die Wieſen, und Felder, erfröret, und verbirbt die Wurzeln. Iſt der Erdboden zu locker, sandicht, kalkarticht, schlifericht, oder kreudicht, so vertrocknen die Nahrungssäfte, und die oelichten Theile verlieren sich: denn derselbe schluckt die Wärme als zu sehr ein, und verbrennt daher den Saamen, und die Wurzeln des Getreides. Wie denn auch durch die als zu schnelle Ausdünstung, und Vertrocknung behöriger Säfte die Pflanzen ihrer unentbehrlichen Nahrung beraubet werden, weil die nothwendige Fettigkeit zu schnell aufgelöset, und verzehret wird, und dergleichen lockere, besonders sandichte Erdreiche das empfangene Wasser, und düngende Fettigkeit bald verlieren, zwischen sich durchseigern, oder ausdünsten lassen; und also zu wenige Nahrungstheile bey sich behalten: wodurch die Wurzeln der Pflanzen in dem Sommer der Hitze, wie in den Winter der Kälte bloß gestellet werden, ohne den behörigen Wiederstand leisten zu können.

Wenn der Grund zu sumpficht, morastig, oder torfarticht ist, so fliegen die guten Säfte davon, und aus den zurücke gebliebenen, schlechten Theilen entsteht eine Säure, und übel riechende Gährung, wie denn überhaupts die sumpfichten Felder bey den nassen Jahresgängen un-
endl=

endlichen Beschwernissen ausgesetzet sind, da sich nämlich die stockenden Feuchtigkeiten versäuern, die Wurzeln des Getreides abstehen, und man andurch genöthiget wird, vor der Zeit einzuärnden, um dem bevorstehenden Brande zu begegnen. Eine mineralische, von dem Eisensafte röthlichte Erde ist wegen ihren Ausdämpfungen der Pflanzen ganz ungemein schädlich, so wie durch eine stein= und felsartichte jene innerlichen Ausdünstungen nicht in den behörigen Maaße durchbringen können, welche den Pflanzen erforderlich sind.

Der Erdboden hat demnach hauptsächlich folgende Eigenschaften. Derselbe ist entweder kalt, und trocken, und feucht, warm, und trocken, oder warm, und feucht. Kalt, und trocken sind meisten theils die gebirgichten Felder, wie auch griesicht= sandichter, und grober Boden. Kalt, und feucht sind die leimicht= und lettichten, als zu sehr thonarichten Aecker, wie auch kalte Sümpfe, wo das Wasser zu lang stehen bleibt. Warm, und trocken sind diejenigen, welche einer verbrannten Asche gleich sehen, auch jene Plätze, welchen keinen Gries, oder Sand, viel weniger einen Mergel in sich enthalten.

Warm,

Warm, und feucht sind jene fetten Aecker, die viele Sonne haben, auch solche Wiesen, welche nahe an den Wässern entlegen sind. Die beßte und nützlichste Erde ist diejenige, welche in ihrer Vermischung aus wenigen Sande, etwas mehr kalkichter, noch mehrerer Gartenerde, größten Theils aber aus thonichter besteht.

Da nun aber selten eine Erde in dieser gänzlichen Beschaffenheit, und erfoderlicher Vermischung angetroffen wird, dieselbe entgegen durch sich selbsten den Pflanzen eine vollkommene Nahrung nicht reichen kann, sondern nur in soweit zu dem Wachsthume beyträgt, als sie unter ihren Theilen die anständige Kraft zur benöthigten Fruchtbarkeit (welche in den fetten, und wässerichten Wesen besteht) eigentlich enthält, so muß man dieselbe werkzeuglich, und weßentlich zu verbessern den beflißensten Bedacht nehmen, damit die Hindernisse des Wachsthumes, welche in der Lage des Grundes sich befinden, gehoben, dem Getreide, und den Pflanzen die behörige Nahrung ertheilet, und dieselben andurch mit gedeilichen Erfolge glücklich erzeuget werden können. Es ist daher die Mischung des Erdreiches das nothwendigste Stück, wozu man die benöthigten

Dinge

Dinge theils aus dem Mineralreiche, theils aus dem Thierreiche erhält: weil derjenige, der seine Erde in einen beßern Stand setzen will, derselben das fette, und wässerichte Wesen in behörigen Verhaltniße genüglich beyzubringen, und wenn ihr diese Stücke fehlen, solche beyzumischen trachten muß.

Werkzeuglich wird die Erde durch Stücke aus dem Mineralreiche, als durch Mergel, Kalk, Gieps, Salpeter, Steine, Kreiden, Sand, Thon, oder Leim verbessert, und andurch die Gründe zubereitet die fruchtbringenden Theile, und nützlichen Einflüße an sich zu ziehen, anzunehmen, und zu behalten. Das sicherste Mittel der werkzeuglichen Verbesserung ist der Mergel, welcher aus einer natürlichen Vermischung von der Kalkerde, und Thone, auch zufälligen Sande besteht, und dessen nützlicher Gebrauch daher für jeden Acker besonders erkennet, und angewendet werden muß; weil dessen Wirkung, nachdem er von diesen, oder jenen Theile mehr in sich begreift, ganz ungemein verschieden ist. Die Kraft des Mergels im Ganzen betrachtet, besteht darinn, daß er den Boden auflockere, die Säure des Landes mildere, und die Fettigkeit

des

des Düngers erhalte, überhaupts aber die Erde zur Einsaugung fruchtbringender Einflüsse tauglicher mache, weil sich durch seine Auflockerung die Zwischenräume vermehren, der Sonnenschein, und Regen, das Thau, die Luft, die fruchtbaren Dünste, und salzichte Fette eindringen, die Sprossen der Pflanzen füglicher hervor springen, der Halm des Getreides sich besser steifen, und die Aehre vollkommener einkernen kann. Wie denn derselbe, besonders der kalkartichte bey den Wiesen das schädliche, moosichte Wesen hinwegfrist, solches in die Fäulung bringet, und also dessen ferneren Wachsthum benimmt, wodurch den Wiesen eine Fettigkeit, und ein guter, auch dichterer Grasboden verschaffet wird. (*) Wenn aber der Acker,

---

(*) In Ermanglung eines kalkartichten Mergels kann das schädliche, mosichte Wesen bey den Wiesen durch den Maurerbeschütt merklich getilget werden. Ein fleißiges, und in der Landwirthschaft vollkommen erfahrnes Mitglied unserer Gesellschaft bediente sich des Maurerbeschuttes, untermischte solchen mit jenen Steinen, die bey der Kalkablöschung nicht gänzlich zerfallen waren: und da er weiters bemerkte, daß seine Wiese als zu lockern Grund hatte, so ließ er das Beschutt, und erst besagte Steine auf derselben mit einen Stämpfel ordentlich einstossen, wodurch die Wiese die behörige, nützliche Festigkeit erhielt, das miesichte Wesen getilget

Acker, oder Grund ohnehin gut, und locker genug ist, so kann der Mergel auf keine fernere Besserung wirken. Da nun angeführter maßen der Mergel hauptsächlich aus Thon und Kalk besteht,

---

get wurde: und nun schon einige Jahre her das herrlichste, und beßte Gras darauf erzeiget wird.

Die Asche hat ebenfalls auf solchen Wiesen bey unseren vorgelehrten Prüfungen die herrlichsten Wirkungen gezeuget: indem sie nicht allein das moosechte Wesen vertilget, sondern auch in Betracht ihres Bestandwesens mit den oelichten Theilen der Erde gleichsam eine Seife machet, und also die Säure an sich zieht.

Man hat weiters auf einer solchen Wiese, worauf aus vor jährlich kaum zehn Fuder schlechtes, sauers Heu erhalten wurden, folgende glückliche Probe vorgenommen. Gleich nach der ersten Gefrier (als durch welche die Erde locker gemachet war) ließ man die mit vielen, schädlichen Miese überwachsene Wiese mit einer scharfen, eisenen Ege, welche man noch mit Steinen beschweret hatte, umreissen, dadurch wurden samentliche Wurzeln der Luft, und der Schärfe des Winters ausgesetzet, und erfröret. Zu Anfange des Frühlings wurde diese einem ungewühlten Platze ähnliche Wiese eingeglichen, und mit verschiedenen Heublumen, denn Kleesaame angesäet, wodurch dieselbe schon im zweyten Jahre darauf zu einem so herrlichen Wachsthume hergestellet wurde, daß nun jährlich davon etlich und dreyßig Fuder des beßten Heues eingeführet werden. Zu gedeilicher Erhaltung solcher künstlich verbeßerten Wiesen ist der Gebrauch des Atels ein vorzüglich nützliches, und ungemein diensames Stück.

steht, so hat derselbe auch nach seiner Beschaffenheit zwo entgegen gesetzte Wirkungen, vermöge derer ein schweres, auch kaltes, und zu nasses Land leichter, und lockerer, ein zu leichtes, und zu lockeres aber bindender, und zusammen haltender gemacht werden muß. Es liegt demnach alles daran, daß man die Art, und wahre Eigenschaft des Mergels, den man zu gebrauchen gedenket, genüglich erkenne in diesem Falle könnte uns die Chemie die gegründeten Versuche gänzlich darstellen, und die ächte Natur, und Tugend eines jeden Mergels wahrhaft bestimmen.

Allein, da es wenige Leute giebt, die hierinn eine wesentliche Einsicht besitzen: solche auch zu erhalten dem Landmanne anfänglich all zu beschwerlich fallen, und öfters unbegreiflich scheinen wurde: so muß man sich jener Weise bedienen, welche da Andreä dieser ruhmvolle, und in der Scheidekunst ungemein erfahrne, hanoverische Apothecker den gemeinen Manne vorschlägt um denselben hiedurch zu belehren, wie er die vorzüglichsten Eigenschaften des Mergels einiger maßen erkennen, und beurtheilen möge

Durch das Gefühl kann demnach derselbe merklich erkennet werden. Wenn er sich fett fühlet,

fühlet, so ist er thonartig: wenn er trocken kalk=
icht, und wenn er bey dem Angreifen scharf, so
führet derselbige vielen Sand mit sich. Noch bes=
ser läßt sich der Mergel durch den Geschmack be=
urtheilen, man nehme ihn auf die Zunge, und
zwischen die Zähne, jemehr dessen Theile der
Zunge ankleben, je gewisser weis man, daß dessen
mehrste Theile eines lockern, staubichten Gefüges,
und kalkartig seyen, denn je kalkichter solche
sind, desto besser hängen sie sich an die Zunge.
Je vollkommener aber die mehreren Theile in dem
Munde zerfließen, je untrüglichere Probe giebt
es, daß der Mergel thonartig sey.

Wenn aber derselbe sehr stark zwischen den
Zähnen knirschet, so entäußern sich andurch die
Merkmale des darinn befindlichen Sandes. Für
feste, und leimichte Gründe ist der kalkartichte
Mergel der beßte, denn er lockeret das zu feste
Erdreich auf, zieht vermöge seines kalkartichten
Wesens die Feuchtigkeiten, und die burch den
Mist in das Land gebrachten, düngenden Säfte
an sich, und theilet solche den Gewächsen besser,
und wirksamer zu. Wie denn diese Gattung des
Mergels auch in den sumpfichten Plätzen das
schädlichte Grundwasser, oder die morastigen
Feuch=

Feuchtigkeiten, gleich einen Schwamme an sich zieht, das Unkraut vertilget, den Boden erwärmet, und austrocknet, anbey das öfters erfolgende sehr schädliche zuschlagen der obern Rinde eines Ackers gänzlich verhindert, als wodurch sonst der unentbehrliche Einfluß der Luft merklich gehemmet wurde. Für die sandichten, und zu lockeren Plätze entgegen ist der thonartichte Mergel mit wesentlichen Nutzen zu gebrauchen: denn er giebt dem lockern Lande die nöthige Festigkeit, damit der eingezogene Regen sich nicht zu geschwind verliere, und bey anhaltenden Sommerscheine die zum Wachsthume benöthigten Säfte nicht zu früh ausdünsten, und ertrocknen. Wenn man also in der Wahl des Mergels auf angeführte Weise behutsam zu Werke geht: so kann die unzeitige Furcht jener Landwirthen geminderet werden, welche davon den ungeprüften Vorurtheile beherrschet sind, als ob der Mergel reiche Väter, hingegen arme Kinder, oder Enkel mache.

Denn welcher unendlich schadhafter Fehler ist es, wenn man den Thonmergel, aus Mangel benöthigter Einsicht auf thonichte, oder leimichte Aecker gebrauchet, er wird zwar einige
kurze

kurze Jahre wegen dem darinn befindlichen Kalk gut thun, aber sohin den Acker als zu fest, und daher merklich unfruchtbar machen, auch in einen elenden Zustand versetzen, besonders wenn der Kalk durch den Regen nach und nach auf den Boden sitzt, und durch die als zu große Menge des Thones gleichsam verdrungen wird. Um also den Acker bey einen solchen Falle wieder in einen fruchtbaren Stand zu setzen, so muß man solchen mit Kalkerde überführen, oder die Felder tiefer pflügen, damit die gesenkte Kalkerde wiederum empor, und in eine gleiche Mischung gebracht werde, durch all zu vielen Kalk aber wird auch der allerschwerste Thonacker zu locker. Welchen unglaublichen Schaden verursachen demnach jene unerfahrenen Hauswirthe, die den kalkichten Mergel auf ihren lockernen Feldern gebrauchen, zu derer Verbesserung man keines andern, als des Thonmergels sich bedienen sollte.

Ein vernünftiger Landmann wird also gleich Anfangs für jede Gründe den behörigen Mergel gebrauchen, denn es ist weit ersprießlicher die Fehler zu vermeiden wissen, als mit seinen Schaden durch eine bloße, oft ungewisse Erfahrung (welche ohnedem eine lange Zeit erfordert)

die

die Mittel erkennen zu lernen, wie man die Fehler heben soll. Wenn nun der Mergel in dem Wasser probiret gerne gleich zerfällt, so ist es nicht nöthig solchen, ehe man ihn auf den Acker bringt, dem Luft solang, wie einen Festen, ausgesetzet zu lassen; und daher all zu fruh, und vor der Zeit seines benöthigten Gebrauches abzuziehen: weil er ohnedem schon genug zubereitet, und zum Unterpflügen ist; auch ansonst als zu sehr verwittern, und seine Kraft merklich verlieren wurde. Eine andere Bewandtniß hat es mit den festen Mergel, weil solcher erst durch die Sonne geröstet, von dem Regen und Thaue durchnässet, und durch den Frost auseinander getrieben werden muß, damit er durch diese allmächliche Auflösung für die Aecker tauglich gemacht werde. In Ermanglung des Mergels werden die Fehler der Erde durch Ziegeltrümmer, und Mauerbeschutt merklich verbessert werden können, weil der Mauerbeschutt eine kalkichte, und sanbartichte, die Ziegel aber eine thonichte Eigenschaft besitzen. Die Kreide oder Kreidenerde ist auch thonichten Gründen ungemein nützlich; denn solche werden dadurch lockerer, folglich weit ergiebiger.

Gebrannter Kalk (wenn solcher jedoch nicht in all zu großer Menge gebraucht wird) ist für lockere Erdreiche ausnehmend ersprießlich: weil er ganz ungemein verbindt, und die fruchtbarmachenden Eigenschaften in höheren Grade mittheilet. Der Kalk und Beschutt von alten Häusern, zerfallenen Mauern und Gipswerken ist jedoch weit nützlicher und gedeilicher, als der frische Kalk, weil des erstern Schärfe gleichsam verwittert ist, da entgegen letzterer wohl behutsam gebrauchet werden muß, indem seine Kraft als zu anziehend ist: und also derselbe die oelichten Theile eines Grundes erschöpfen, auch endlich das Land selbst angreifen würde. Daher ist bey dessen Gebrauch die Untermischung eines guten, und oelichten Düngers allerdings erfoderlich.

Der Gips besitzt die nützlichen Eigenschaften des Kalkes in weit minderen Grade, er hat zwar eine Kalkerde zum Grunde, die aber durch eine unterirdische Säure in Gips verwandelt worden ist. Wenn derselbe also aufgestreuter nützlich wirken soll, so muß er durch die Natur von seiner Säure entlediget, und wiederum in eine Kalkerde verwandelt werden. Kalkerde und Kreide vermischet, verhindern in sumpfichten Plätzen den bey nassen Jahresgängen sich äuferenden Brand, weil sie die Säure in sich schlucken, und die natürliche Fettigkeit des Erd-

rei-

reiches, und der Begeilung zurückehalten. Wie sie denn auch die gute Feuchtigkeit aus der Luft an sich ziehen, woraus in kalten Gründen ein größerer Grad der Wärme entsteht, die schädliche Zähigkeit eines Ackers gehoben, und solcher mit dem nützlichen Luftwasser sich zu vermischen geschickter gemachet wird. Zur Verbeßerung lockerer, und sandichter Gründe reichet die Erde, oder der Moder der Teiche, und Moräste, oder der Schlamm der Wassergräben ebenfalls einen vorzüglichen Stoff: weil diese Dinge, und derer Eigenschaft ein Geweb von allerley Gewächsarten, und Theile von verfaulten Pflanzen sind; folglich vieles Oel mit sich führen, und also das nützliche Wasser an sich halten, auch die behörige Wärme mittheilen.

Die Asche besonders von verbrannten Gewächsen ertheilet den Pflanzen, vorzüglich dem Grase viele Nahrung: denn weil ihre Wirkung sehr geschwind ist, so läßt sich solche eher an dem Grase, als an einem Ackerlande wahrnehmen. Da die Asche aus einer unauflößlichen Erde, und aus alkalischem, das ist, laugenhaftem Salze besteht, so zieht sie vermöge dieses leztern Körpers die sauren Theile mit einer ungemeinen Stärke, und Wirksamkeit an sich: folglich ist dieselbe für die moosichten, oder naßen Gründe, Wiesen, und Felder ein außerordentlich diensames, und nützliches Mittel.

Unvorsichtig, und schadhaft handeln aber jene Landwirthe, welche aus ihren Aeckern, die in die Höhe ragenden Steine, besonders Schieferſteine, ohne ihre Wesenheit, und Nutzen zu erkennen, auswerfen; und dadurch öfters statt des gehofften Vortheils eine elende Aernde erhalten. Denn da dergleichen Erdreiche wegen ihren vielen Steinen hitziger Eigenschaft sind: so wird durch derer Schatten (da sich solche in die Höhe zu heben pflegen) der aufkeimende Saame, oder Frucht gegen die all zu große, und heftige Hitze nicht nur allein geschützet; sondern sie thun auch wegen ihrer Feste, und Härte das Regenwasser in seiner Vollkommenheit unverringert, denn unausgedünstet von sich ablaufen lassen, und den Pflanzen nützlich zuführen.

Dem gemeinen Salze hat man zwar in Beförderung der Fruchtbarkeit verschiedene Wirkungen zueignen wollen: da es aber in Auflösung der gelichten Theile dieselben nur einiger maßen ge-
schickt=

schickter machet in die Gewächse über zu gehen, so ist auch kein andrer Nutzen davon zu erwarten. Die gegründeten Versuche in der Landwirthschaft haben den Salpeter mit dem Schafkothe vermenget zur Beförderung des Wachsthumes auf oeden Gründen nützlich befunden: weil er aber die festen Erdreiche eher gefrieren machet, als dieselben austrocknen, so läßt sich dessen Gebrauch auf keine andere, als lockere Plätze nützlich beziehen.

Der Staub von dem zermalmen, oder zerstoßenen Gipse, (*) und in dessen Mangel auch von dem Kalke tödtet die schädlichen Insecten, besonders die Schnecken in einer unerwarteten Schnelle. Es soll daher bey naßer Witterung, da sich dergleichen schädliche Schnecken den Tausenden nach zeigen, und dem aufkeimenden Saame einen außerordentlichen Schaden zufügen, jeder fleißiger Landwirth mit obangeführtem Staube die emporsprossenden Früchten bestreuen: weil andurch die Schnecken augenblicklich getödtet, so wie die anderen Insecten merklich verminderet, und

fer=

(*) Die vorzügliche Eigenschaft des Gipses die Insecten, besonders aber die Schnecken zu tödten, entspringt daher: weil nämlich derselbe viele Säure mit sich führet, welche da diesen Thieren unerträglich ist.

fernern Schaden zu thun abgehalten werden. Wobey annoch zu bemerken ist, daß dieser Staub den Früchten nicht schädlich sey, sondern eine den Wachsthum nützlich beförderende Eigenschaft besitze.

Indem nun aber die werkzeuglichen Verbesserungen des Erdbodens das fette, und wässerichte Wesen merklich, und in dem behörigen Maaße der Erde durch ihre eigene Natur, und innerlichen Gehalt beyzubringen nicht im Stande sind: so muß man den weitern, beflißensten Bedacht nehmen den Gründen die vollkommene Fruchtbarkeit wesentlich aus dem Thierreiche durch den Dünger (*) beyzubringen: weil dieser die langensalzichten, und oelichten Theile zum Genügen in sich enthält; aus derer Vermischung vermittelst des Thau- und Regenwassers jener seifenartichte Nahrungssaft entsteht, welcher durch die Wurzeln in die

---

(*) Das Pflanzenreich liefert uns ebenfalls durch die Asche der Pflanzen, und durch den Ruß einen herrlichen Dünger. Wie denn überhaupts die vegetabilischen Dinge, wenn sie behörig gesaulet sind, den Pflanzen eine vortrefliche Hilfe reichen: weil die Säfte von den Gewächsen, da sie durch die Fäulung, als einer natürlichen Art von Kochung zugerichtet worden sind, anderen Gewächsen zur Nahrung dienen.

die Saftröhrchen der Pflanzen steigt, und deren Wachsthum beförderet.

Es ist ein von den Naturskündigen angenommener Satz, daß durch den Dünger dem Erdreiche die abgängigen Nahrungssäfte beygeleget werden: denn neben der Gabe, daß solcher einigermaßen auflockeret, besitzt er die vorzügliche Tugend das Land zu erwärmen, und es mit jenen Theilen anzufüllen, welche den Pflanzen zur Nahrung, und der Erde zur Fruchtbarkeit dienen.

Die Eigenschaften eines Grundes bereichern sich auch erst alsdenn, und machen die Nahrung zum gedeilichen Wachsthume vollkommen, wenn die Luft, das Wasser, Salz, Oel, und Wärme in einen vereinbarten, wirksamen Zustand versetzet werden. Daher der Erde auch solche Dinge zu ertheilen sind, welche zu dem beudthigten Einflusse der Luft das Erdreich eröffnen, das Salz an sich ziehen, eine salpeterichte Gährung verursachen, und mit oelichten Theilen dasselbige befestigen, und erwärmen.

Das Düngen ist also das eigentliche, und wesentliche Mittel die werkzeuglich verbeßerte Erde

in

in vollkommen fruchtbaren Stand zu bringen: und es sind daher die Thiere ganz unlaugbar die Grundursache eines gedeilichen Wachsthumes. Je besser, und vernünftiger also ein Grund gedunget wird, je mehrere Früchten bringt derselbe hervor.

Durch eine gute Düngung werden ferners jene Krankheiten des Getreides merklich gehemmet, ja oft gänzlich geheilet, welche da von dem Mangel der Nahrung herrühren. Es kommt demnach die schickliche, und gute Begeilung als das erste Verbesserungsmittel anzusehen: weil der zu feuchte, oder zu magere Zustand eines Erdreiches die Urquelle der Krankheiten in den Pflanzen, der gute, und nützliche Dünger aber das hauptsächlichste, und untrüglichste Hilfsmittel dagegen ist.

Das zuverläßigste Düngen geschieht also mit dem Miste von dem Viehe, welcher aus einer in den thierischen Körpern erzeugten, vermischten, vegetabilischen Materie besteht: folglich hat derselbe viele vegetabilische, das ist, eine treibende, und den Wachsthum beförderende Fette in sich, behält solche lange Zeit; und da er durch die Gährung nicht leicht zur gänzlichen Fäule gelanget, verdünnert er die Fette zu Dünsten, und ist also

das

das bequemſte Mittel das fette, und wäſſerichte Weſen der Erde einzuverleiben, auch dadurch deren Verbeſſerung eigentlich, und kräftigſt fürzukehren.

Da aber der Miſt von dem Rindviehe, Pferden, Schafen, Schweinen und Federviehe vielerley Wirkungen und Eigenſchaften beſitzt, welche von der verſchiedenen Menge der ölichten und ſalzichten Theile herrühren; und dieſe Oele und Salze ſelbſt von der verſchiedenen Nahrung der Thiere, und von der Zeit, da ſie ſich in ihrem Eingeweide aufhalten, wie nicht weniger von der Natur der Säfte, die ſich mit der Speiſe der Thiere vermiſchen, und endlich von der natürlichen Wärme ihrer Körper abhangen: ſo muß man bey ſeiner Wahl die Beſchaffenheit des Bodens, und die Art der Saat in reife Erwägung ziehen.

Denn der Miſt heißt fett, wenn er viele ölichte Theile hat; ſtark, wenn er vieles Salz enthält; hitzig, wenn er bey ſeiner Fäulung in eine große Hitze geräth; und mager, wenn er meiſtens aus Erdtheilen beſteht.

Der Ochſen=und Kühedünger, welcher auch wegen ſeinen häufigen ſalzichten und fetten Theilen einer der nützlichſten und beßten iſt, wird für

den

den Kältesten gehalten; der von dem Federviehe wärmer, als der Schaf= und Schweinmist; der Letzte aber noch hitziger, als der Pferdmist geschätzet. (*)

Wenn also der Boden warm und trocken ist, so schadet die große Menge des Düngers, und dessen hitzige Beschaffenheit; weil die Gewächse dadurch verbrannt werden: folglich ist wenig Mist, und nur von der kältern Art zu gebrauchen.

Wie denn auf einem guten, und an sich warmen Lande der Dünger von dem Rindviehe der beßte ist; weil er auch nicht so sehr als wie jener von den Pferden auflockert.

Ist der Boden kalt und feucht, so erfodert derselbe mehrern und hitzigern Mist, weil dessen

Käl=

(*) Bey großen Landwirthschaften könnte es also ganz außerordentlich nützlich seyn, wenn alle Gattungen des Düngers auf abgesönderte Plätze geleget würden: weil man sohin benöthigten Falls solche Dünger nach eigener Willkuhr und Erfoderniß der Felder, oder des auszustreuenden Saames behörig gebrauchen, und auch weiters nützlich vermischen könnte. Wenn man anbey den Harn der Pferde und des Hornviehes in ein Behältniß leitete, und denselben, nachdem er eine Zeit lang gegähret hat, über die Misthaufen schüttete, so würde die nützliche Gährung an dem Dünger viel eher und besser geschehen.

Kälte durch die von dem Dünger herrührende Wärme verbeßert werden muß: wozu der Taubenmist wegen seiner hitzigen Eigenschaft, eben so, wie der Schwein = und Schafdünger allen andern vorgezogen zu werden verdienet.

Ist er warm und feucht, so bedarf er nur eines wenigen, und meistens verfaulten Düngers.

Für die lockern und magern Gründe ist ferners der einer andern Begeilung untermischte Holzdünger, welcher in jenen Wäldern, wo sich viele Tannen, Fichten und Förchen befinden, gesammelt wird, wegen seinen in sich enthaltenden harzichten und ölichten Theilen ganz ungemein nützlich.

Lumpen von wollenen Zeugen, Gebeine, Hörner und Schalen von den Thieren, Abschnitze von den Arbeiten der Hutmacher, Beinringler und Kammmacher, alte Flecke von Schuhen und anderm Lederwerke besitzen eine besondere düngende Kraft, und verbessern die Gründe ganz ungemein. Und da diese Stücke nicht leicht so schnell zur gänzlichen Fäulung gelangen, so halten sie das so nützliche, den Wachsthum vorzüglich befördernde Regen = Schnee = und Thauwasser

lan=

lange in sich; und lassen solches der Erde und den Pflanzen unausgedünstet, und unverringert zufließen. Wie denn alle diese Stücke auch sehr viele schleimichte Theile enthalten, welche sich durch die Feuchte auflösen, und vermöge ihrer seifenartigen Natur den Pflanzen eine vorzügliche Nahrung reichen: und daher sowohl bey Feld = als Wiesegründen zur Erhaltung der nöthigen Feuchtigkeit dienen, folglich den nützlichen Wachsthum ganz außerordentlich verbreiten.

Der Ruß ist ebenfalls ein herrlicher Dünger, wenn man Wiesen und Aecker besonders in dem Frühlinge vor einem Regen damit bestreuet: denn man hat durch kemische Versuche erfahren, daß der Ruß aus einem flüchtigen alkalischen Salze, aus Oele, und ein wenig irdener Materie bestehe. Seine Wirkungen sind sehr schnell: und lassen sich alsobald nach dem ersten Regen bemerken.

Bey Wiesegründen hat der Malzkeim oder Malzstaub, auch bey ausgebrannten Flecken das Leberlohe die herrlichsten, ja unerwarteten Wirkungen öfters entäußert. Doch muß das Leberlohe vor seinem Gebrauche, weil solches sonst einer als zu hitzigen Eigenschaft wäre, fast zur Hälfte

ge=

gefaulet seyn, und im späten Herbste aufgestreuet werden, damit es sich mit dem so fruchtbaren Schneewasser nützlich vermischen könne.

Da nun die Theile, wovon sich die Pflanzen nähren können, erst durch die Fäulung aufgelöset werden, so muß der Dünger, ehe er in das Land gebracht wird, den behörigen Grad der Fäulung an sich nehmen: denn ein nicht hinlänglich abgelegener, oder genugsam gefaulter, und daher noch roher Mist besitzet weder die Kraft nützlich zu treiben, noch auch die Eigenschaft fruchtbar zu machen; sondern brennet vielmehr den Erdboden aus, erzeuget Insekten, und ziehet unendlichen Schaden nach sich. Unter welche schädliche Gattung besonders jener Dünger zu zählen kömmt, der da von heimlichen Orten hinweg geführet, und ohne behörig angenommener Fäulung unteracht seines erhitzenden, und brennenden Wesens unbehutsam gebrauchet wird.

Ein noch nicht genugsam abgelegener Dünger ist ferners eine für die Pflanzen höchstschädliche Sache; denn da dessen Körper noch an der Fäulung begriffen ist, so kann er dieselbe einem andern mittheilen, der sonst davon befreyt geblieben wäre, weil derjenige Körper, der wirklich

die

die innwendige Bewegung seiner Theile empfindet, leicht die gleiche Bewegung in einem andern Körper veranlassen kann, der zwar in der Ruhe steht, aber dennoch die Neigung zu dieser Bewegung hat. Wie viele Krankheiten können also dadurch an den Pflanzen und dem Getreide entspringen?

Das Zeichen einer genugsamen Fäulung ist, wenn der Dünger zu sitzen anfängt: und also handeln jene Hauswirthe unvorsichtig, welche solchen zu lange liegen lassen, weil derselbe dadurch gänzlich verfaulet; und eben daher dessen fettes und salzichtes Wesen, so wie die Hoffnung zur nützlichen Begeilung verschwindet: auch nichts als eine öde, zum ersprießlichen Wachsthume nicht mehr wesentlich beytragende Erde zurücke bleibt.

Die behörige Ablegung, oder der nützliche Grad der Fäulung bey dem Dünger ist ein von dem Urheber der Natur zur Vermehrung der Früchte eigentlich geschaffenes Meisterstück.

Die Fäulung entsteht aus der Gährung, und wird durch die Feuchte, Wärme und den Zufluß der Luft befördert. Die Feuchte macht die Theile weich, wodurch dieselben die Fähigkeit erlangen beweget zu werden. Die

Die Wärme verursachet die innerliche Bewegung, woraus die Fäule entspringt: denn die Kälte ist die Feindinn der Verwesung, weil sie die Bewegung aufhält und verhindert.

Die Luft ist nothwendig und unentbehrlich, weil die innere Bewegung ohne Beyhilfe der Luft nicht entstehen kann.

Wenn also der Dünger in seiner behörigen Fäulung oder Verwesung gebrauchet wird, so erwecket er in dem Erdboden einen großen Grad der Wärme: denn da seine durch die Gährung entwickelte ölichte und salzichte Theile dünne gemachet, und sein wässerichtes Wesen in Dünste aufgelöset worden, so gelangen solche Stücke in eine nützliche und natürliche Verbindung: wodurch die anvor fix gewesenen salzichten Theile von der natürlichen Feuchtigkeit der Oele mit fortgeführet werden, eine flüchtige Eigenschaft erhalten, folglich die Erde mit vielen nützlichen Nahrungssäften erfüllet, solche den Pflanzen zugeführet, das fette und wasserichte Wesen in behörigem Verhältniße genüglich mitgetheilet, und der gedeihliche Wachsthum ganz ungemein befördert wird.

Da=

Damit aber auch der Dünger nützlich aufbehalten werde, so muß ein vernünftiger, und sorgfältiger Landmann die Misthäufen, soviel als es immer möglich ist, an etwas tiefen Orten, und in dem Schatten, niemal aber an freyen, bergichten und erhobenen Plätzen anzulegen suchen, aufdaß die Sonne die flüchtigen Theile nicht zu sehr ertrockne, oder der als zu freye Wind und Regen, das in sich enthaltende so unentbehrliche Salz und Oel (diese zwey kostbaren Beförderungsstücke des Wachsthumes) nicht entführe, und dabey die feuchtere Luft dieselben immer mehr, und mit gedeihlicherem Erfolge schwängere. Die von mir gemachte Probe hat es klar gezeuget, daß jener Saft, welcher von den an hohen Plätzen angelegten Düngethäufen hinweg fließt, bloß aus ölichten und salzichten Theilen bestehe: sind nun diese entführet, so hat der Dünger die Hauptbeförderungsstücke zum gedeihlichen Wachsthume gänzlich verloren.

Die so genannten Dünger- oder Atelgruben sollen mit Thone, oder Leime befestiget, und verstrichen werden; als wodurch merklich, und nützlich vorgebogen wird, damit von den so kostbaren, fetten und salzichten Theilen nicht so leicht etwas versitzen, oder verdünsten könne. Da

Da nun die Einflüsse der Luft den Dünger zu einer den Pflanzen tauglichen Nahrung machen, so soll man den beflissensten Bedacht nehmen, die Düngethäufen (so viel es immer möglich ist) gegen Mitternacht anzulegen, damit die Nord = und Ostwinde sonderlich in dem Winter einen freyen Zutritt erhalten: weil diese beyden Winde fürnämlich in dem Winter mehr als alle übrige mit ungemein vielen salpeterichten Nahrungstheilen geschwängert sind. Da entgegen die verfaulten K˖ er, weil solche einer flüchtigen Natur, ihre den Wachsthum befördernde Theile merklich verlieren, wenn sie einer trocknen und warmen Luft ausgesetzt werden.

Bey jenen Gründen aber, wo gerne Unkraut wächst, kömmt ins besondere, und weiters zu bemerken, daß man von einem andern Felde einen anvor recht wohl geleiterten Saame hernehmen, auch dieselben meistentheils mit dem Miste des Rindviehes als eines wiederkauenden Thieres, und so wenig, als es immer möglich ist, mit dem Dünger von den Pferden begeilen müsse, weil der Letzte oftmal noch ganze Kerner von dem Unkraute in sich zu halten pflegt.

G   Wel=

Welche Beschäftigung ist demnach dem Menschen wohl nützlicher, den allgemeinen Bedürfnissen angenehmer, und einem wahren gründlich denkenden Kammeralisten unentbehrlicher, als die auf der Naturskunde gegründete Erkenntniß, denn werkzeugliche und wesentliche Verbesserung der Erde: zumal hieraus die einen ganzen Staat beseelende Fruchtbarkeit emporraget.

War denn die Anbauung der Felder nicht die erste Sorge, die uns der weiseste Schöpfer empfohlen hatte? Ist sie nicht jener angenehme Gegenstand, der den Leib stärket, die Gesundheit ertheilet, und das Gemüth in entzückender Ruhe erhält; auch solches vor ungezäumten Begierden, und stürmenden Leidenschaften bewahret?

Ist es nicht ein bezauberndes Vergnügen aus der Erde, welche man selbst bearbeitet hat, den gesträuten Saame emporkeimen, und reifen zu sehen, auch mit jenen Früchten sich zu sättigen, die man selbst gebauet hat? Und welche Quelle der Erhaltung ist dem Menschen näher, und zugleich nützlicher als der Ackerbau? Denn die Geschicklichkeit, der Fleiß, und die Lust des Landmannes zur wohlangeordneten Landwirthschaft ist der eigentliche Grund des Reichthumes, der Glückseligkeit und der Stärke in allen Staaten. Män=

Männer, welche da mit einem edeln Eifer die ächten Erkenntnisse in der Verbesserung des Feldbaues erweitern, und derer nützliche, wohl geprüfte, denn durch wesentliche Erfahrungen unterstützte, untrügliche Erfindungen einen so unmittelbaren Einfluß in die Glückseligkeit so vieler Menschen haben, ohne daß dadurch die unerschwinglichen Auflagen, und daraus entspringenden Burden ihrer Mitbrüder vermehret werden (zumal dergleichen unersprießliche und unächte Vorschläge, ohnedem in ihrer gehäßigten Geburt wenige Mühe kosten, und nur die Folge einer heuchlerischen, harten und unbarmherzigen Denkungsart sind, auch öfters ein Land in ein gänzliches Verderben stürzen) diese, diese verdienten billich, und mit weit mehrerem Rechte die prächtigsten Ehrensaulen, als Ceres und Bachus, denen die Fabel des Alterthumes den Ruhm angedichtet hat, daß dieselben in dieser Wissenschaft den ersten Unterricht gegeben haben.

Und wird denn nicht bey einer durch den verbesserten Wachsthum sich ereignender reichlicher Aernte aller Wucher (dieses schändliche Laster schwarz wie die Mitternacht) nebst dem gefährlichen Eigennuze, diesem zu verfluchenden Lieblings-

ab=

abgott unserer unseligen Zeiten gänzlich verschwinden? Werden nicht erhabne Leute, besonders aber der Adel mit einem edeln Beyspiele vorleuchten, alle geldgierige, wucherische Absichten künftighin äußerst verabscheuen, und dadurch die Wohlfeile, diese nährende und erquickende Seele aller Stände aus ihrer Asche hervor rufen: auch sich daher ein ächtes Recht auf die Unsterblichkeit, und auf eine glänzende Stelle unter jenen großen und wohlthätigen Geistern erwerben, welche durch alle Jahrhunderte die bezaubernde Zierde der Erde, und die entzückende Lust des menschlichen Geschlechtes gewesen sind? Wird nicht mit der reizenden Zufriedenheit des Gemüthes sich Liebe und Gefälligkeit gegen den Nächsten vereinigen?

Werden wir unsern Mitbürgern, da wir die süßen Früchte der ganzen Natur genießen, unter ihren Bedürfnissen die benöthigten Erquickungen entsagen können? Werden wir nicht, indem sich alles zu unserm belebten Vergnügen vereiniget, und jeder Acker, jede Weide, jeder Berg uns die Wohlthaten des Vaters der Natur übergiebt, durch die Gewalt eines empfindenden Herzen hingerissen seyn ihnen mit Freuden, und willig, nicht aber in übertriebenem, unverantwortlilichem Preiſe von jenen Gütern der Erde mitzutheilen, die unſern Händen nur zu einem nützlichen Gebrauche, und zur weiſen Ausſpendung anvertrauet ſind?

Und wenn ſollte uns wohl die Empfindung der Gutthätigkeit gegen unſre Nebenmenſchen natürlicher ſeyn, als eben in der Zeit, wo wir aus den unendlich gütigen Händen des höchſten Weſens die Fülle ſeines Segens empfangen?

Werden wir wohl alſo ferners einen Mitbürger ohne Gefühle des Mitleidens dem erboßten Unglücke überlaſſen, und die Betrangten, eben ſo wie Wittwen und Waiſen mit einer ſteinernen Seele ohne zum Mitleiden bewogen, oder zum weſentlichen Wohlthun gereizt zu werden, anſehen können?

Bloß von edler und erhabner Menſchenliebe beſeelet, wollen wir alſo forthin voll des patriotiſchen Feuers, und redlichſten Entſchlußes ohne geringſten andern Abſichten, verblendenden Leidenſchaften, oder ſchmeichelnden, und eben daher übertriebenen Gefälligkeiten gegen uns ſelbſt, alle unſere Kräfte in einer angenehmen und entzückenden Begeiſterung verwenden, um für das Wohl und den Nutzen unsrer Mitbürger mit einem reizenden und lebhaften Gefühle zu machen. Unreine, eigennützige Grundtriebe sollen entgegen zu keiner Zeit das unheilige Gewerbe unsrer gerechten und eifrigen Gesinnungen werden; denn sie vermindern das glänzende Verdienst selbst der größten und wohlthätigsten Handlungen. Welche Fülle der kostbarsten Zufriedenheiten wird uns aber jederzeit entgegen strömen, wenn in unsern ehrlichen Busen die untrügliche Sprache des großen Dichters Uz niemal mit marternden Vorwürfen tönen wird, als welcher da mit einem erhabnen Urtheil aufruft:

**Der Absicht Niedrigkeit erniedrigt
große Thaten:
wem Geiz und Ruhmbegier, auch Herkuls Werke rathen,
der heißt vergebens groß;
er schwingt sich nie vom Staub des Pöbels los.**

Fortsetzung
der Polizeywissenschaften.

Erstes Hauptstück
des theoretischen Theiles.

Von der moralischen Bildung der Unterthanen.

Wenn denn wirklich diese Wissenschaft von so großem, von so wichtigem Nutzen ist; so lohnt es der Mühe, daß man alle ihre Bestandtheile kennen, und auseinander legen lerne. Ich habe sie als die Mutter aller gesellschaftlichen Glückseligkeiten angegeben, und als dessen sonderlichsten Verrhrer unsren theuersten Landesvater **Karl Theodorn** mit dem Herze eines ächten Unterthans vorgeführt. Jetzt will ich sie, wie es die Anatomiker zu machen pflegen, in ihre Theile zertheilen, sie so, wie ich selbe in unsrem ersten Stücke überhaupts betrachtet habe, einzeln durchsehen.

Die Moral ist das heiligste, was auf unsrem Boden ist; dieser müssen alle folgen, wenn
sie

sie anderst glücklich und vergnügt leben wollen. Gewiß ist es, daß sie Glück in einem Staate verbreitet, wenn sie nach dem Sinne ihres Zweckes behalten wird. Ausgemacht bleibt es, daß das gar keine Moralität verrathet, wenn man seine Mitmenschen verfolgt.

Es ward Licht über unsrem Gesichtskreise; dieses Licht hat uns in etwas auf einen guten Weg gebracht. Wollte der Himmel! daß nimmer Abend, nimmermehr Nacht über uns würde, daß Fanatisinus verschwunden, und Duldung an seine Stelle getretten wäre. Die Theile der Moral sind wieder Ursachen zum Streit geworden. Ich lasse alles, was nicht ausgemacht, was mehr Einbildung, als wahren Grund verräth, unbeurtheilet. Sicher ist es, daß jenes, was das Herz bildet, zur Moral gehöre. Nun denn, dieses voraus geschickt: so ist die Frage: wie viel Theile die Moral zähle.

Ich bin nicht gesinnt, alles zu durchforschen, sondern meinem Sinne nach ist diese doppelt, oder sie vervollkommnert den Menschen, oder sie bildet solchen. Vervollkommnern wird die Moral einen wohlerzogenen Knaben, ein gut unterrichtetes Mägdchen. Bilden wird sie aber ein
Kind,

Kind, das roh, ohne allem Begriff. Wenn man nun die Sache im Kurzen zusammen nimmt: so heißt das letzte Erziehung, das erste aber Lebensart.

Moral hat seine gute Wirkung im Staate, sie muß aber im Kleide einer wahren tugendhaften Person aufziehen; weiß, wie man sich die Unschuldigen vorbildet, und ohne einiger Mackel. Sie muß die Sittenlehre im reinsten Verstande dem Kinde, dem Knabe und Jünglinge vorhalten; sie muß den moralisch guten Bürger schaffen, den tugendhaften Unterthan bilden. Wie viele Kenntniße aber solche Leute zu besitzen nöthig haben, mag sich ein jeder vorbilden. Beruf von Oben geht meistens ab; man baute auf das Sprichwort: Wem Gott ein Amt giebt, dem giebt er auch Verstand; wählte den Priesterstand, oder weil man der dritte Sohn einer großen Familie, oder von einem Bauern gebohren war. Man verachtet auf keine Weise die Religion, wenn man solcher Regeln vorschreibt, wodurch dem Staate Ruhe, Sicherheit verschafft wird. Man muß die Macht brauchen, nicht Unmöglichkeit annehmen, sondern befehlen.. Wie aber die moralische Bildung glücklich für einen

Staat

Staat könne eingerichtet werden, dachte ich mir folgenden Plan aus. Er ist das Geschäft meiner eignen Erfahrung.

Man muß dem Knaben, Mägdchen nur solche Begriffe in ihrer Jugend beybringen, so den Zweck ihres Daseyns an Tag legen, ihnen die wahre Ehre beybringen; denn die Eindrücke, so man in der Jugend bekömmt, bestimmen den künftigen Karakter. Man darf nur die Ursache der verschiedenen Lebensarten der Völker zum Beyspiel nehmen, und man wird die Wahrheit meines Satzes einleichten sehen.

Der wahre Begriff von Ehre (*) wäre die erste Lehre; diese müßte dem Kinde so gemein werden, daß solches bey jeder Unternehmung wohl bedächte, ob es durch seine Handlung Ehre, oder Unehre verdiente; bey jeder schönen That müßte man ein solches Kind beschenken, und wenn es etwas entgegen gethan, so bestrafen, daß es nicht in etwelchen Augenblicken die Straffe vergißt,

und

(*) Ich verstehe hier unter dem Worte Ehre die Belohnung, die man aus der Vollziehung seiner Pflichten von seinen Mitmenschen erhält. Sie ist also so vielfach, so vielfach die Pflichten der Menschen sind.

und sich wieder nach den alten Fehler sehnt. Selten über eine Sache Lehren geben, bey dem Unterrichte nur das Gute zeigen, nur die großen Verdienste erzählen, so der Mann, die Frau aus einer solchen That erhält; denn mit einer Sache, so Unehre verdient, muß man sehr lange zurückhalten, bis man solche dem Knabe, dem Mägdchen vorhält. Man muß Laster und Verbrechen nur dann weisen, wenn einer dadurch ins Unglück gekommen, wenn ein solcher im Staate gestraft worden. Da hat man Gelegenheit eine ganze Reihe aus der Geschichte zu erzählen; man bringt dem Kinde mit diesem die Geschichte bey, und zeigt ihm wirklich, daß alles aus derselben wahr sey. Wie sehr aber die Dinge, so man selbst gesehen, vor andern nur erzählten den Vorzug haben, weist die Erfahrung. — Erzählungen verlieren oft ihre Kraft durch das Ansehen der Person, Stimme; alles ist im Stande eine andere Richtung zu geben. Doch Thaten täuschen die Augen nicht. So verliert ein Trauerspiel vieles von dem, was es wirklich ist, was es zu den Zeiten war, da man Eßer hat hinrichten sehen; dort hatte man einen wahren Begriff: man sah das Blut laufen, strömen, man sah den entseelten Körper, und auf der Bühne sieht man freylich

lich auch seine Geschichte; allein die Seele, die empfindenden Theile eines Menschen sind nicht so fein, daß sie Wirkliches mit Nichtgesehenem auf eine gleiche Weise empfinden könnten. Man muß also abwarten, bis ein Kind einen Verunglückten sieht; es wird fragen, und den Mann anschauen, der auf eine so sonderliche Art vom Staate behandelt worden. Eßer, war die Frage, Eßer, warum fiel er, warum mußte er der Königinn auf einmal so groß Feind werden? — Fragen, die Gelegenheit gaben ein Herz mit Lehren zu füllen, so die glücklichsten Früchte in der Zukunft zu zeigen im Stande waren. Es bleibt ein richtiger Satz, der Jahrhunderte durch weggesetzt worden, der aber in den Geschichten der Alten mehr als zu oft vorkömmt: daß Beyspiele schrecken, wenn die Lehren von wahrer Ehre vorgegangen, daß eine einzige Hinrichtung eines Eßer dem so erzogenen Knaben, Jünglinge, Manne das Blut zum Herzen treibt. Glück für den Staat der Aeltern zählt, die nicht um ihre Triebe zu sättigen einander die Hände reichen, sondern mit dem Gefühle eines ehrliebenden Mannes den Stand der geselligen Liebe antretten.

Man hätte hier, wenn man für diesen Umstand desto sicherer sorgen wollte, am ersten auf

die

die Gesundheit, Glücksumstände und sittliche Personen zu sehen. Gesundheit wäre des Arzneygelehrten Pflicht zu bestimmen, Glücksumstände müßten beede Theile selbst ausweisen, und die sittliche Beschaffenheit sollten die Diener des Staates untersuchen. Es ist eine ausgemachte Sache, daß ein siecher Vater sieche Kinder zeugt, daß die Armuth zu Lastern verleitet, und wilde Sitten gefährliche Unterthanen dem Staate liefern. Das erste beweisen die Bücher verschiedener Aerzte, Naturforscher; das zweyte verschiedene Staaten Deutschlands, und das unsittliche Betragen, wie viel solches in den Staaten Unheil angerichtet, mögen sie aus den Geschichtsbüchern unsrer Vorältern am beßten lernen. Hätte man vom Anfange Ehre als den Grund aller unsrer Bemühungen fest gesetzet, aus Ehre Tugend hervorgehen lassen, und aus diesen beeden Glückseligkeit als ihr Kind vorgeführet, man hätte so viele unglückliche Tage nicht erleben müssen, Künste und Wissenschaften hätte man nicht so oft wieder zu lernen anfangen dörfen.

Solon, Lykurg dachten bey allen ihren Einrichtungen das allgemeine Wohl herzustellen, und was solchem im Wege war, schuffen sie als-
Wei=

Weiſe weg. — Wer iſt der beßte Bürger? Der die allgemeine Ruhe und Sicherheit nicht ſtöret, zum Mittelpunkt arbeitet; mehr brauchen wir nicht zu wiſſen, ſagt Friderich der Große König von Preußen. Ich will Ihnen alſo meine Arbeiten, ſo vielleicht im Stande ſind, auch ſolche Gedanken in unſrem Lande zu verurſachen, fortſetzen, und nach dem Begriffe von Ehre, als dem Grunde aller übrigen Vorkehrungen, das Kind von den Aeltern zur Lehre führen.

Die Lehren müſſen in einer tauglichen Beſchäftigung eines Genies beſtehen. Denn nicht jeder Menſch lieſt Homeren mit Vergnügen, noch will ein jeder ein Cäſar werden. Der Hang eines Kindes iſt am erſten zu beobachten; ein Feld von Gegenſtänden kann ſolches wählen heißen, nur muß ihm bey dem A. B. C. der Begriff beygebracht werden, daß dieß die nöthigen Werkzeuge, künftig groß zu werden, ſind. Denn der Mann, ſo ergeizig iſt, hat kein anders Perſpektiv als Ehre, dieſer ſetzt er nach, mit dieſer nährt er ſich. Leute, ſo dieſes nicht beſitzen, ſind oft zum ſchlechteſten Unternehmen aufgelegt. Hat man es dahin gebracht, daß das Kind die Anfangsgründe der Religion ſich eigen gemacht,

daß

daß es schreibt und ließt; so legt man solchen Anfangs Bücher vor, so die Welt in ihren Bestandtheilen zeigen, die Naturgeschichte, und zwar von seinen eignem Lande. Es ließ bis daher sehr übel, daß man einen alle Kräuter lehrte, nur die innländischen nicht, daß man einen ins Ausland führte, und in seinem Lande als einen Fremden wohnen laßen. Hier muß man nicht denken, daß man nie darauf gedacht. Es waren einst die nützlichsten Anstalten vorgekehrt; allein das Gute dorfte bey uns nicht aufkommen.

Hätte man von den natürlichen Dingen Kenntniß, so lehrte man weiters, wer diese Dinge verbrauchet; hier sagte ich, daß es Bauern, Bürger, Kaufleute und Edle gebe, daß man Soldaten und Sittenlehrer um diese vier zu erhalten nöthig habe, zergliederte recht jede Klaße, legte jedes seiner Pflicht vor, und in welchem Verhältniße jeder Mensch mit dem Staate stehe. Habe ich jedem dieses wohl beygebracht, so habe ich das gethan, was man immer vernachläßiget.

Die Fortsetzungen folgen.

Fort=

Fortsetzung
der verschiedenen Haus=dann andern Mitteln, seine Gesundheit zu schützen.

Man hat schon so hin und wieder verschiedenes gehört, verschiedenes, daß wir auch einen Theil unsrer Blätter mit Mitteln für die Gesundheit anfüllen. — Wahr ist es, wenn man die Sachen betrachtet, so läßt es recht wunderlich, wie Leute, so niemals eine medicinische Fakultät besucht, etwas solches schreiben können. — Giebt es denn noch nicht Pfuscher genüg? — war die Sprache eines jungen Mannes, der von der Universität in die Vakanz gereiset. — Hätte ich mich von diesem guten Manne abhalten lassen, ich wäre des Auslachens werth. — Wer hat je einen Mediker bilden, oder gar einen Doktor machen wollen? — Giebt es nicht Männer, so diese Schriften lesen, die oft auf 4 — 5 Stunden keinen Doktor zu bekommen Gelegenheit haben? — Was ist nützlicher für solche Leute, als daß sie einige Mittel wissen, mit denen sie den Kranken erhalten, wenigst so lange erhalten, daß ein Doktor solchem helfen könne. — Zu frühe Reden ist

um=

immer ein Fehler gewesen; wollen sie politisch handeln, so sehen sie, was der Zweck ist. Dann können sie mit Vernunft ihre Einwendungen machen. Brodneid muß sie nicht verleiten, daß etwas nützliches unterdrückt werde. Haben Sie eine Sache unternommen, ein anderer versteht aber solche besser, so müssen sie nicht darüber schreiben, auf ihn schmälen. Wir alle arbeiten, dieser das, ein anderer was anders. Wer nützlicher müssen sie nicht bestimmen, sonst haben sie allen Glauben verloren. Lassen Sie das Volk, Ihre Leser urtheilen, was sie lieber haben. Denn nicht alle lesen ein philosophisches Buch mit dem Vergnügen, mit dem es weise Liebhaber dieser Wissenschaft lesen. Der Soldat liebt Bücher, die ihm Heldenthaten beschreiben, der Jurist Händel und Prozesse. Kurz, so wie Horaz schreibt, daß einer seine Freude mit Pferden, der andere mit Hunden hat; so ist es überhaupt mit den Menschen. Dringen Sie nicht unter eine Menge, aus der Sie nicht mehr heraus finden, lassen Sie den mehreren Theil sprechen, fehlt er, so werden Sie dennoch als ein einzelner so viele klug zu machen, unaufgelegt seyn.

Der Hund an der Kette nützt nichts, so lange er angeschlossen ist; er bellt umsonst; wird er aber los, so hat er Gelegenheit, seine Dienste recht zu leisten. Warten Sie Zeit und Gelegenheit ab; jetzt ist der Geschmack noch nicht zu fodern; liebt der Mann ein Buch, wo die Geschichten von verwünschten Personen enthalten sind, lassen Sie es einem solchen, er wird es eher weglegen, als wenn Sie darwider sprechen. Eigensinn ist eine Leidenschaft, so manchen schon ins größte Unglück gebracht. Nun meine lieben Landesleute, merken Sie etwelche Mittel, so ich nicht erfunden, aber aus wahrhaften Büchern entnommen habe. Denn daß ich einmal krank war, eine Art von einem kalten Fieber gehabt, mich mit Lemonade kurirt, ist ein närrisches Problem; nun es ist dennoch wahr. Ob es andern Leuten die nämlichen Dienste thun wird, das will ich nicht untersuchen; so viel weis ich gewiß, daß es nicht schadet;

Wollen Sie lieber Leser etwas recht nützliches von ihrem Hausvater hören, so empfiehlt er Ihnen vor allen die Mäßigkeit. Mäßige Leute werden fast niemals viele Krankheiten auszustehen haben. Geschehen kann es, das ist immer wahr, daß der mäßigste Mann auch in Krankheiten verfällt. Hier ist die Schuld in den übrigen Umstänſtänden zu ſuchen; der Ort, wo man wohnt, die Speiſen, die man ißt, die Ordnung, die man beym Eſſen beobachtet, ſind Sachen, ſo auch einem Manne, der übrigens weder übermäſ ſig ißt, noch bis zur Vergeſſenheit trinkt, begegnen können.

Es iſt wahr! man ſagt: die Gewohnheit ſey eine andere Natur. Alles recht; wer wird aber ſagen: daß der Menſch ſich nicht ſchadet? es iſt eine deſto ärgere Krankheit, wenn man z. B. in 50 Jahren ſchon an einem Stocke gehen, oder gar im Beth bleiben muß. Die Jugend- und Mannsjahre können ſolche Sachen ausſtehen, allein das hohe Alter oder die Jahre des Mannes auch ſchon müſſen die Zeche zahlen. Wie viele Männer kenne ich, die ſammt all ihrer Unordnung wohl lebten; aber was thun ſie jetzt? Podagra und tauſend andere Dinge halten ſie zurücke noch die wenigen Tage mit dem Wohlgefallen eines Menſchen genießen zu können; andere weis ich, ſo in ihrem ſiebenzigſten Jahre ſo geſund noch über die Gaſſen gehen, daß man es ihnen niemals anſieht, daß ſie ſchon alt ſind.

Mäßig leben, heiße ich jeden Tag ſeinem Körper ſo viel Speiß und Trank reichen, daß er leben und bauern kann. Die Speisen müssen gut gekocht, wohl zugerichtet, die Getränke rein, nicht mit Einschlag und solchem Gezeuge vermischt seyn. Ob man eine Stunde halten solle, ist nach meinem Sinne eben keine so nöthige Sache. Essen, wenn man Hunger spürt, denke ich, wäre die beßte Regel; denn wer kann mir sagen, daß eine gewisse Zeit erfodert werde: freylich hat man bey dem Viehe die Erfahrung, daß es dann zum beßten wird, wenn man es ordentlich füttert; das heißt um eine bestimmte Zeit, und mit einer proportionirten Maßa. Essen soll man sehr langsam, seine Speisen wohl mit den Zähnen zermahlen, damit der Magen sie desto leichter verkocht. Junge Leute sollen harte Speisen genießen, damit der Magen nicht schon in der Jugend schlapp werde, und im Alter gar aufhöre Speisen verkochen zu können. Keusch seyn, heißt wenig Fleisch und Blut haben, schrieb ein Author, dem ich aber gar nicht beystimme; denn ich habe in einem andern gelesen: daß man eher 50 Unzen Bluts sollte vom Leibe geben, als ein einzigesmal widernatürliche Dinge treiben. Wollen Sie alt werden, und das alter, wie Ihre junge Jahre nützen, so hüten Sie Sich vor dieser Leidenschaft, lessen Sie die Selbstbefleckung des Herrn Tissot,

nicht

nicht aber wie ein junger Pursch, der erst alles daraus versucht: mit dem Aug eines Menschen muß man lesen, der sich für sein ganzes Leben gesund erhalten will. Wer ich Herr in einem Staate, ich schlug die größte Straf auf dieses Verbrechen, denn es kommen Sachen heraus, die oft ganze Familien aussterben machen. Weiber verunglücken mehr junge Leute, als Mägdchen und Knaben einander verführen. Sodoma war stark mit diesen Laster befallen, allein unser Zeiten liegen da am meisten zu Beth. Hier ist nicht der Ort, die Ursachen zu untersuchen, wohl aber die Proben zu geben: daß es wahr, was ich angemerkt. Jünglinge und Mägdchen verlieren durch so eine Lebensart die beßten Kräfte, richten ihren Körper zu grund, verursachen sich selbst allerhand üble Folgen, machen, daß sie in dem Stand der geselligen Liebe, Kinder zeigen, so kaum etwelche Stunde leben, und dann sterben, oder wenn sie auch leben, so ist ihr ganzes daseyn ein abwechselnde Krankheit. Lesen Sie nur Herrn Tissot, lessen Sie Hallern, sie werden überall finden, daß dies die einzige Ursach: daß unsere Kräfte soviel von den Kräften unsrer alten Deutschen unterschieden sind. Es giebt freylich so hin, und wieder starke Leute, allein die

mei=

meisten sind von wässrigten Fleischtheilen zusammen gesetzt, daß man die Ursach in nichts als in dem unmäßigen Leben seiner Vorältern aufsuchen kann. Ehe waren die Deutsche ganze Bäume zu zerspalten im Stand, itzt hat man Müh, wann man nur ein wenigen Last tragen will.

Mäßig leben heißt sein Leben nähren, sein Leben mit gleichen Glücke geniesen, unmäßig hingegen ein weile Vergnügen einathmen, das einem die übleften Folgen hoffen läßt. — Ist das ein medicinischer Eingrief, wann ich den Leuten solche Dinge vortrage, und ihnen auf ihre Gesundheit Achtung tragen lehre.. — Nein, das werde ich Ihnen nie zugestehen, und wann sie mich auch sollten verfolgen. Weise, vernünftige Doktorn haben mir Dank, sie haben einen Vortheil, daß sie eher eine Krankheit kennen können, wann der Mensch immer ordentlich fortgelebt, als wenn sein Magen, sein Körper zu allen gebraucht worden, so ist das ganze Triebwerk aus der Ordnung gekommen. Leichter richtet man ein Rad in einer Uhr, als daß man alles wiederherstellt, ein Rad bricht leicht, ist aber eines gut, und die übigen in einer umgekehrten Ordnung, so muß man lang den Fehler zu heben Müh anwenden.

Ich sehe immer auf diejenige, so die Mittel gelesen, und nicht auf die, so nur die Auffschrift gehört.

Die Fortsetzungen folgen.

Etwas zum Aufnahme der Landwirthschaft.

Wann Männer, so in einen hohen Amte stehen, in einem Amte: das in andern Orten auch Fürsten bekleiden, wann solche Männer den übrigen Tag, wann sie ihre Staats Arbeiten geendet, mit den Bemühungen eines Landmannes zu bringen, so kehren die Zeiten zurück, wo die Landwirthschaft sich auch mit Band und Orden vereinen lassen. Sr. Excellenz Herr General und Hofkriegsrath Präsident, Ritter des churpfälzischen Löwen Ordens Graf von Larose hatte mit seinen zween jungen Grafen, in Bekleidung ihres Hofmeisters, und einen zur Arbeit bestimmten Dieners den 18. September dieses Jahres an einen schönen Abend das Gramet mit allen Fleiße zusammen geraft, kurz geheugt. Die Strasse führte eine Anzahl Leute vorbey, er arbeitete so munder in seinem hohen Alter darauf, daß man hätte glauben sollen, er stunde im Tags lohn da. Seine lieben jungen Grafen folgten dem Beyspiel ihres gnädigen Papa mit so einer geschäftigen Minne, daß ich inniglich gewunschen, daß es alle mit dem Auge angesehen, mit dem ich es gethan.

Eines alten Freundes und Gönners der Leipziger Sammlungen eingeschickte Beyträge (*)
  a Von der Gesinde, oder Ehehaltennoth und
  b Aberglaubische Gebräuchen

Der Brief des Einsenders ist sehr geschickt abgefaßt, ich setze aber nur das sub Lit. a et b angezeigte an, der Herr Uebersender sagt. " Um die Erfüllung meines Versprechens also anzufangen, so theil ich (**) erstens folgende Erinnerung und Anfrage von der großen Gesindenoth des Land = des Handwerksmann und anderer Gesindherrschaften in Städten mit."

Sie

(*) Leipziger Sammlungen.

(**) Nemmen sie lieber Leser das jenige heraus, so etwa sie auch erfahren haben, oder täglich noch erfahren müssen. Schicken Sie Ihre Beobachtung in diesem Fache uns zu, wir werden Sie in unser monatliche Schriften einschalten, und dem Uebel bevorzukommen Gelegenheit machen. Anmerkung des Hausvater.

Sie bestehet darinn, man kann nemlich keine Mägde und kein männliches Gesinde bekommen; was man aber auch hat, ist entweder untreu, lieberlich, faul, diebisch, verwahrlosend, und sonderlich sehr wohllüstig, und frech, will bey gegenwärtigen Zeiten ohne Mittel, und Geschicklichkeit heirathet, wenn es aber nicht gleich mit Bräutigams gehen will, treibet, sonderlich das weibliche Gesinde Unzucht, Hührerey, oder es lauft, und zieht gar davon, setzt sich auf seine eigene Hand, weil das Brod wenigstens noch nicht allzu theuer ist, oder begiebt sich in eine freyere, und ihrer Meynung nach nicht so ganz dem Dienstbothenstande gleiche Lebensart. Z. E. das ledige weibliche, und bisher dienende Gesinde setzt sich hin, und spinnet Flachsgarn auf den Kauf, welches, da der Flachs hier zu Lande (*) häusig gebauet wird, und wohlfeil ist, zum größten Verderben, und wieder alle gute Polizeyprincipien, aus dem Land unverwebt, und unverarbeitet geschleppt, und sehr theuer von dem Aufkäufern und Händlern bezahlet wird. Alles will demnach

---

(*) Noten des Hausvater. Wir derfen hier zu Lande gar keine Sorge tragen, daß der Flachs in zu großer Menge angebauet wird, zu wünschen wär es, daß man es wie die Ausländer auch einmal machte, und um recht nützliche Dinge sich bewerbete.

nach Garn spinnen, und keine Magd mehr als Magd weder in Städten, (*) noch auf dem Lande dienen. Ja es giebt so gar Leute auf dem Lande, und worüber ich mich sehr wundere, daß selbst Prediger, und Landsuperindenten, welche 10 bis 20 solche Mägde aufnehmen, und sie spinnen lassen, das Garn verkaufen, ihnen ihr Spinngeld, Stube, und Heizung geben, übrigens aber selbe leben, essen, trinken, und wandeln lassen, wie sie wollen, wenns nur nicht (**) öffentlich unehrbar herauskömmt. Eine uneingeschränkte Wahl und Veränderung des Lebensart

---

(*) Noten des Hausvaters. Es ist hier auch ein grosser Fehler, daß die Mägde dem Dienen sich entziehen, und mit Nähen, Stricken den Leuten als Mägde ihre Dienste versagen. Sie sitzen unter ein Dach, und was sie nicht durch Arbeit erwerben, legen sie ihnen durch den Umgang mit Mansbildern zu.

(*) Noten des Hausvaters. Es ist durchaus ein Fehler, daß man vor der Zeit aus den Diensten stehen darf; wohl eingerichte Staaten sollten auf dieß ein Aug richten, und niemand in ihren Gränzen behalten, so nicht eine hinreichende Zeugschaft ihres Daseyns hätten. Mägde und Knecht sollten von ihren Dorf aus ein Attestat haben, daß sie so lang z. B. beym Georg Bauer im Diensten gestanden, ehrlich, treu gedient, und seinen Arbeiten mit allem Fleiße, oder ist das Gegentheil vor Handen, schlecht vorgestanden. Denn das weglaufen der Mägd, und Knecht ist eine Last für den Landmann der allzeit neues Aufdinggeld reichen muß.

art und Arbeit solcher Leute, lasset auch die Polizey (*) zu —: denn darauf ist gar keine Achtsamkeit, ob Jemand, und was einer arbeitet.

Es ist zwar wahr die Spinerey ist vortreflich, und nützlich zu Fabriken, allein, es sind auch Arbeiter zu andern Nahrungsgeschäften unentbehrlich, eben so nöthig, und nützlich, und in der Gesellschaft muß eines geschehen, das andere aber nicht gelassen, folglich die Dummen, und und ungezähmten geringen Leute dahin gelenket und gehalten werden, wenn das gemeine Beßte nicht verderben soll; Ausschweifung aber zu viel oder zu wenig, ist allzeit höchst schädlich. Wenn nun zu solchen unmäßigen, und häufigen Veränderungen eigentlich nur Müßigang und Wohllust, oder sonst eine unordentliche Begierde die wahre Ursache ganz sichtbar ist, und wenn endlich dadurch verhindert wird, daß man gar keine Gesinde bekommen kann, und auch durch das Dienen in Land- und Stadtwirthschaften keine gute, und gezogene Weibspersonen zu Wirthinem, und

Müt=

(*) Zum Erstaunen ist die Menge der Mägd, so alle in der Stadt dienen, oder auf dem Land brauchbar wären, die man nur in München, und in der daran gelegenen Au zehlt.

Müttern, wie es eigentlich seyn soll, zu gezogen werden: so beucht mir doch, es müßte Aufsicht seyn, die diesen thörigten Unwesen gesteuert, das ungezogene Volk auf die rechte Wege getrieben, und zulängliche Anordnung gemacht werden, daß dergleichen nicht von solchen ungezognen, und unverständigen weiblichen Dienst= und Handarbeitsjugend zum Schaden der andern Wirthschaften, so ungemessen und unumschränkt geschehen dürfte. (*) Wie ist aber diese Ordnung einzurichten? Was sind vor Anstalten der Polizey möglich, und nützlich? Ich bitte meine einsichtig und polizeyverständige wirthschaftliche Leser um Vorschläge dazu. Es ist aber noch ein Unheil von diesen weiblichen Bedienten übrig, denn es laufen die Mägde gar in andere angränzende Länder, wo sie glauben freyer, und schlimmer in ihren Diensten leben zu dürfen, oder ziehen den (**) Kriegsleuten in die Quartiere. Ich will etwas

von

(*) Die Hindernisse und Ursachen, wollen wir, wann uns Gott Zeit, und Weil laßt vielleicht von unsern Landsleuten innen werden, denn wollen wir dem Uebel durch gute Vorschläge Einhalt thun. Wir glauben ein für allemal, daß wir dennoch den ganzen Fehler entdecken werden.

(**) Das kann man auch hier zu Lande sehen: marschieren die Regiments, so ziehen gewiß Weibsbilder nach,

von der erſten Art erzählen: In W. wurde um die Verſchwendung des Geſindlohns, wie auch, um das allzu große (*) Verſchmieren des Goldes, und Silbers ein wenig zu hemmen, Verordnung gemacht, ſie ſollten forthin mit Gold, oder Silber beſetzt, oder damit durchwürkte Mützen, und Kleider nicht tragen; da aber der freche Ungehorſam dieſes Volkes ſich nicht daran kehrte, ſo ſchritt man zur Schärfe. Sehet einmal, was daraus für ein Unheil entſtand, welches an dieſem Orte den Abgang der Mägde noch größer machte, und den man auch noch nicht ſteuert. Die Mägd zogen ab, und weg an Oerter, wo dieſe Ordnung nicht war, oder wurden Spinner, und waren folglich keine eigentlichen Dienſtbothen mehr. Faſt kein Hauswirth kann nunmehr eine Magd behalten, oder auch wieder bekommen.

Iſt diß nicht zu beklagen, wir weinen, ſeufzen, und wimmern über die vielen Plagen, gleichwohl ſuchen wir nicht den auch ſo gemeinen Aergerniſſen zu ſteuern, und die Schlafſucht der Polizey laſt unſre Plagen immer vergrößen.

Was

(*) Ein merklicher Umſtand für Baiern, wer hier wohnt, muß gewiß über dieſes Uebel leid tragen.

Was das männliche Gesinde, ja so gar die geringen Lohnarbeiter auf dem Lande, und in Städten betrift, so ist auch dabey Mangel und Noth für die Hauswirthschaften.

Alle (*) nur halbwächsige Jungen, alle erwachsene und gesunde Leute, alles Mannsvolk, so nicht krank oder alt ist u. s. w. läuft entweder aus Muthwillen, oder Verzweiflung unter die Kriegsheere, oder wird mit List und Gewalt weggenommen als Soldat, (**) oder sonst unter einem Vorwande mitgeschleppt, Lackeyn, Handwerksbursche, andere Profesionsbeflissene, Lehrlinge, Diener, Lohndiener, Knechte, Kutscher, Taglöhner, Holzhacker und andere Arbeiter folgen entweder freywillig aus Liederlichkeit, und falschen Einbildungen, oder müssen mit Zwang, und Betrug diesen Abweg folgen, und

allen

(*) Hier zu Land ist diß nicht, da hat alles studirt, denn das Militar wollte man hier gar nicht antreten. Eben denselben

(**) In Friedenszeit sollte man schon bessere Anstalten trefen, damit nicht junge Leute durch diß, daß sie nichts zu unternehmen, auf allerhand Sachen verfallen, so wieder alle Thunlichkeit. Oft ist es einem nicht zu verüblen, wenn er Thier wird, und seine Menschheit vergißt. Eben denselben

allen Arten von Wirthschaften, die ohnedem schon andere harte Stöße (*) bekommen, entzogen werden.

Allein, was ist denn nun hierbey zu thuen? Ists nicht möglich, diese Noth wenigst einigermaßen noch hier und da, nach vorliegenden Umständen zu mindern? Gewiß, ich zweifle nicht daran; allein ich bitte kluge, und weise Leute um ihre Vorschläge. Doch genug hievon

---

(*) Ich glaub auch, daß dies hier zu Lande eine Ursach: daß 300 öde Höf gezehlt werden.

Baierisch ökonomischer Hausvater zum Nutzen und Vergnügen.

III. Stück. September 1779.

Die thonigten Erdarten haben wir im zweyten Stücke behandelt, und den weitschichtigen Nutzen in der Stadtwirthschaft gezeugt. Nun drift sich etwas von den kalkartigten Erdarten zu sprechen, und wie im ersten, zweyten Stücke immer auf dieß gesehen worden, den Nutzen jeder Sache zu weisen, so soll dieß auch heute unser Geschäft seyn. Vieles, und fast das Meiste zum Landbau findet man in der letzten eingeschalten Abhandlung unsers Herrn Vicepräsidenten Freyherrn von Hartmann, so wir aus der Ursache eingetragen: damit es dann in der Ordnung fortgeht, und die Abhandlungen der übrigen Mitglieder so eingeschaltet werden, wie ihre Materien natürlich folgen. Doch wollen wir uns an eine gar so genaue Ordnung nicht binden, oder gar so eigensinnig seyn, und nichts mehr von den Erdarten schreiben, weil wir einmal schon solche abgehandelt. Zeit, und Umstände können vieles noch lehren, und dieses Viele wollen wir dann nicht unterdrücken, sondern als ein wahrer Hausvater mittheilen. Der größte Fehler mancher Leute ist der, daß sie sich oder gar nicht, oder gleich anderst belehren lassen, beedes ist in der Oekonomie gefehlt, man muß weder halsstärrig auf sein Thun und Lassen bauen, noch ohnüberdacht jeden folgen. Denn so wie nicht alle Menschen, ob sie gleich alle den Namen führen, gleiche Kräfte, und Stärke besitzen, so ist es mit unsrer Mutter der Erde. Wir seyn zu gut überzeugt, daß es kein Principium universale gebe, mit dem man gleich alle Gegenden könnte fruchttragend herstellen, wir wissen zu wohl, daß die Beobachtungen unsrer Leser, und ihre gütige Entdeckungen uns vieles nutzen könnten, wir ersuchen sie wegen ihrem eigenen Beßten uns ihre Hindernisse zu sagen, und hoffen wie allezeit von unsern Landesleuten Schutz, vom Ausländer Gutachten, behandlen forthin unsre Sachen, und Gegenstände, und liefern heute, wie gesagt, die kalkartigten Erdarten.

Der

Der Kalk giebt nicht nur seinen Nutzen in der Landwirthschaft, auch in der Stadtwirthschaft schaft er Vortheil, und ist den Baumeistern unentbehrlich. Man muß also ein kleiner Chemiker seyn, ein wenig Naturforscher, damit man wenigst wisse, was Kalk und Kreide, wie man diese untersuchen müsse, wo sie überall in der Natur zu finden, wie sie zugerichtet werden sollen.

Kalk wird aus Kalkstein, Marmor, Kreide, und Seeschalen u. s. w. gemacht, und man hat Grund zu glauben: daß alle Kalkerden dem Thierreiche sein Daseyn zu danken hat. ‒(*) Kalk und Kreide sind die ersten, aus denen man Kalk verfertigt; ihre Natur ist sehr verschieden, man kann keiner von diesen zwey Erdarten einen Vorzug vor der andern einraumen, denn die eine bringt ihren Vortheil in diesen Umstande, die andere in einem andern, man findet beede Arten häufig in unserm Lande.

Kreide ist rauh anzufühlen, ihre Theile sind sehr fest zusamen gewachsen, trocken, klebt gerne an die Finger, hat eine verschiedne Weise, ist gewiß eine der feuerfesten Erden, schluckt alle Säu-

―――――――――
(*) Erxleben Anfangsgründe der Chemie.

Säure, auch Oele an sich, wann man sie mit viel Wasser anmacht, klebt sie fest zusammen, roh nimmt sie aber das Wasser sehr schwach an sich, und läßt es wieder durchseigen, starkes brennen macht sie brüchig, leichter, fließt für sich beym größten Grad der Hitz nicht. Der beßte Kalk ist der, so aus der Kreide (*) gebrennt wird, und (**) wann man sie oft genetzet und 24 Stunde schichtenweiß auf ein ander gelegt, mit Feuer ausgeglüht, wird sie der beßte Mertel.

Der Kalkstein ist fast ein Ding, das man in einer jeden Gegend im Uebermaße findet, welches die Brennereyen verrathen. Zu kennen sind diese Steine gar leicht. Man darf nur Scheidewasser mit sich tragen, solches auf den Stein, so man einen Kalkstein zu seyn glaubt, gießen, braußt er, so ist er ein wahrhafter Kalkstein. Das ist ein untrügliche Regel aus der Chemie, der man sicher glauben darf.

Mat=

(*) Die Kreide verliert ungefähr den britten Theil beym Brennen, allgemeine Haushaltungs - und Landwirthschaft.

(**) Vollständige Anfangsgründe des Feldbaues zweyter Theil.

Marmor wäre noch besser, diesen verbraucht man aber in den Städten zu verschiedenen Verzierungen; man hat also nur die kleinen Stücke zubenutzen, so von selben durch die Arbeitsleute abgeschlagen worden, wo man ihn aber im Ueberfluß hat, soll man alle Mühe anwenden, solchen zum brennen zu brauchen. Die Brennerey selbst, der Ofen, und die Zurichtung wird sich noch sonderlich Gelegenheit zu erklären geben, für dießmal haben wir nicht so viel Muße gehabt: noch nicht durchaus untersucht, ob unsre hiesige (*) Brennöfen besser, oder aber, ob die Ausländer ihre Sachen in diesem Stücke mit mehr Nutzen anrichten, das wissen wir wohl: daß man gar kein Holz spahrt, und hier zu Lande wenig denkt, daß einmal ein Holzmangel könnte entstehen.

Der ungelöschte Kalk, ist derjenige Körper, so man bekommt, wann die oben angesetzten Erdarten in einem starken Feuer gebrennt worden, sie verlieren durchs Brennen ohngefehr den halben Theil von ihrem Gewicht, brausen mit keiner Säure mehr auf, mit Wasser aber erhitzt sich

J 3 der

(*) Die Kalkbrennerkunst, im VII. Band. des Schaupl. der K. und H. S. 33.

der lebendige Kalk über die Maſſen, wird wie ein Teig, und das iſt dann der gelöſchte Kalk, welcher, wann er mit glaßartigten Dingen verſetzet wird, klebt er mit ſolchen ſehr ſtark zuſammen, und erhärtet damit, welches die Urſache, daß man von gelöſchten Kalk, und Sand Mertel macht.

Hier iſt Sorge zu tragen, daß die Leute ſo Mertel machen müſſen, wohl ſolche Körper den gelöſchten Kalk zu ſetzen, mit dem er ſich recht nahe verbindet; mithin glasartige Körper wählen: nicht erbig, ſondern ſandigte Theile ihm beyſetzen, und gut unter ein ander arbeiten, damit ſich dieſe Materien wohl vereinen können. Denn Erdtheile, ſo nicht glasartig, beſſer zu reden, ſo nicht aus puren Glastheilen beſtehen, verurſachen, daß der Mertel ſo wenig haltet, den bey der Trocknung fällt die Stauberde vom Kalk weg, und macht alſo die Undauer der Sache. Wie oft ſieht man in dieſem Stücke Fehler begehen, ſind nicht Gebäude an allen Orten, ſo uns hievon Zeigſchaft leiſten, die gar bald Mertelloſe Wände um ſich ſtehen haben. Freund! machen ſie etwas, ſo verſäumen ſie die Mühe nicht, ſo auf ein Werk in dieſer Art gehört. Beſſer eine Sache einmal recht gethan, als hundert Fehler begehen hundertmal seinem Kopfe folgen, und dann noch nichts gethan haben.

Dieß überhaubts vom Kalk, die Zurichtung, den Brennzeug werden wir, wenn wir einmal die Handwerke näher durchgehen werden, erklären. Eben haben wir nur die Nothwendigkeit, und den nöthigsten Begrif entwickelt, nur das nöthigste in der Staatswirtschaft behandelt. Wie er zur Oekonomie zu brauchen, haben wir schon am Eingang gesagt, daß es in unserm zweyten Stücke stehe, wieder daß Lautern davon geschrieben, und den praktischen Nutzen des Kalkes in der Landwirthschaft auf dem Hunsrick erfahren. G. H. Stork, ein Mann, dessen Talent in der Kalkdüngung sich gezeugt, und dessen Erfahrenheit mehr, als ein Stube voll Bücher (wo man die feinsten Grübeleyen einer besseren Landwirthschaft finden kann) nützet; dieser so gute Herr, zeigt uns, daß man schon lange an diesem Ort diese Düngung habe. (*) Daß der Kalk eine vor den privat Mann und vor den Landesherrn folglich

---

(*) Bemerkung der phisikalisch oekonomischen Gesellschaft in Lautern 1774. Erster Abschnitt vom Nutzen des Kalkdunges.

lich vor den ganzen Staat sehr einträgliche Düng-kraft habe, davon ist der Hunsrick ein redender Beweis. Es sind ohngefehr 34 bis 36 Jahr, daß ein Mann aus dem Amte Castellaun, mit Namen Theobald Frays von Völkenroth, denn er verdient es, daß man seines Namens Gedächtniß erhalte, ein erfinderischer, und auf Verbesserung seines Nahrungs Standes so aufmerksamer Mann, daß er zu einem ansehnlichen Vermögen sich empor hobe, die erste Probe mit dem Kalkdüngen auf dem Hunsrick versuchte, und der eben darum, weil er nicht von ohngefehr, sondern mit Ueberlegung den Versuch machte, um so mehr einer öffentlichen Ehre werth ist. Die Proben, welche er fortsetzte, schlugen ihm sowohl zu Glücke, daß ihm gar bald andere nachahmten u. s. w. Lieber Landsmann! welcher unter euch, wurde den Mann loben, der eben sich so bemühte, als es dieser Mann gethan, in einem andern Theil unsrer Erde hätte man ihm Ehrensäulen gesetzt, und hin unter die großen Männer gezehlt. Hier sollte man fast weinen, Leid tragen, daß man schon so lange an dem Bessermachen arbeitet, und dennoch wenig, oder gar nichts genutzet. Steht ein Patriot auf, greift er mit Muth seine Arbeiten an, so bekömt er den größten Verdruß,

druß, man dankt seinen Bemühungen gar nicht, sondern ist so böße, und zerstöhrt die Sache in den Augenblick, da sie vollkommen geworden. Nachahmung, die ist nicht der Brauch, Väter, und Großväter, und so wie die Generation steigen, haben gelebt, sind alt geworden, und allen dem Gezeuge wohl nicht nachgedacht. — Recht! guter Mann, bleibe bey dem, was du immer gethan, esse aber auch immer schlechtes Brod, kümmere dich immer über dein Vermögen, denn dein Unfleiß verdient es nicht anderst. Denn, was du itzt thust, kann dir freylich kein Reichthum schaffen, du arbeitest mit schlafen Händen, mit einem Herze, das für alles, was gut ist, nicht schlaget, nicht empfindet. Du willst selbst lieber am Hungertuch nagen als bey einem gesegneten Tische mit deinen lieben Kindern essen; lerne vom Ausländer, lerne von andern, wie sie zu Kräften gekommen, stelle eine ordentliche Rechnung über deine Einnahmen, und Ausgaben an, laß kein Flecklein deiner Gründe ungenützt, wähle Dinge, so dir nutzen, und man vom Auslande muß kommen lassen, hast du Hagel, bau noch auf diese Felder in der Schnelle etwas, damit dein Schade nicht gar so merklich; kurz thue, was wir dir vorschreiben, was wir dir sagen, gewiß, du wirst uns am Ende Dank wissen, du wirst allen jenen Männern danken, die dir was gerathen, geh öfters zu deinen Pfarrherrn, frag ihn um Rath. Denn er sollte nicht nur euer ewiges Wohl zu befördern geschickt seyn, auch die Oekonomie sollte er, wie die meisten Pastors inne haben. Jeder sollte ein **Johann Friderich Mayer** seyn, der fürstl. Hohenloh, und Waldenburg=Schillingsfürstlicher Pfarrer ist. Wir sind nicht im Stande, dieses Mannes Verdienste anzuloben, er ist auch einer unsrer Mitglieder, der gewiß ein merkliches Kleinnod in unserer Gesellschaft ausmacht. Ehrwürdige Herrn! wir werden mit dem zufrieden leben, wann wir von ihnen gelesen werden; wann wir durch sie werden nützen, und die vielen, und weltberühmten Prälaturn könnten das meiste machen, wir empfehlen also diesen allen ihr eigenes Wohl, ihr Glück, und Wohlergehen, und wünschen mit patriotischen Herzen allen ein Herz, das mit dem obig angemerkten Bauern die Sachen unternimmt, und alle Vorurtheil wegsetzt. Denn es giebt Leute, so oder aus sträflicher Gewinnsucht eifern, oder aber aus Dumheit den beßten Sachen den Weg versperren. Beedes ist gefehlt, und Schande der Menschheit.

Die Fortsetzungen folgen.

Erste Gründe,

welche bey dem Ackerbaue zu beobachten sind.

Den Landwirthen zum weitern Nachdenken vorgeleget, von Sigmund Grafen von Spreti, Ritter des hochadelich-churbaierischen St. Georgs Ritterordens, Sr. churfürstlichen Durchleucht in Baiern ꝛc. ꝛc. Kammerer wirklich- geheimer Rath, und geistl. Raths, dann auch Censurkollegiums Präsident in München, der oekonomischen Gesellschaft in Burghausen, und vieler anderer Gesellschaften Mitglied.

Erster Abschnitt.
Von der Beschaffenheit des auszustreuenden Saames.

§. 1.

Der Saame, mit welchem wir einen Acker glücklich besäen wollen, muß nicht nur reif, sondern auch in seiner Art vollkommen seyn. Die Kunst kann zu dieser Reife nichts nützliches weiter beytragen, als daß sie denselben zu rechter Zeit aussäe; (*) und während seinem Wachsthume behörig pflege. Zu

---

(*) Von der eigentlichen, und nützlichsten Zeit zum Säen hat die gelehrte Abhandlung unsers würdigen Mitgliedes Grafen von Haslang die geprüften Beweise dargethan.

§. 2.

Zu der Vollkommenheit des Saames hingegen kann die Kunst in so weit mitwirken, daß man denselben auf dem wachsenden Stengel zwar reif, aber nicht völlig hart werden lasse. Denn in so fern derselbige auf dem wachsenden Stengel nicht reif werden sollte, so bekömmt er Hülsen ohne Kerner, oder besser zu sagen, taube Kerner. Läßt man aber den Saame auf dem wachsenden Stengel dürr werden, das ist, völlig erharten, so wird derselbe nicht so vollkommen, wie der Erste; weil vieler Saft in den Stengel zurücke tritt: und solcher anbey sehr leicht abfällt.

§. 3.

Die besondere Schwere eines in seiner Art vollkommenen Korns ist größer, als jene eines solchen, welches in seiner Art nicht vollkommen ist. Dieses dann giebt Gelegenheit auf Mittel zu denken, wie aus einem Haufe der vollkommene Saame von dem Minder vollkommenen abgesondert werden könnte; zum Beweise, wenn man denselben in ein Wasser leget, worinn der vollkommene Saame am ersten zu Boden fällt. Die Bewegung durch die Luft kann auch hiezu gute Dienste leisten.

§. 4.

Diejenigen Erdgewächse, welche im erſten Jahre keinen, oder wenigſt keinen vollkommenen Saame hervorbringen, als da ſind verſchiedene Arten von Rubenkraut, u. ſ. w. können durch die hiefolgenden Regeln zu einem vollkommenen Saame gebracht werden. Erſtens, müſſen die Stauden, die da einen Saame tragen ſollen, voll=kommen, doch nicht zu ſtark ausgewachſen ſeyn. Zweytens, müſſen dieſelben in eine wohl zube=reitete, und fette Erde verpflanzet, und drittens den erſten Winter hinüber wider den Froſt wohl verwahret, und in ihrem Wachsthume verhin=dert werden. Denn die Erfahrung lehret, daß auch von jenen Gewächſen, welche ſchon im er=ſten Jahre einen vollkommenen Saame hervor=bringen, derſelbe weit vollkommener werde, wenn man das Gewächs zum Saame tragen verpflan=zet hat.

§. 5.

Nun müſſen wir auch die Vollkommenheit des Saames in der Beziehung auf den Acker be=trachten, auf welchem derſelbe geſäet werden ſoll: und dieß veranlaſſet, daß man auf folgende Stücke ſehen müſſe. Ob der Saame leicht, oder nicht

leicht

leicht keime. Ob dessen Gefässe (durch welche er den wirkenden Saft der Natur nach seiner Eigenschaft anzieht) weit, oder eng seyn sollten: und daß eine vollkommene Zusammenrinnung der Säfte erfolgen könne. Ob das Gewächs sauer, salzicht, oder alkalisch, oelicht, oder wässericht sey.

Ein nicht leicht verkeimender Saame ist in Ansehung eines feuchten Bodens vollkommener, als in einem trockenen: weil diese verschluckenden Gefässe durch ihre Oeffnungen die flüßigen Feuchtigkeiten, so sie berühren, leicht in sich saugen: die kalte, und trockene Erde aber diese Oeffnungen zusammen zieht.

Ein Saame, der eine ansäuernde Frucht hervor bringet, ist in Ansehung eines gleichfalls sauern Ackers vollkommener, als in einem der alkalischer, oder laugenhafter Natur ist, u. s. f. Um das vorige nach meiner Meynung leichter zu begreifen, kann mit Nutzen jene wohlgeprüfte Rede von der achten bis zehnten Seite gelesen werden, welche den 28. März des 1770. Jahres von unserm vielverdienten Mitgliede Herrn Ludwig Rousseau über den wechselweisen ungemeinen

Ein=

Einfluß der Naturskunde, und Scheidekunst auf die Wohlfahrt eines Staates abgehalten worden ist.

§. 6.

Der vollkommene Saame muß bis zu der Außsaatzeit gut verwahret werden. Hieraus folget demnach, daß man die nachgesetzten Regeln wohl beobachte. Erstens muß der Saame völlig trocken seyn, ehe er auf einen Haufe gebracht wird; sonst wird er in seinem Innern erwärmet, und fängt zu keimen an. Zweytens um die schädliche Folge der Erwärmung zu hindern, muß der Saamehaufe oft umgekehret werden. Drittens muß er an einem zwar lüftigen, doch aber schattichten Orte verwahret werden, damit die Sonne seine oelichte Theile, und andere wesentliche Säfte nicht an sich ziehe.

Zweyter Abschnitt.
Von der Beschaffenheit des Ackers.

§. 7.

Von der Beschaffenheit des Ackers ist eines der wichtigsten Stücke, so ein Landwirth zu untersuchen hat. Diese bestimmet den Werth, und den jährlich zu hoffen habenden Nutzen: und besteht

steht aus den äußerlichen, und innerlichen Umständen des Ackers.

In Betrachtung des äußerlichen Umstandes ist zu sehen, ob bey demselben fließende Wässer sind, als Ströme, und Quellen. Ob er gegen Mittag, Abend, Morgen, oder Mitternacht liegt. Ob an denselben Berge gränzen.

Wir wollen den Nutzen, und Schaden über ieden dieser Punkte untersuchen.

§. 8.

Wenn bey einem Acker fließende Wässer sind, so können dieselben schädlich seyn theils durch die Ueberschwemmungen der Aecker, und zwar zu einer solchen Zeit, wo derselbe bestellet ist; theils durch Wegführung der locker gemachten Erde, theils durch Einreißung der Ackergränzen. Man muß also um Mittel umsehen diese Schäden, so viel möglich ist, durch Befestigung des Ufers, durch Aufführung eines Wasserdammes, oder eines Grabens zu verhindern.

§. 9.

In Ansehung der Lage eines Ackers hat man darauf zu sehen, ob derselbe gegen Abend, Mittag,

tag, Mitternacht, oder Morgen abhänge. Diese Lage der mehr = und minderen Wärme beziehet sich auf das Gewächs, so auf dem Acker angebauet werden soll. Es giebt derer einige, so die Strenge der Sommerhitze wohl ertragen können; da hingegen wiederum verschiedene sind, die nur im Kühlen wachsen.

Aus dieser Betrachtung fließt eine besondere, wirthschaftliche Beschäftigung: wenn nämlich ein Acker der Sonnenhitze völlig ausgesetzet, und diese den Erdfrüchten schädlich ist, so soll man durch Pflanzung der Bäume, oder Hecken, und durch derselben sich ergebenden Schatten, oder durch die Wässerung (wo es seyn kann, und die Früchte diese zu ertragen fähig sind) den Acker abkühlen.

§. 10.

Die angränzenden Berge können einem Acker sowohl nützlich, als auch nachtheilig seyn; denn wenn der Acker von dem Berge gegen die Mittag Seite bedecket wird, so ist er ein mitternächtiger Acker: welche Gattungen der Aecker allezeit ihrer Lage halber ohnedas die Schlechtesten sind. Wird der Acker von den Bergen gegen Mitternacht bedecket, so beschützet er denselben sehr nützlich wider die kalten Nordwinde.

Damit aber das von den Bergen herab strömende, oft so ungemein vielen Schaden verursachende Regenwasser die Aecker nicht umreiße, und die Früchte theils niederdrucke, theils wegschwemme, theils in dieselben sich zuviel hinein bringe, und dadurch die Fäulung derselben befördere, so sollen derley Aecker von den Bergen durch aufgeworfene Gräben abgesöndert werden: damit das mit Gewalt herab stürzende Regenwasser allmählich von denselben ablaufen könne.

Diese Gräben aber müssen also aufgeworfen werden, auf daß man jederzeit (wenn es gefällig ist, oder nöthig seyn soll) das Wasser auf den Acker wiederum einleiten könne. Hiezu kömmt noch weiter zu beobachten, daß ein nah angränzendes Gebüsch, als ein eigentlicher Aufenthalt des Ungeziefers, der Vögel, auch anderer wilden Thiere den Feldfrüchten sehr gefährlich, und selbst dem Acker sehr nachtheilig sey.

Es ist daher auf Mittel zu denken, wodurch man diesen zu befürchten habenden Schaden nach

Mög=

Möglichkeit verhindern könne. Es giebt allerley Witterungen, so das Ungeziefer, die Vögel, und das Wild von den Feldfrüchten zurückehalten. Nebst diesem soll man bey Bestellung eines solchen Ackers darauf sehen, daß die Frucht alsdenn, wenn das Ungeziefer hervorkömmt, stark genug sey dem Nagen desselben zu widerstehen. Ist dieses möglich, so bestelle man einen Acker mit einer solchen Frucht, welche von dem Wilde, und von den Vögeln nicht leicht angegriffen wird; z. B. mit Getreide, so spitzige Aehren trägt: oder mit Früchten, so unter der Erde liegen, als mit Erdäpfeln, u. s. f.

§. 11.

Bey dem äußerlichen Zustande eines Ackers in Betrachtung seiner Lage soll man auch dahin sehen, daß man den an einer Landstraße liegenden Acker durch Gräben, Zäune, aufgeworfene Ränder, Verpfahlungen, u. s. w. bewahre, damit er nicht durch das Gehen, Reiten, oder Fahren beschädiget werde. Die auf der Landstraße durch das beständige Gehen, Reiten, und Fahren mit Düngung, und Sande vermischte Erde wird durch den anhaltenden Regen zu einem Schlamme, welcher auf einen Haufe geschlagen in die Fäulung geht: und eine gute Düngung giebt.

Unter den willkührlichen Umständen, so dem Acker auch äußerlich schaden, oder nützen können, sind die Viehtriften zu beobachten. Im ersten Satze sind dieselben einem Acker nachtheilig, weil das vorbeygehende Vieh der Frucht sehr leicht einen Schaden zufügen kann; und weil man in gewissen Jahreszeiten die Felder zur Weyde nach uralten Gebrauche liegen lassen muß. Dieses verursachet oft, daß man dieselben nicht so viel nutzen, und zur Zeit bearbeiten könne. Die Viehtrift kann einem Acker in einer gewissen Ordnung nützlich werden; z. B. da man die Schweine auf die gewöhnlichen Brachfelder treibt um die Wurzeln des Unkrautes zu verzehren: oder wenigst dieselben aus der Erde heraus zu wühlen: wodurch das Unkraut verderben, und abfaulen muß. Wird das Vieh auf einem Acker beysammen gehalten, so kann es diesen nach, und nach düngen.

§. 12.

Zu der äußerlichen Bestimmung der Aecker ist gehörig die allgemeine Eintheilung der Felder in öde, und gangbare, das ist, in Felder, welche sie zum Fruchttragen nicht bereitet worden sind, und ein klares Merkmal einer schlechten Landwirthschaft anzeigen: oder in diejenigen, die jährlich bearbeitet werden; und diese theilen sich in solche, welche wir mit Sommer- oder Winterfrüchten anbauen.

Wenn ein Feld im Sommer nicht besäet wird um dasselbe zur Wintersaat zu zubereiten, so nennet man es ein Brachfeld. Nun kömmt eine Frage zu untersuchen, bey deren Beantwortung die Meynungen der Landwirthe getheilet sind.

§. 13.

Diese Frage besteht darinn: ob wohl Brachfelder nöthig sind? Diejenigen, welche dieses behaupten, gründen ihre Meynungen theils darauf: 1. Daß man sonst mit der Arbeit nicht würde herum kommen (das ist, fertig werden) können: und weil die Ruhe der Felder nöthig sey. 2. Weil solche Felder zu der Weyde unumgänglich erfodert werden.

Was nun Num. 1. die Ruhe der Felder belanget, das ist, daß dieselben einen Sommer über ruhen, und keine Früchte tragen sollen, auf daß sich die Kräfte der Luft, als der nöthige Einfinß zu dem Wachsthume der Dinge in denselben wiederum sammeln können: so ist hierüber von mir die Frage: Ob wohl durch die Ruhe der Felder obbesagte Kräfte bewirket werden können?

Ich beantworte solches mit Nein. Denn, wenn das Feld im Sommer ruhet, so hat man dasselbe entweder umgerissen, oder liegen lassen.

Ist das Erste, so wächst Unkraut; und dieses entzieht dem Felde die Nahrung, oder die Säfte; denn es ist ein aus der Naturskunde geprüfte Erfahrung, wie das Unkraut mehr Saft an sich ziehe, als eine gute Frucht: folgsam einem Acker sehr schädlich sey.

Ist aber das Zweyte, so kann die Sonnenhitze den Acker durchdringen: und dieses entzieht demselben das Alkali, oder Laugensalz, das Oel, und die Feuchtigkeit; wo ist nun der Nutzen von den so nöthig scheinenden Brachfeldern? (*) Wäre es also nicht wirthschäftlicher das Feld mit Erbsen, Wicken, Mischling, und anderen derley Früchten wider die Sonnenhitze anzubauen, und

zu

(*) Wider das schädliche Vorurtheil, daß Brachfelder nöthig seyen, werden demnächstens die versprochenen, geprüften, weiteren Erfahrungen, und gründlichen Beweise klar, und umständig entdecket werden.

zu bedecken? Diese Nahrung wurde ganz gewiß das Unkraut vielfältig vermindern. Bey dem Abschneiden aber dieser Früchte soll man lange Stoppeln stehen lassen, zugleich den Acker zu seiner Zeit gebräuchlich umreißen, wodurch die Düngung merklich ersparet werden dörfte; indem diese Stoppeln hiezu viele Dienste leisten.

Die oben erwehnte Einwendung Num 1. betreffend: Daß man mit der Arbeit nicht herum kommen könne; so ist dieser Einwurf sogleich zernichtet, wenn der Landmann einen ordentlichen Entwurf seiner ganzen Wirthschaft machet, und in Erwegung zieht, daß man nach, und nach alles das bewerkstelligen könne, was sich auf einmal nicht erzwingen läßt.

Daß die Brachfelder endlich zu der Viehweyde erfodert werden, so zerfällt dieser Einwurf von sich selbst, wenn man die Wirthschaft sonderbar durch künstliche Wiesen, und darauf erzügelte Futterkräuter also einrichtet, daß man das Vieh das ganze Jahr über im Stalle mit Nutzen behalten kann; davon unser würdigstes Mitglied Freyherr von Huber in seiner jüngst herausgegebenen Abhandlung: Von dem Reichthume eines Staates durch die Viehzucht, von der 21. bis zur 24. Seite

Seite sehr gründliche Beweise vorgestellet, und jene Schäden, und landesverderblichen Seuchen, welche durch die Weydenschaften sich so vielfältig ergeben, unverwerflich dargethan, auch gezeuget hat, wie man die Weydenschaften in die flurreichsten Plätze, und Wiesen verwandeln, vollkommen nützlich, und erträglich machen könnte. Hiedurch wurde einem Staate ein ganz ausnehmender Nutzen verschaffet, auf den öden Plätzen unendlich vieles Getreid erzüglet, oder dieselben in die herrlichsten Wiesen verwandelt, und also die so unentbehrliche Viehzucht merklich vergrößert werden.

Baue man weiter, anstatt das Vieh auf die Weyde zu treiben, die Brachfelder mit leichten, und solchen Früchten an, die da nicht vieler Arbeit bedörfen, und auf einem geringen Boden leicht wachsen: nämlich (wie oben gemeldet worden) mit Wicken, Mischling, auch verschiedenen Arten von Klee, Dünkel, roth= und weisen französischen Rüben, Feldrüben, u. d. g.

Dieses bewerkstelligen zu können, wird erfodert, daß alle Gemein=Weydenschaften aufgehoben, und den Eigenthümern die Befehle ertheilet werden die ihnen zuständigen Erbreiche auf alle

mög=

mögliche Weise zu ihrem eigenen Beßten zu benutzen, und anzubauen.

Am füglichsten geschieht dieses, wenn die Gemeindsgründe unter diejenigen, welche ihr Vieh überwintern können, in einer billigen Gleichheit abgetheilet, und einem jeden, so viel möglich, alle seine gutszuständige Grundstücke auf einem angewiesen werden.

§. 14.

Die innerliche Bestimmung der Felder wird von den Landwirthschaftern nach verschiedenen Hauptgrundsätzen beurtheilet. Vermöge meiner geringen Einsicht halte ich folgende nach der Bildung eines oekonomischen Zusammenhanges am begreiflichsten: Daß man sehen soll auf die Festigkeit der Erde, und auf die wesentlich wirkenden Dinge der Natur; die sich mit der Erde vermischet haben. Wollen wir jeden Punkt sonderbar untersuchen.

§. 15.

In Ansehung der Festigkeit der Erde können wir viererley Arten der Felder bilden, derer sind (a) harte (b) spröde (c) schmierichte (d) und lockere von zwoen Arten. (a) In der ersten Art

ha-

hangen die Erdtheile so stark an einander, daß man die Figur der Erdfläche ohne Gewalt nicht ändern kann. In der zweyten (b) Art können die Erdtheile leicht getrennet werden; doch aber läßt sich die Figur eines solchen Erdklozes ohne denselben zu zermalmen nicht verändern. In der dritten (c) Art hangen die Erdtheile also an einander, daß sie zwar leicht können getrennet werden; doch aber läßt sich die Figur eines solchen Erdklozes verändern, ohne denselben zu zerreiben. (d) In der vierten Art läßt sich keine merkliche Zusammenhangung der Erdtheile wahrnehmen. Diese wird wiederum in zwo Arten abgetheilet. Von der ersten Art läßt sich die Erde in der Hand zu einem Klumpen drucken; von der andern aber läßt sich kein Klumpen bilden: und man wird sie ungegründet Sand nennen.

§. 16.

Nach dieser Känntniß verschiedener Gattungen der Erde wollen wir einsehen, wie die wesentlich fruchtbaren Dinge der Natur in derselben wirken; und uns hiedurch begreiflich machen, welche Gattung der zur Fruchtbarkeit die Taulichste sey.

Ich sage also: Ein gutes Feld muß den Regen, welcher die in der Luft enthaltenen wesentlich

lich wirkenden Dinge der Natur mit sich in die Erde führet, geschwind annehmen; denselben auch einige Tage behalten, auf daß er die Gefäſſe des Saames erweichen möge: und endlich sodenn das überflüßige Waſſer wiederum ausdünsten: indem das Stehen des Waſſers die Fäulung befördert, das zu schnelle Ablaufen deſſelben, oder das Eindringen in die Tiefe hingegen dem Saame die zu dem Wachsthume beförderliche Kraft entzieht.

Aus dieſem Satze folget demnach, daß die lockeren Felder von der erſten Art (§. 15.) die Beßten sind; und daß das untrüglichſte Mittel die Felder zu verbeſſern dieſes sey, wenn man die vollkommene Erde mit einer andern vermiſchet, welche mit jener eine lockere Erde von der erſten Art machen kann.

§ 17.

Da ich nun von der innerlichen Beſtimmung der Felder in Anſehung der Feſtigkeit geredet habe, so will ich auch den Unterſchied unterſuchen, welcher von der Beſchaffenheit der weſentlich wirkenden Dinge der Natur abhängt, mit welchen die Erde vermischet iſt.

Dieſe Dinge beſtehen in dem Acidum, oder ſauren Weſen; in dem Alkali, in dem weſentlichen

chen Oele, denn in der gewissen Menge der Erde, und des Wassers.

Ein jedes dieser Stücke muß mit dem andern in einem bestimmten Verhältniße stehen, wenn wir von der Erde vollkommene Früchte wünschen.

Es ergeben sich mithin aus diesem Satze folgende Schlüsse: Wenn in einem Acker kein Acidum (oder Säure) ist, so fehlet es an dem, was die Feuchtigkeit der Luft, und mit dieser den elementarischen Saft, das Alkali, und das wesentliche Oel an sich ziehen soll.

Zweytens: Ist aber in dem Acker zu viele Säure, so verhindert es die Bewegung in den inneren Theilen der Dinge; folgsam fehlet dem Acker in beyden Fällen dasjenige, was die Fruchtbarkeit befördern soll.

Drittens: Mangelt es aber dem Acker an dem Alkali, so fehlet die Ursache von der innerlichen Bewegung zwischen den unvermerklichen Theilen des Körpers; und ist also kein Wachsthum möglich.

Viertens: Wenn aber ein Acker zu viel Alkali hat, so wird die Bewegung zwischen den un-

ver=

vermerklichen Theilen der Dinge zu groß; und dieses verhindert die zu der Vollkommenheit erforderliche Zusammenrinnung. (Coagulation.)

Fünftens: In so weit es einem Acker an dem wesentlichen Oele mangelt, so fehlet demselben das Mittel den elementarischen Saft mit anderen wirkenden Dingen der Natur zu vereinbaren.

Sechstens: Hat aber der Acker zu viel Oel, so wird das Alkali verhindert diejenige Bewegung zu bewirken, die der Wachsthum erfodert.

Siebentens: Wenn in der Fläche des Ackers ein Mangel an der Erde sich ergiebt, so folget, daß die wesentlich wirkenden Dinge denienigen Grad des Widerstandes nicht haben, der erfodert wird; wenn dieselben an diesem Orte eine bestimmte Wirkung machen sollen: und also ist ein solcher Erdmangel die Ursache, daß der Acker die Früchte nicht nach unserm Wunsche hervorbringen könne.

Achtens: Wenn der Erde das Wasser abgeht, so mangelt das Mittel, welches nothwendig ist die Verbind= oder Zusammenhangung (Cohæsion) derjenigen Dinge aufzulösen, und zu et-
wei=

weichen, welche die zur Fruchtbarkeit nöthige Bewegung verhindern.

Neuntens: Im Falle das Wasser als zu lang in einigen eingedruckten Theilen des Ackers steht, so folget daraus die Ursache, daß die Saat in diesen Theilen im Winter erfriert; und im Sommer verfaulet: oder, wie man zu reden pflegt, ersäuft.

Diese Theile in der Fläche des Ackers werden Wassergallen genannt. Hieraus folget, daß diese eine Unvollkommenheit des Ackers verursachen. Derjenige, der diese Wassergallen mit einer guten Erde füllet, oder durch Gräben ableitet, verbeßert seine Aecker ganz vorzüglich.

Die vorerzählte Wirkung der zu vollkommener Fruchtbarkeit wesentlich wirkenden Dinge der Natur will kürzlich so viel sagen: daß nämlich das Acidum, oder die Säure, welche mit der Erde vermischet ist, die Feuchtigkeit der Luft an sich ziehe: und mit dieser den elementarischen Saft, das Alkali, oder Laugensalz, und das eingemengte Oel. Das Wasser erweichet den Saamen, den man in die Erde ausgestreuet hat, damit die wesentlichen Kräfte in demselben sich wirksam

sam zeigen können. Das dadurch aufgeschlossene Acidum (oder die Säure) des Saames zieht die von der Erde verschluckte Luft in die Gefässe des Saames; das Alkali unterhält die Bewegung zwischen den unvermerklichen Theilen des Saames, bis sich in denselben der elementarische Saft durch Beyhilfe des Oeles also vermischet, wie es nach der Art, und Beschaffenheit des Saames dem anklebenden Naturslaufe nach hat geschehen müssen.

§. 18.

Nun aber sollte es mir nicht schwer fallen von der Güte eines Feldes ein gegründetes Urtheil zu schöpfen, wenn ich dieses nach der Beschaffenheit der wesentlich wirkenden Dinge der Natur, welche mit der Erde vermischet sind, bestimmen soll. Ingleichen werde ich leicht die Mittel anzuwenden wissen, welche die Fehler des Ackers, die da den Wachststhum verhindern, merklich heben können; wenn ich die Natur der Düngung in dem folgenden Abschnitte untersuchen werde.

Drit=

Dritter Abschnitt.
Von der Zubereitung des Ackers.

§. 19.

Die Zubereitung des Ackers ist einer der wichtigsten Umstände, die ein Landwirthschafter sehr wohl zu erwegen hat, wenn er nicht selbst an einer unfruchtbaren Aernde die Schuld tragen will. Wir müssen bey diesen zweenen Punkten unterscheiden: nämlich die Düngung, (a) und die Bearbeitung der Felder. (b)

§. 20.

Wir machen den Anfang von der Düngung (a). Man nennet den Acker düngen, wenn man die Erde mit alkalischen, und oelichten Dingen, ja, wo es möglich ist, mit solchen, welche zugleich eine Menge von dem elementarischen Safte in sich fassen, vermischet. Hieraus folget, daß wir bey der Beurtheilung von der Güte des Düngers auf das Alkali, oder laugensalzichte Wesen, auf das wesentliche Oel, und auf den elementarischen Saft, den die düngende Materie in sich hält, sehen müssen. Weiter sind bey dieser landwirthschaftlichen Beschäftigung folgende Punkten wohl

wohl zu untersuchen. 1. Wie man einen guten Dünger bekömme. 2. Wie man denselben zubereiten, und 3. wie man den Dünger auf den Acker, und hiedurch in die Erde bringen solle.

§. 21.

Das Erste belangend, so erhalten wir einen guten Dünger aus allen faulenden, und in die Gährung gehenden Dingen; weil in denselben ein vorzügliches Alkali, ein wesentliches Oel, und etwas von dem elementarischen Safte enthalten ist. Daher geben auch alle gefaulte Gewächse, der Urin, und das Koth, die Hörner, Knochen, Schuster= und Schneiderlappen, stinkende Wässer, verfaulte Erde, Schneckenhäuser, Muscheln, Schaalen, Asche, Ruß, gelöschter Kalk, u. s. w. einen guten Dünger.

§. 22.

Wir wollen nun von dem Miste, als von der gewöhnlichen Art des Düngers handeln. Aller Mist dünget zwar, aber nicht mit einerley Güte. Einige Arten des Mistes haben ein merkliches Acidum (oder Säure) das ist, ein saures Wesen. Dieses verursachet, daß sie nicht leicht faulen; und daß sie sehr hitzig sind; als z. B. der

L

Mist

Mist von Gänsen, Pferden, u. d. g. Andere Arten nach einem gewissen Verhältniße haben sehr viel Alkali, das ist, Theile eines laugenhaften Salzes: und dieß ist die Ursache, daß sie so schnell in die Gährung gehen, ihre Kräften geschwind wirksam bezeigen; aber anbey nicht lang anhalten: gleichwie der Mist von Hühnern, Tauben, und Schafen.

Mehrmal andere Arten haben eine vorzügliche Fette, mit welcher ein Akali verbunden ist; wodurch sie sich zwar wirksam beweisen können, aber doch nicht zu heftig: z. B. Menschen=Schwein=Rindvieh= und Eselmist. Dieses giebt uns den Grund zu folgenden zwoen Regeln. (a) Besser ist es, wenn man die verschiedenen Arten des Mistes sonderbar sammelt, als wenn man sie untereinander vermischet. (b) Die Wahl des Mistes, den man auf einen Acker bringen will, muß sich in der Beschaffenheit des Ackers, und des darauf zu bauenden Gewächses gründen.

§. 23.

Belangend den zweyten Punkt, (b) wie man den Dünger zubereiten soll? so ist nicht genug, daß man den Dünger auf den Acker führet:

son=

sondern derselbe muß anvor also zubereitet werden, damit er vermögend sey in die Hauptabsicht zu wirken; welches nicht geschieht, wenn die wirkenden Dinge der Natur anvor nicht behörig aufgelöset sind. Diese Auflösung wird bey dem Miste durch die Fäulung bewirket; folglich muß man keinen Dünger ehe auf den Acker bringen, als bis derselbe durch die Fäulung, oder den behörigen Grad der Verwesung zubereitet worden ist. Die Auflösung der wesentlich wirkenden Dinge der Natur, so der Mist in sich hält, ist leicht möglich: denn sie wird sowohl durch den Bau der Miststätte, als auch durch die Vermischung, oder Einstreuung der zum Miste dienenden Sachen befördert.

§. 24.

Betreffend den Bau der Miststätte, so soll erstens die Grube unten, und auf der Seite gepflastert seyn, auf daß der Urin nicht so leicht in die Erde hinein sitzen könne: denn dessen Vermischung mit dem Miste befördert durch das in sich haltende vortrefliche Alkali nicht nur die Auflösung, sondern verbeßert auch denselben merklich. Zweytens müssen die Wände dieser Gruben höher, als die Fläche des Hofes seyn, damit das sich darinn in sammelnde Regenwasser den Mist nicht zu sehr erweiche, und dessen Säfte verschlucke, oder mit sich fortführe. Drittens an den Wänden solcher Gruben machet man einige Schleißen, durch welche eines Theiles der Urin aus dem Viehstalle dringen kann um den Mist zu einer nützlichen Fäulung zu befördern: andern Theiles aber, auf daß man durch solche das anlaufende Regenwasser, wenn es nöthig ist, in die Grube leiten, und das Ueberflüßige von der Fläche des Mistes abführen könne. Viertens bauet man über derley Gruben eine Decke um den Mist wider die Strenge der Sonnenhitze, und gegen den etwa zu überflüßigen Regen zu bedecken. Fünftens muß eine solche Decke geöffnet werden können um den Einfluß des sanften Regens, und der kühlen Luft nicht zu verhindern.

§. 25.

Was den obenbemeldten zweyten Punkt belanget, nämlich: daß die Auflösung auch durch die Vermischung, oder Einstreuung befördert werde, so geschieht eine solche durch magere Ueberbleibsel verschiedener Erdgewächse: denn alle diese gebähren durch die Fäulung ein vortrefliches Alkali.

Wenn

Wenn man also den Mist mit solchen Ueber=
bleibseln verschiedener Erdgewächse vermischet, so
befördert iener die Fäulung derselben; und diese
befördern die Fäulung von ienem. Der Mist wird
locker; und daher kann er auch für den Acker bes=
ser ausgearbeitet werden. Von diesem nun haben
wir uns einen Grund zu folgender Regel zu legen.
Dieienigen Ueberbleibsel der Erdgewächse sind zum
Einstreuen die Beßten, welche leicht faulen, durch
die Fäulung viel Alkali geben, und dasienige,
womit sie vermischet sind, locker machen: z. B.
Stroh, Laub, Sägspäne, u. s. w.

§. 26.

Wir wollen aber ietzt auch untersuchen, wie
man den Dünger auf den Acker bringen soll. Ein
Hauswirth muß dahin sehen, daß die Unkösten,
mit welchen der Mist auf das Feld gebracht wird,
die Erträgnisse des Feldes nicht übersteigen.

Sind die Felder von dem Hofe, oder Land=
gute weit entlegen, oder liegt das Gut im Thale,
und die Felder auf dem Berge, so sind die ge=
wöhnlichen Fuhren mit Pferden, oder Ochsen sehr
kostbar: und dieß machet einen Landwirthschafter
auf verschiedene, nutzbare Gedanken verfallen.
Denn

Denn einige treiben das Vieh auf das Feld, lassen es eng bey einander liegen, damit es mit seinem Miste, und Urine einen Theil des Ackers nach dem andern düngen könne. Andere erwählen die Esel; diese müssen den Mist mit Körben, so man von der Seite öffnen kann, auf die entfernten, und auf die bergichten Felder tragen. Mehrmal andere lassen bey den entlegenen Feldern Gruben machen, auf daß sie, wenn es andere Geschäfte vergönnen, den Mist nach, und nach wegführen, und diesen zu seiner Zeit mit größerer Bequemlichkeit, und geschwind auf den Acker bringen können.

Dieser Vorschlag hat seine Vortheile; sonderbar wenn die Gruben auf eine solche Art gebauet sind, wie wir (§. 24.) angemerket haben.

Einige verfallen auf die Vorwerke, und lassen an einem bequemen Orte bey entlegenen, oder bergichten Feldern ein Gebäude zur Viehzucht aufführen, um hiedurch die Mistfuhren zu erleichtern: dies ist aber nur von vermöglichen Personen zu verstehen.

Endlich giebt dieses auch einigen die Beweggründe durch die Schwängerung des Saames,

ehe

ehe er auf den Acker gebracht wird, eine künstliche Düngung anzuwenden, um dadurch den Anfang des Wachsthumes zu befördern; und dem Saame mehrere Kräfte beyzubringen. Allein da die mehresten Schwängerungen des Saames sehr gefährlich sind; und die Folgen öfters bewiesen haben, daß man dadurch (zumal wenn eine nasse Witterung gleich nach dem Aussäen eingefallen ist) mehr, als die Hälfte von dem Saame verloren hat, so ist eine solche Unternehmung keineswegs einzurathen: sonderbar da diese Schwängerungen ohnehin nur ein Mittel sind mit wenigerem Miste denienigen Endzweck zu erreichen, der ohne denselben eine größere Menge Düngung erfoderte; weil auch der geschwängerte Saame den äußerlichen Zufluß von der Nahrung durch den Dünger verlanget.

§. 27.

Der dritte Punkt (§. 20.) wie man nämlich den Dünger in die Erde bringen soll, giebt uns folgende Regeln. (a) Wenn es die Umstände nicht erlauben, daß wir den auf die Aecker gebrachten Mist sogleich unterackern, so muß er auf große Haufen zusammen geführet werden, damit ihm seine Kräfte von dem Froste, und der

Hitze

Hitze nicht entzogen werden. (b) Will man den Mist einackern, so muß er auf dem Acker also ausgebreitet werden, daß er die Erdfläche wohl bedecke; und also eine vollkommene Vermischung möglich sey. (c) Muß man den Mist nur so tief einackern, daß er von der Fläche der Erde bedecket werde; denn, wenn derselbe zu tief eingeackert worden ist, so können sich die wirksamen Dinge des Mistes mit den Theilen der Erdfläche, wo der Saame liegt, nicht leicht vermischen. Diese nützliche Vermischung wird auch sehr befördert, wenn man den Mist auf dem Acker ausbreitet, da feuchtes Wetter ist; weil bey diesem Umstande die wesentlich wirkenden Theile des Mistes durch die in die Erde dringende Feuchtigkeit mit der Erde sich völlig vermischen.

Aus den nämlichen Gründen wird es uns nicht schwer fallen zu begreifen, daß es ein merklicher Vortheil sey, wenn man die Felder kurz vor dem Winter dünget; oder im Winter den Mist auf große Haufen bringet, und alsdenn ausstreuet, wenn es anfängt zu thauen; und nicht so bald ein starker Frost, wohl aber Schnee zu vermuthen ist.

§. 28.

§. 28.

Vermöge der von uns (§. 19.) angesetzten Eintheilung kömmt zu untersuchen, was bey Bearbeitung der Felder zu beobachten sey; und diese Betrachtung theilen wir in vier Punkten. (a) Wann man den Acker bearbeiten soll. (b) Wie tief man ackern müsse. (c) Wie man das Feld durch die Bearbeitung locker machen könne. (d) Womit man den Acker bearbeiten soll. Wir wollen ieden Punkt sonderbar untersuchen.

§. 29.

Die erste Frage (a) wann man den Acker bearbeiten soll? Man bearbeitet die Felder nicht nur aus der Ursache, damit die Erde den Saame, und den Mist decke, sondern auch, auf daß die Feuchtigkeit der Luft in dieselben dringen, und die zum Wachsthume erfoderliche Bewegung der wirksamen Natur (§. 17.) in der Erde befördern, und unterhalten könne. Und also ist es

1. Sehr nützlich, wenn man die Stoppeln, sobald es möglich ist, unterackert; denn dieses befördert derselben Fäulung: giebt dem Acker eine Düngung, und machet den Boden locker.

2. Ist

2. Ist es ersprießlich, wenn man den Acker entweder vor dem Winter, oder sobald es zu gefrieren aufhöret, locker machet, so viel es immer möglich ist; auf daß die nützliche Winterfeuchtigkeit den Erdboden durchbringen, und mit der Erde sich vermischen könne.

3. Ist es auch sehr zuträglich, wenn man das Feld alsdenn umarbeitet, wenn es besäet werden sollte, damit der Saame tief genug in die Erde falle, und mit derselben so weit bedecket werde, als es zum Wachsthume erforderlich ist:

§. 30.

In Ansehung der Frage (b §. 28.) wie tief man nämlich ein Feld ackern soll, bilde ich nachfolgende Regeln. I. Muß das Feld so tief geackert werden, daß die Wurzeln des Unkrautes nicht in dem Acker stecken bleiben, und daß dessen ausgefallener Saame unterdrücket werde: auch damit die Wurzeln der angebauten Früchte tief genug in die Erde bringen, und die völlige, benöthigte Nahrung an sich ziehen können.

II. Soll das Feld nicht tiefer geackert werden, als es die den Wachsthum befördernde Erde begehret. Denn die Erfahrung hat bewiesen, daß

in

in ienen Feldern, wo sich einen Schuh tief gute Erde zeiget, man mit der beßten Folge das erstemal 13 Zölle tief, das andermal 8 Zölle, das drittemal 6 Zölle, und das viertemal 3 Zölle tief den Saame unterackere.

III. Jener Acker, den man mit einer schweren Ege überzogen hat, wird sich in der Fruchtbarkeit vor dem, der mit einer leichten Ege überzogen worden ist, wegen seiner Vermischung der Erde merklich unterscheiden.

IV. Wenn die untere Erde nicht völlig untragbar ist, so kann der Acker nicht zu tief geackert werden; doch muß man die untere Erde so gut, als es möglich ist, mit der Obern vermischen; und zur Saat muß nicht tiefer geackert werden, als es nöthig ist den Saame zu bedecken: denn sonst wird die geschwängerte Erde, aus welcher der Saame die Nahrung ziehen soll, in die Höhe gebracht, und der Gewalt der Sonne ausgesetzet.

§. 31.

Nun kömmt zu untersuchen, (Lit. c §. 28.) wie man das Feld locker machen könne? Wenn der Acker locker ist, so hat er in seiner Fläche viele Erde, kleine Klumpen; und die Erde ist

wohl

wohl durcheinander gemischet. Will man demnach ein Feld recht locker machen, so muß man erstlich recht tief ackern. Zweytens, keine breite Furchen machen. Drittens, das Feld so oft rühren, als es möglich ist. Viertens, die Furchen alle Jahre ändern; wenn es die Lage des Feldes leidt: z. B. wenn heuer die Furchen von Morgen gegen Abend gewesen sind, so müssen sie folgendes Jahr von Mittage gegen Mitternacht geackert werden. Fünftens, soll man das geackerte Feld mit einer schweren Ege, und wenn das Feld viele Klumpen hat, auch wohl mit einer Stachelwalze überziehen. Endlich sechstens so oft es möglich ist, die Erde mit lockern Miste vermischen.

§. 32.

Aus diesem folget zu beurtheilen (Lit. d §. 28.) womit man nämlich den Acker bearbeiten soll. Die hauptsächlichen Werkzeuge sind der Pflug, und die Ege. Der Pflug muß also gebauet werden, daß er tief genug eingreifen, und sowohl die Erde, als auch die Wurzeln des Unkrautes durchschneiden, und die aufgerissene Erde über sich werfen könne.

Die Ege muß nach ihrer Absicht gebauet werden. Wenn sie die Erde vermischen, und die
Klump=

pen zermalmen soll, so muß sie schwerer seyn, und längere Zacken haben, als wenn sie nur zum Einziehen des Saames gebrauchet wird. Es wurde nach meiner gegenwärtigen Absicht zu weitläufig werden diese Dinge hier genauer zu untersuchen. Wer sich in den ersten Gründen der Mechanik umgesehen hat, der wird aus eigener Erfahrniß in diesem Stücke selbst viel nützliches entdecken.

Ich glaube nicht zu fehlen, wenn ich die Vorzüge gegenwärtig anführe, welche dem Ackersmanne zu Guten gehen, da er ein nicht gar zu schweres Feld mit Ochsen statt der Pferde bearbeitet.

Denn 1. können drey Ochsen in einerley Zeit soviel arbeiten, als zwey Pferde. Man ziehe also die Rechnung von dem, was drey Ochsen, und hingegen, was zwey Pferde in der Unterhaltung kosten. Man erwege anbey, daß man die Ochsen, wenn sie ausgearbeitet sind, mästen könne, so wird man finden, daß bey den Ochsen gewiß einiger Vortheil sich zeige.

2. Ein Ochs geht langsam, und führet durchaus eine ebene Furche; da im Gegentheile

das

das Pferd sehr oft den Pflug über einige Theile, oder Linien der Furche wegführet.

3. Den Ochsen kann man zu Mittage auf dem Felde füttern; und daher gewinnet man bey diesem einige Zeit.

4. Drucket der Ochs die Erde nicht so stark, wie ein Pferd. Aus dieser Ursache ist er auch in der Ege nützlicher, als ein Pferd.

Vierter Abschnitt.
Von dem Säen.

§. 33.

Bey dieser Abhandlung müssen wir unterscheiden (a) die Art des Saames, (b) dessen Menge, (c) die Zeit, wenn man säen soll, und (d) wie tief der Saame in die Erde gebracht werden müsse.

§. 34.

(a). Die Wahl über die Art des Saames, welchen man aussäen soll, muß nach demjenigen Nutzen entschieden werden, den uns die Frucht dafür mittelbar, oder unmittelbar bringen kann. Um ein gegründetes Urtheil hievon zu fällen, müssen
wir

wir sehen, ob wir die Frucht mittel= oder unmittelbar zu Gelde machen können: wie stark sich eine solche Frucht vermehre: ob sie sich an ienem Orte, wo man wohnet, leicht, oder nur mit Mühe zu Geld machen lasse: ob sie in der Nachbarschaft, oder nur in entlegenen Orten gebrauchet werde: ob sie sogleich gegen Geld, oder nur gegen andere Waaren umgesetzet werden könne: und endlich, wie hoch man die Frucht nach den vorkommenden Umständen ins Geld zu setzen vermögend sey. Man muß noch anbey überlegen, wenn, und an welchem Orte, und wie hoch man die Verwendungen seines Fleißes, oder das gemäste Vieh verkaufen könne: und ob nach Abzuge aller Unkosten bey ienem die Abgänge zu der Futterung des Viehes frey verbleiben.

Wer eine solche Wirthschaftsprüfung genau anstellen wird, kann es bald merken, daß uns auch in diesem Stücke die noch besitzende Unwissenheit, und das alte Herkommen, so wie unsere böse Vorurtheile nicht einen, sondern mehrere Schäden zufügen. Wir wollen zu diesem noch anmerken, daß es vielmal nützlich sey, wenn man den auszustreuenden Saame mit ein= oder anderem Saame von anderen Arten vermischet, welche durch
ihren

ihren schnellen Wachsthum den Hauptsaame bey dem Anfange seines Wachsens wider die Hitze, und Kälte, auch wider die Anfälle des Ungeziefers bedecken. Wenn man also z. B. den Rübensaame mit Erbsen vermischet, so werden die Erbsen den Rübensaame wider die ihm bey seinem Aufgehen so schädliche Strenge der Sonnenhitze bedecken. Vermischet man den Krautsaame mit Salate, so wird die Erfahrung lehren, daß die Erdflöhe, und Schnecken ihre Nahrung an dem Salate suchen, folglich die Krautpflanzen verschonen.

Diese, und dergleichen Nebengewächse geben nicht allein ein vortrefliches Viehfutter, sondern sie werden auch ein Mittel, welches den Zufluß der Nahrung bey dem Hauptgewächse befördert, da die Erde durch das Ausziehen dieser Nebengewächse locker wird: in so ferne das Hauptgewächs stark genug ist ersibemeldten Zufällen Widerstand zu thun.

§. 35.

Bey der Beantwortung der zweyten Frage (§. 33. Lit. b) wie viel nämlich auf einem Acker gesäet werden soll, müssen wir theils auf die Güte des Feldes, theils auf die Art des Saames, und dessen Frucht sehen. Worauf dann folgende Hauptregel zu setzen ist.

Ei=

Einem guten Acker kann man mehrern Saame von einer bestimmten Art geben, als man einem Schlechten geben darf. In Rücksicht des andern Punktes, so ist alles Getreid, welches sich im Wachsen bestocket, nicht dick zu säen: gleichwie auch jene Erdgewächse, die, wenn sie vollkommen sind, in dicken Wurzeln bestehen, und jene Erdgewächse, die sich über die Erde ausbreiten, nicht dick gepflanzet werden sollten: wohl aber das jenige Getreid, und diejenigen Erdgewächse sind dick zu bauen, bey denen die entgegen gesetzten Eigenschaften Statt finden. Aus diesem läßt sich wohl begreifen, warum das Stecken des Saames, wenn es nur möglich ist, nützlicher sey als das Säen.

§. 36.

Anbelangend, daß man die Zeit wisse, (§. 33.) wenn man säen soll, so wollen wir folgende, aus der Erfahrung geprüfte fünf Regeln bilden.

I. Zu einer Zeit, da zu vermuthen ist, daß ein die Fläche der Erde durchdringender Frost entstehe, wenn der Saame in der Milch ist, muß nicht gesäet werden; weil derselbe in der Keimung keinen Frost übertragen kann.

II.

II. Dessen Gewächs, wenn es in Blättern steht, auch den stärksten Frost ertragen kann, muß vor dem Winter gesäet werden; doch aber zu einer solchen Zeit, daß es, ehe der Frost kömmt, Blätter treiben, aber nicht Schossen machen kann; z. B. Korn, Weitzen, Dünkel, u. s. w. Gersten, Haber, Erbsen können keinen starken Frost ertragen. Bohnen, und rothen Rüben ist der Reif sehr schädlich.

III. Der Saame, dessen Gewächs, wenn es in Blättern steht, nur einen solchen Frost ertragen kann, der nicht hart ist, muß im Fruhjahre so zeitlich gesäet werden, als es möglich ist; und wenn man keinen harten, die Fläche der Erde durchbringenden Frost vermuthen kann. Je zeitiger man einen solchen Saame säet, desto mehr genießt er im Anfange des Wachsens von der nützlichen Winterfeuchtigkeit, und bekömmt hiedurch Stärke auch einer einfallenden Sommerdürre zu widerstehen.

IV. Der Saame, dessen Gewächse keinen Frost, und Reif ertragen mögen, muß, wofern man denselben nicht wider dieses Ungemach verdecken kann, nicht eher gesäet werden, als wenn kein Nachtfrost, und Reif mehr zu vermuthen ist.

V.

V. Erbſen, und andere Hülſengewächſe von dieſer Art müſſen ſo zeitig geſäet werden, daß ſie zu der Zeit, da man wegen Hochgewittern, und großer Sommerhitze ſtarke Blitze zu erwarten hat, ſchon ausgeblühet haben; indem ihnen die Blitzſtralen ſehr ſchädlich ſind: beſonders dem Haidenbreine; welcher ſolche gar nicht aushalten kann.(*)

§. 37.

Nun kömmt auch der letzte Punkt des 33. §. bey Lit: (d) zu erörtern: wie tief man nämlich ſäen ſoll? Wir wollen dieſes durch folgende drey Regeln beurtheilen. 1. Es iſt ſchädlich, wenn man den Saame zu tief unterackert; denn hie-

---

(*) Dieſem immerhin unvermeidentlich angeſchienen Uebel der Blitzſtralen über den Haidenbrein, Erbſen, und andere Hülſengewächſe hat man durch folgende wohl geprüfte, und höchſtnützlich gefundene Erfahrung glücklich vorgebogen; da man nämlich in die Mitte der mit ſolchen Früchten angebauten Felder ein mit Stahle vermiſchtes Eiſenwerk, z. B. eine alte Senſe, oder dergleichen eingeſtecket hat. Denn dieſes Eiſenwerk nimmt vermög ſeiner anziehenden Eigenſchaft die elektriſche Kraft, oder Wirkung der Blitzſtralen an ſich; und entfernet folglich dieſelben gänzlich von den Früchten: als wodurch derer Blüthe von allem Schaden befreyet erhalten wird. Dieſe gegründete Erfahrung iſt bereits mit der glücklichſten Erfolge, wo man ſich dieſes Vorſchlages bediente, gekrönet worden.

hiedurch werden viele Kerner ersticket. 2. Es ist nachtheilig, wenn man den Saame nur eineget; denn in diesem Falle ist nicht nur eine gleich nach der Aussaat einfallende Dürre, oder Kälte dem Wachsthume der Früchte gefährlich: sondern es ist auch der Saame nicht genug wider die Anfälle der Vögel bedecket. 3. Man geht am sichersten, wenn man den Saame (NB. da der Acker aus vor wohl durchgearbeitet worden ist) flach unterackert. Denn, wenn das Feld vorher nicht genugsam locker gemachet worden ist, wird vieler Saame durch das Unterackern ersticket.

Fünfter Abschnitt.

Von den wirthschaftlichen Beschäftigungen bey dem Wachsthume der Feldfrüchte, bey der Aernde, und Absönderung des Saames, denn dessen Verwahrung.

§. 38.

Ein vernünftiger Landwirth höret nicht auf für seinen Acker zu sorgen, wenn er auch denselben sehr wohl zubereitet, und mit gutem Saame angebauet hat; sondern er denket noch auf mehrere Mittel. Erstens, das aufgehende Unkraut zu vertilgen.

(*) Zwey-

(*) Zweytens, die bey der Bestellung locker gemachte Erde in diesem Stande zu erhalten. Das Erste geschieht durch das Ausreißen des Unkrautes sammt der Wurzel, wie am Ende des 34. §. oben angeführet worden ist. Dadurch wird die Erde mit Nutzen locker gemachet, und das ausgerissene Gras kann zur Viehfutterung gebrauchet werden. Das zweyte ergiebt sich, wenn man mit dem Hauptsaame zugleich einen andern vermischet; ingleichen durch das Egen in einem Acker, der, ehe das Getreid aufgegangen ist, durch einen Schlagregen fest gemachet worden: nicht minder durch das Aufhacken, welches bey dem Hopfen, Krautpflanzen, Erdäpfeln, u. s. f. sehr nützlich ist: indem dieses den Einfluß der Luft in die Erde als ein Mittel des Wachsthumes (§. 17. am Ende) erleichtert, und in den aufgehackten Gruben die dem Gewächse zur Nahrung (§. 17. h.) nöthigen Feuchtigkeiten sich sammeln können.

§. 39.

(*) Unser erleuchtet = und würdigstes Mitglied Sigmund Graf von Haslang hat in seiner sehr gelehrten, und nützlichen Abhandlung: Von dem Ackerbaue, wegen der Ausjätung des Unkrautes die geprüften Vorschläge, und Beweise umständlich mitgetheilet.

§. 39.

Die Zeit der Aernde zu bestimmen, müssen wir diejenigen Erdgewächse, von welchen wir die Kerner verlangen, von denen unterscheiden, von welchen wir keine Kerner verlangen. In Ansehung der ersten Art setze ich folgende Regel: Das Getreid muß alsdenn abgeschnitten werden, wenn es auf dem Stengel zwar reif, aber noch nicht völlig hart geworden ist. (§. 2.) In Ansehung der zweyten Art aber: Die Gewächse, von welchen wir keine Kerner verlangen, als z. B. Kohl, Rüben, u. s. f. müssen alsdenn eingesammelt werden, wenn sie nicht mehr wachsen: denn eher sind solche nicht vollkommen: und später müßten wir befürchten, sie wurden verderben.

Wenn wir also nach den Umständen der Lage des Orts dergleichen Gewächse jünger verkaufen wollen, müssen wir auf unserm Acker mehrern Saame ausstreuen, als ohne diesem erfoderlich ist um junge Stücke nach, und nach auszuziehen; hiedurch wird zugleich der Acker locker gemachet, und der Wachsthum des übrigen Saames befördert.

Kein Erdgewächs muß in seine Behältniß naß eingebracht werden; indem solches in diesem

Falle

Falle sich erhitzen wurde. Dies verursachet entweder, daß es verbrennen, oder verfaulen muß: und beydes ist schädlich. Es giebt uns dieses auch den Grund, daß eine Scheuer also angeleget werden müsse, damit die nöthige Luft durchstreichen könne.

§. 40.

Bey der Absönderung des Saames müssen wir die Zeit von der Art, und Weise unterscheiden. In Rucksicht der Zeit können wir folgende Erfahrung zum Grunde legen: Alles Getreid schwitzet im Anfange, wenn es nämlich auf einander geleget wird; und so lang dasselbige im Schwitzen ist, sitzen die Kerner so fest, daß sie nicht alle durch die behörigen Mittel abgesöndert werden können: folglich muß das Getreid nicht eher gedroschen werden, als bis es ausgeschwitzet hat.

In Ansehung der Art, und Weise mache ich diese Regeln: I. Müssen die Kerner von allen Nebendingen gereiniget werden. II. Muß man untersuchen, ob, und wo diese Nebendinge nützlich seyen: und dieselben zu seinem ausersehenen Nutzen bewahren. III. Müssen die Kerner nach
ihrer

ihrer besondern Schwere in verschiedene Haufen vertheilet werden: davon wir die Anwendung im 3. §. gelehret haben.

§. 41.

Die letzte Frage, wie man die abgesönderten Früchte bewahren soll, ist theils aus dem, was wir §. 4., theils aus dem, was wir §. 6. abgehandelt haben, zu beantworten.

Fortsetzung.

Der verschiedenen Haus- dann andern Mitteln, seine Gesundheit zu schützen.

Meine liebe Landesleute! ich will, und darf nicht ienen großen Absichten entgegen handeln, von meiner sittlich landwirthschaftlichen Gesellschaft unterstützt; seze ich mit dem Eifer meinen Mitmenschen zu dienen den Hausvater, und sonders diese Rubrik fort.

Unter die Hausmittel rechne ich nicht nur iene Mittel, welche den schon wirklich leidenden kranken Körper wieder herstellen, sondern auch solche, welche ihn von zu befürchtenden Krankheiten befreyen. Unter diesen nun erhalt gewiß einen wichtigen Platz die Reinlichkeit. Man glaubt nicht, was es nutzet, wann man reinlich lebt. Nimm man nur das Vieh, wann solches nicht reinlich gehalten wird, so erkränket es, und geht zu grund. Ein Hund muß geschoren werden, damit er von dem Ungeziefer loß wird; welches seine Eyer in die von Ausdünstungen fette, und beschmutzte Wolle hingelegt, und sich so fortpflanzt.

Ein

Ein Pferd muß gestrigelt, in die Schwemme geritten werden. Der Vogel im Hause, wann er nicht von seinen eignen Exkrementen soll aufgerieben werden, will gesäubert seyn. Um so mehr ist dieses bey den Menschen nöthig, als bey dem schwächsten, empfindsamsten Geschöpfe.

Das erste ist die Luft, diese, wann sie nicht erneuert wird, ist allzeit höchst schädlich; es seye hernach, daß sie frembartige Theile bekommt, welche schaden, oder daß sie von ihren Eigenschaften was verlier, darüber bin ich nicht Willens zu streiten. Die tägliche Erfahrung lehrt uns, daß bey großen Kirchgängen, meist Ohnmachten entstehen; in Kirchen, wo Todte begraben, wird die Luft selten erneuert, woher es dann kommt, das Leute von schwachen Nerven, oder Rekonvalescenten solche Ohnmachten zustoffen, die Ursach ist ganz leicht aufzusuchen. Eine schon oft gebrauchte, oft aus, nnd eingehauchte Luft ist zu feucht, aller Schnelkraft beraubt mit frembartigen Theilen angefühlt, zum Athenholen untüchtig, sie kann auf die Länge nicht wirken, das Blut stockt in den Gefäßen, das Herz schlagt nicht mehr, oder wenigstens nicht frey, und so entstehen Engbrünstigen Ohnmachten, und oft der Tod.

Die

Die Wohnungen sollten auch so gebauet seyn, daß die Ausdünstung eines Menschen mit dem Behältniß, in dem er wohnt, in einem guten Verhältniß stünde: damit sich die Dünste vertheilen, und auseinander breiten könnten, sehr nützlich sind die Ventilatern, so immer ofenstehen sollen; mit großen Nutzen hat man sie sonderlich in Krankenhäuser. Eine allgemeine Bauart für Hoch und Niedere wünschen, ist ein Votum dem Ohnmöglichkeit antwortet. Hüthen, so oft so nieder, daß ein Mann von 6 Schuhen kümmerlich aufrecht gehen kann, solche sind freylich nicht der Gesundheit allzudienlich, doch was will man machen, da kann man nichts anderes thuen, als in diesen so unregelmäßigen Bauwesen höchstens das sagen: daß man öfters die Fenster öfnen, und Zuglöcher an selben anbringen soll, damit die gedruckte Luft Ausweg finde, und das ist wieder für Menschen, und Thiere geschrieben.

Vielheit der Leute in einer Wohnung, in einem Orte hindern auch die gesunde Luft; sie verursachen Seuchen, welche ohnvermerkt in die Leute hinüber schleichen und mithin oft lang bauren. Ueberhaupt wird der Mensch am Gesündiesten,

dieſten, am Beßten ſeine Täge zubringen, der an Orten wohnt, wo er die reine Luft einathmen kann. Glücklich der Landmann, der frey von allen Sorgen, die reinſte Luft genießt, der nicht mit allem Fleiße den Zutritt ſelber hindert, und ihm ſein Haus zu durchſtreichen erlaubt. Ich dachte oft, was ein Stadtmann für wenige Vortheil in Abſicht deſſen vor dem Landmanne genießt, reine Luft, Eintracht, und eine Lebensart, ſo keinem Neid, ſondern einer ewigen Betauerniß ausgeſetzt — genießt der Landmann. Nein — was man mit Fleiß unternimmt, macht nichts weniger, als Müh, die größten Arbeiten, ſo dem ſchlafen Mann ohne Ende zu ſeyn ſcheinen, vor denen er ſtirbt, Sinn, Verſtand verliert, weil er nicht weiß, was ſein Genie, was iene verborgene Kräfte ſeiner Seele ihm zu nützen im Stande wären, dieſe unternimmt der Landmann ohne viel ſich darüber aufzuhalten. Gewiß iſt es, daß man denn ruhig lebt, wann man keinen Neid zehlt, und daß die wahre Glückſeligkeit in dem beſtehe, daß man ſeine Fähigkeiten zu einer ihnen angemeſſenen Wirkſamkeit bringe. Nun dann lieber Landmann! höre einen Verehrer reden, einen Schätzer deiner Arbeiten, aber lerne auch von mir, mit Vernuft über

das

das eigne Wohl denken, glaube nicht, daß man mit dem genug gethan, wann man seine Arbeiten verrichtet: sein Leben schützen ist auch eine der ersten Pflichten; nemme alles mit guten Herzen auf, ich verlange nichts, als einmal wann ich im Grabe lieg, eine Thräne von Mitverständniß abgezwungen hin auf mein Grab.

Ein bewährtes Mittel zu Heilung der abscheulichen Krankheit des Krebses.

Man nimmt von dem sogenannten Schifftheer, womit die Schiffleute ihre Schiffe verstreichen, welcher zwar eigentlich aus Norwegen kommt, aber auch in Franken aus allen fürnenen Stöcken in den Theeröfen geschmaucht, und gebrennt wird, legt solchen alltäglich über den Schaden, wie ein Pflaster, so wird es solchen kuriren.

Antwort auf die Frage des münchnerischen Intelligenzblatts N. 38.

(*) Wir kennen einen Bauern, der trägt Haarbeutel, und Degen, wohnt in einer Stabt, und hat auf seinem Hof 30 Stück Vieh, und 60 Schaaf, und ist alles neu gebaut, und dennoch kratzt er hinter den Ohren, woher kommt das? Herr Hausvater

Wo es herkommt? von einigen Mißbräuchen, die sich in die Tausend hinaus zehlen. Diese lieben Kinder der Faulheit, und Schwelgerey richten die meisten Herrn zu Grund. Faulheit siegt hier zu Lande über die Befehle der Kirch, und des Staates. Man fragt wenig dernach, ob es von der Kirche den Fürsten erlaubt gewesen: daß sie die Feyertage abgebracht, und nur die Festtäge einiger Heiligen zu feyern gebiethen. — Mann! ehrlicher Mann! Christ! wann du in den Geschichten zurückblätterst, in den Archiven des Alterthums Täg und Nächte sitzest, so findest du Festtäge in einer gar geringen Anzahl. Aber sieh, wie diese gehalten worden, heilige Demuth herrschte den ganzen Tag, man brachte ieden solcher Täg mit Gebether zu Gott, mit Seufzer zum Himmel zu. Glückliche Täge, wo man die Ehre Gottes als das einzige Mittel selbe glücklich durchleben zu können angesehen. Itzt ist es anderst, der Sonntag, dieser Tag, der zur Feyerung eingesetzet worden, wird entheiligt. Der Landmann setzt sich zum Viertisch verspielt seinen wochentlichen Gewinnst in einigen Stunden; der Knecht tanzt den ganzen Tag an der Seite eines leichtfertigen Mägdleins:

schwächt

ſchwächt ſeine Kräfte: daß er den andern Tag wenig nutzt, das iſt die Lebensart des Landvolkes an den gebottenen Sonn = und Feyertägen. Die ſogenannten abgebrachten wenden ſie noch liederlicher an, da iſt die Fruhmeß, keine Predig, und Roſenkranz mehr, mithin Gelegenheit noch länger der Ausſchweifung ſich zu ergeben. Bedaurungswerthe Tage, die wir wirklich leben, wo ſchon von Landmann bis zum Großen eine unregelmäßige Lebensart die Oberhand gewonnen. Ergötzung iſt keinem Menſchen zu verſagen, man ſang in den alten Zeiten ein Lied, und machte ſich unter einer ſchattigten Linde ſeiner Vorältern luſtig, erzehlte da die redlichen Bemühungen derſelben, und weinte voll Dank ihren Andenken eine Thräne. Itzt hat man mit keinem Geſang ein Vergnügen mehr, ein Kopf, der von Bier, von der Ausſchweifung ſchwer wie ein Centner Steine auf den Achſeln ruht, iſt das Vergnügen, ſo man bey einer Ergötzung ſucht, ſo heutiges Tags in unſerm Lande Vergnügen heißt. Nun rechne man nur ſelbſt, was dann heraus kommen mag; die Wochen ſeyn ja ſo von den Feyertagen unterbrochen, daß man nichts anderes denken kann, als einen Untergang für den Mann, der ſolches Geſinde zehlt. Die Kreuzgänge machen auch einen Theil aus, der die Faulheit unterſtützt, dem Eigenthümer zur Laſt iſt. Zehle man die Feyertag zuſammen, und man wird eine ziemliche Anzahl herausbringen, rechne man, daß alle Handwerksſtätte geſchloſſen, alle Fabriken geſpert, alle Arbeit auf dem Feld unterlaſſen, zehle mans ein wenig zuſammen, nur daß Hand in Hand täglich

30 kr. verdiene, so ist das schon eine Anzahl des Jahrs hindurch von 42 abgeschaften Feyertägen 5200000 Gulden, nun rechne man die darauf folgende Täge, die Tage der Kreutzgänge, und anderer noch unnöthigen Gebräuchen, so darf man mit Recht noch einmal 3200000 Gulden ansetzen, welches schon eine Summe von 8400000 Gulden ist. Nun ist die Frage, wem entgeht dieses Einkommen, dem Herrn. Denn die Knechte und Mägde, Tagwerker, und alles was den Namen Diener führt, gewinnt damit, und der Herr leidet Verlurst, daß es fast itzt besser ist ein Knecht, als Hausvater zuseyn.

Die Fortsetzungen folgen.

Baierisch-ökonomischer Hausvater zum Nutzen und Vergnügen.

IV. Stück. November 1779.

Die Erben, so im dritten Stücke behandelt worden, waren die kalkartigten, als der eigentliche Kalkstein, die Kreide, der Marmor. Dieß waren so die Haupterbarten: so wir zum Kalkbrennen angerathen. Nun trifft sich vom Sande zu reden.

Sand in seinen kleinsten Theilen betrachtet, bestehet aus Thon, Gips, und Kalk: er hat gemeiniglich sein Entstehen reisenden Flüssen, Bächen (so die Steine zermalen) zu danken, man kennt ihn im Fühlen. Er ist hart, knirscht unter den Zähnen, sieht, weiß, gelbe, oder roth aus. Die Ursachen der Farben sind die verschiedene Metalle, die sich solchen Körpern beygemischt.

mischt. Ueberhaupt genommen, ist der Sand minder fruchtbar, als die übrigen Erdarten; denn er faßt weniger von ienen Theilen in sich, so den Pflanzen Nahrung, und Wachsthum verschaffen. Doch muß man hier nicht gedenken, und etwa uns aufdringen wollen, als wollten wir von allen Erden, wo Sand vorhanden eben das nemliche sagen; denn es ist fast eine ausgemachte Sach, und es bestättigen es Männer, so gewiß viele Kenntniß in der Oekonomie besitzen, daß der Sand, wann er nur gedungt worden, häufige Garten, und Feldfrüchte gebracht, mithin aus unserem Angesetzten nicht die Folge zuziehen, als wären alle Oerter unfruchtbar, wo solcher sich vorfindete; maſſen er sich auf ieden Erdreiche findet. Man darf nur nach einem heftigen Regen die Felder besuchen, und man wird finden: daß die eigentliche Erde, die feine StaubThonerde, und wie sie alle heiſſen, zu Boden sitzen, der Sand aber auf der Oberfläche verbleibe, und einen Glanz von sich gebe.

Einer meiner Anverwandten, bey dem ich einige Jahre den lehrreichesten und nützlichsten Unterricht empfangen, hatte ein Jahr vor meiner Abreise einen Garten angelegt, und zwar

zwar auf einem ganz fand = und ſteinigten Boden. Er unternahm die Sache auf folgende Weiſe: Im Spatjahre entſchloß er ſich, und man mußte gleich den überwachſenen Boden aufreiſſen, die ſandigte Erde umgraben. — Den Graßboden legte er auf einen Haufen, die übrige umgearbeite Erde blieb ſo den Winter durch liegen, im Frühjahr wurde alles noch einmal umgegraben, und der Graßboden angezindet, deſſen Aſche auf die Beete geſtreut, und man erhielte Küchenkräuter von allen Gattungen, ia man hatte faſt gar keinen Schaden von Inſekten zu förchten, wo in ſeinem andern Garten alles die Würmer abgefreſſen. Ein Beyſpiel, daß einen anmahnen ſollte, mit Muth iedes Flecklein anzubauen. Andere Beyſpiele von dieſer Art ſind in den Bemerkungen der phyſikaliſch, oekonomiſchen Geſellſchaft zu Lautern zu finden: wie auch in Romani eines edlen Wallachens landwirthſchaftlichen Reiſen. (*)

Man hat alſo ienes durch Erfahrung zu widerrufen, ſo man im erſten Stücke eingeſchaltet, doch nicht gänzlich, denn das bleibt richtig,

daß

(*) Dritter Theil Seite 25. 26, Erweis 26. 27. Not. ganz ödes wird die ſchönſte Wieſe 227. 228. 236. 237.

daß man mehr bekömmt, wann man gute Erde hat, solche mit der schlechten vermischt, und noch darüber düngt, als wann man ganz allein den Sand düngt.

Wir haben nun so beyläufig dem Sande das Wort geredet, gesagt, was die Erfahrung gelehrt, und häufige Beyspiele bestättigen, widerrufen, was wir zu viel geschrieben. Kurz gethan, was Pflicht: denn irren ist sehr dem Menschen gemein, aber im irren grau werden, nicht mehr zurück kehren wollen, das ist gefehlt, und wieder alle Vernunft gehandelt.

Von allem dem ziehe man endlich den Schluß; daß es gar nicht wahr, was so häufig die Oekonomen behaupten, greiffe man zu Werk, unternemme man die Sachen am Anfang im Kleinen, und man wird es wahr finden, was wir hier vom Sande gesprochen. Recht vieler Sand (sagt ein engeländische oekonomische Societät) findet sich an jenen Orten, wo Rabunzeln mit schäbigten Köpfen, und die kleine wilde Färberwurzel wächst; solche Gegenden sind in der obern Pfalz, und an einigen Orten von Baiern. Wie erwünscht wäre also, wann ieder Beamter
auch

auch mehr wuste, als blosses Recht, mehr als den blossen Namme Kameral. Karl Theodor unser weisester Regent, für dem das Herz aller Baiern schlägt, dieser hat die vortheilhaftesten Anstalten gemacht; die physikalische oekonomische Gesellschaft in Lautern zu einer hohen Kammeralschule erhoben; wo ieder sich unterrichten lassen muß: was zur Kenntniß der Oekonomie, und überhaupts der Kammeralwissenschaften gehörig.

Wie nützlich wäre das nämliche in unserm Lande, wo man oekonomische Schriften nichts weniger als schätzen hört, wo der Mann mit seiner hergebrachten Gewohnheit pochet, und keinen Zoll von seiner alten Bauart abgehet; hat es unser Vater nicht gethan, hat dennoch samt uns geessen, so wollen wir auch nichts neues anfangen; haben unsre Vorältern gelebt, so bleiben wir auf ihren Weeg, das spricht der meiste Haufe der Beamten, und derienigen Männer, so am ersten zum Werk greifen sollten. Hier wäre ganz leicht auch eine solche Schule errichtet. Die Gesellschaft sittlich- und landwirthschaftlicher Wissenschaften konnte eben wie Lautern dazu verbrauchet werden, und Burghausen selbst hätte schon so eine Lage, wo man diesen Wissenschaften ei-

nen

nen Sitz aufrichten könnte, denn das dasige Studium ist so von keinem großen Wehrte, massen im vorigen Jahre in der Beredsamkeit sehr wenige Schüler gezehlet worden. Burghausen und das Vaterland wurde also gar nichts verlieren, wann man die dasigen Kosten der lateinischen Schulen auf was nützlicheres verwenden thäte; wann man die dasige Gesellschaft zu einer Kammeralschule erhebete, kurz, wenn man eben das anrichtete, was man in Lautern gethan. Wir haben ihnen wirklich im vorbey gehen gesagt: was unser Wunsch, was der Wunsch aller wohl Denkenden seyn muß. Itzt wollen wir noch kurz was vom Sande melden. Daß man ihn zum Mertel machen nöthig habe, das ist schon im dritten Stücke angemerket worden, und wie er dazu tauglich, eben imgleichen. Wir handeln nun selben so ab, wie er noch anderst könne verbrauchet werden.

Den feinen Weisen verbraucht man zu Streusand, er hat einen verschiedenen Wehrt. Der feinste und reineste wird auch zu dem feinsten Glaß machen verbraucht, und sonderlich ist er zur Krystall Verfertigung der tauglichste, denn seine Theile betrachtet, so bestehet er eigentlich

zu

zu sagen aus lauter kleinen Kryſtall Theile, die nur darum nicht ſo hell ausſehen, weil ihre Oberfläche von der Stauberde verdunkelt, den wahren Glanz zu geben nicht im Stande iſt. Auch die Glaßſchleifer brauchen den reinen Sand, doch ohne Ruckeſicht der Farben, nur die Feinheit iſt ihr Objekt, auf das ſie ſehen, für welches ſie den Sand bezahlen.

Der gelbe, oder man nennt ihn auch den rothen Sand, dieſer wird in der Gegend von München in einer Anzahl gefunden, und zu den Zimmerböden putzen gebraucht. In der Chemie braucht man den Sand zu dem ſogenannten trocknen Bade, er muß ſehr fein ſeyn, und keinen Kieſel in ſich faſſen: man pflegt ihn alſo zu ſieben, damit nur die feinſten Theile durchfallen, und das kieſelhafte Weſen zurückbleibe: Eine Anmerkung für die ſo ſchädlichen Alchymiſten, die Arbeiten unternemmen, und öfters nicht wiſſen, was ihr Unternehmen geweſen; die oft mit Lebensgefahr in eine Sache ſich hinein wagen, und ohne Naturgeſchichte, und der eigentlichen Chemie zu wiſſen, (weiß Gott) was anfangen. Weiſe Polizeygeſetze ſollten am erſten auf dieſes ſehen, damit dieſem ſo allgemein eingeriſſenen

Uebel

Uebel vorgebeugt werden mögte. Wie oft zerschlug das Feuer die Gefässe, wie oft stellten solche Leute eine ganze Nachbarschaft der größten Feuersgefahr aus, und wie viele seyn durch ihre unverständige Behandlungen arme Leute geworden, wir wollten selbst eine Anzahl hersagen. Allein es ist unser thuen nicht, wir haben nichts hier zu sagen, als das meist bey solchen Zersprengungen der Gefäß, die unordentliche Herrichtung Schuld gewesen. Wir schlüssen die sandartigten Erdarten überhaupts.

Abhandlung
von dem
Wachsthume,
und den
Krankheiten der Pflanzen,

von

Leopold Freyherrn von Hartmann, des königlich-schwedischen hohen Vasaordens Ritter, Sr. churfürstlichen Durchleucht zu Pfalz adelichen geheimen Rathe, Sr. herzoglichen Durchleucht zu Würtenberg wirklichem Kammerer, churfürstlich-baierischen Regierungsrathe, und beständigem Vicepräsidenten der Gesellschaft sittlich- nnd landwirthschaftlicher Wissenschaften zu Burghausen, verschiedener hohen Akademien, und Gesellschaften Mitgliede.

Wenn die edle Landwirthschaftswissenschaft nach verschiedenen burch wohl geprüfte, und untrügliche Erfahrungen bestättigten Versuchen in festen Grundsätzen bestimmet, und die vorgeschriebenen Regeln in einem weisen Staate gedeilich befolget werden; so entspringt dadurch die unzerstörliche Glückseligkeit, und allgemeine Wohlfahrt eines ganzen Volkes.

Denn

Denn die wahre, und ächte Känntniß; oder Wissenschaft einer Kunst führet geradenwegs zu der Aufnahme, und dem Fortgange derselben; indem sie natürlicher Weise nach zu den behörigen Versuchen, und nützlichen Erfahrungen einladt, und also eine Fackel ist, ohne welcher man zwar von ungefähr einige Wahrheiten entdecken kann, die aber, wenn sie unsere Schritte beleuchtet, das rührende, und entzückende Vergnügen zum reizenden, und erfreulichen Genuße verschaffet, daß wir den glücklichen Erfolg angewandter Unternehmungen unseren Einsichten bloß, und allein zu verdanken haben.

Ueberhaupts läßt sich von den Wirkungen der natürlichen Körper nicht anderst urtheilen, als nach den Eigenschaften, die solchen beywohnen, und nach den geprüften Einsichten, und Erfahrungen, welche uns dieselben vollkommen zu erkennen geben.

Nach so vielen von uns bereits ausgearbeiteten, durch ordentliche Beweise, behörige Prüfungen, und durch die Naturskunde erleuterten landwirthschaftlichen Gegenständen ist mir demnach einige Jahre her die Untersuchung über das
Wachs-

Wachsthum der Pflanzen, und ihre Krankheiten zu einem höchstnothwendigen, und unentbehrlichen Geschäfte geworden.

Denn ich glaubte, daß es eine unverantwortliche Sache sey, die Erfahrungen, und Anmerkungen zu unterlassen, wodurch ich jene höchstschädlichen Unfälle, und ihre Ursachen nach meinen wenigen Einsichten entdecken könnte, welche da die Pflanzen, diese organischen oder lebendigen Geschöpfe in so viele Gefahren ihres Unterganges versetzen.

Um also über diese behörig zu urtheilen, mußte ich nothwendig das Wachsthum (Vegetation) zuvor ordentlich untersuchen, damit ich in festen Gründen, und Schlüssen erklären, und darthun könnte, wie durch das auf verschiedene Weise verhinderte oder gehemmte Wachsthum die Krankheiten der Pflanzen natürlicher Folge nach entspringen.

Auf welche Stuffe der Vollkommenheit wurde sich demnach meine sanfte Zufriedenheit erheben, wenn ich durch diese Abhandlung zum allgemeinen Wohl, und Nutzen des Vaterlandes, und mei=

meiner Zeitverwandten weſentlich beytragen, und eben dadurch das gnädigſte Wohlgefallen unſers theuerſten, für ſeine Bürger thätiges Heil ſo eifrigſt beſorgten Beherrſchers mir unverdienter=maßen erwerben ſollte.

Die Pflanzen ſind organiſche, das iſt leben=bige Körper. Die Art des Lebens, welche ihnen eigenthumlich iſt, darf man eine Seele nennen: deren Beſchäftigung, und eigentliche Wirkungen ſind die **Ernährung**, das **Wachsthum**, die **Vermehrung**, und die **Fortpflanzung**.

Dieſe Seele, Geiſt, oder Leben beſteht in einer gewiſſen Anordnung, und Zuſammenhange ihrer weſentlichen, und wirkenden Theile, denn in einer ſonderbaren Einrichtung ihrer Gefäſſe, und kleinen Saftlöcher, wodurch die zum Wachs=thume erfoderlichen Säfte eintreten, ſich behörig austheilen, und geſchickt werden die Pflanzen zu nähren.

Die Nahrungstheile werden durch **Waſſer**, **Wärme**, **Luft**, **Salz**, und **Oel** verſchaffet: denn die Feuchte, Wärme, und freye Luft er=weichen die Zaſerchen der Pflanzen, bringen die

oelich=

oelichten, und salzichten Theile in die Gährung, und machen dieselben flüchtig. Woburch also die Luft, das Wasser, Salz, Oel, und Wärme in einen vereinbarten, wirksamen Zustand versetzet werden.

Sobald die Erde zu dem benöthigten Einflüße der Luft behörig geöffnet ist, so zieht solche das Salz an sich; es erfolget eine salpeterichte Gährung, und die Erde wird mit oelichten Theilen befestiget, und erwärmet.

Daburch werden die fix gewesenen salzichten Theile von der entwickelten natürlichen Feuchtigkeit der Oele dünn gemachet, und erhalten eine flüchtige Eigenschaft; das wässerichte Wesen wird in nützliche Dünste aufgelöset, und also den Pflanzen das gedeihliche Wachsthum zugeführet.

Der Korn ist der Saame, welchen die Pflanzen zur Fortzeugung, und Erhaltung ihrer Art hervorbringen.

Es ist also keine einzige Pflanze, welche ohne ihrem Saame erzeuget werden kann.

An

An den Pflanzen, deren Fortzeugung vormal unbegreiflich schien, hat man durch die Vergröſſerungsgläſer theils die unendlich kleinen Saamekörner, theils den Staub auf der untern Seite ihrer Blumen, oder Blätter entdecket, welcher ihr eigentlicher Saame iſt.

Jedes Saamekörnchen enthält nicht allein die Pflanze ihrer Art, welche daraus wachſen ſoll, ſondern daſſelbe faſſet auch eine weiße Materie in ſich, welche man Mehl nennet. Dadurch wird die Pflanze, welche hervorgrünen ſoll, unterhalten, bis ſie eine Wurzel hat, welche ſtark genug iſt, die Säfte aus der Erde zu nehmen, und ſie damit zu nähren.

Neben dieſer mehlichten Materie befindt ſich in jedem Saamekörnchen eine geiſtige, oelichte Feuchtigkeit, um in demſelben den Anfang des Lebens zu erhalten: wodurch die in dem Körnchen klein zuſammgezogene Pflanze beſeelet wird.

Ohne dieſem lebendig machenden Oele, ohne dieſem geiſtigen, und balſamiſchen Safte wurden die Pflanzen vertrocknen, und verderben; denn dieſe oelichte Feuchtigkeit giebt dem Saamekörnchen

chen das Leben, und nebſt der mehlichten Materie die erſte Nahrung, und Erhaltung.

Die Saamekörner müſſen alſo von einem verſtändigen Landwirthe gegen große Näße bewahret werden, damit ſie nicht faulen, gegen als zu ſtarke Tröckne, damit die nöthige Feuchtigkeit, welche ſie unterhält, ſich nicht verzehre, und gegen die zu heftige Kälte, damit der Lebensgeiſt, der in ihnen eingeſchloſſen iſt, nicht getödtet werde.

Wenn das Saamekörnchen in die Erde gebracht wird, ſo fängt es an aufzulaufen, indem es ſich mit dem lebendigmachenden Safte, mit welchem die Erde geſchwängert iſt, anzufüllen beginnt. Dieſes Auflaufen geſchieht durch eine Gährung, die in ſeinem inwendigen Körper durch iene Feuchtigkeiten verurſachet wird, welche ſich in deſſen Gefäſſe hinein ziehen. Auf dieſe Weiſe muß die Schale nothwendig zerbörſten, damit ſie der Ausbreitung des Körpers, welcher dicker wird, Platz macht.

Dadurch kömmt die junge Pflanze aus dem zerbörſteten Körnchen heraus; ihre Wurzeln, und

und Stengel sind nicht mehr umgeben; das kleine Bindwerk, wodurch dieselbe in die inwendigen Theile des Saamekörnchen ihre Nahrung gezogen hat, zerreißt, und ertröcknet, und die ausgezehrten Häutchen verfaulen: das Würzelchen der Pflanze bringt sodenn in die Erde, und das Herzblatt wird länger, um sich aus derselben empor zu heben. Dieses ist der Anfang der Keimung, und des Hervorsprossens.

Damit also das Herzblatt leicht durchbringen könne, muß die Erde wohl umgearbeitet, gut geackert, und behörig locker gemachet seyn: (*) denn mittelst dieser Oeffnung erhält solches einen leichten, und ersprießlichen Durchgang.

Die Pflanzen fangen sodenn nicht eher in die Höhe zu wachsen an, als bis ihre Wurzeln stark, und zahlreich genug werden, sich selbst, und zugleich ihren Stamm zu ernähren: weil die Erde den Pflanzen vorzüglich die gedeiliche Nahrung durch die Wurzeln reichen muß. Je mehr, und besser sich die Wurzeln nun in einer gut hergestellten, und wohl zugerichteten Erde ausbreiten,

desto

(*) Man lese hierüber meine Abhandlung: Von der Erkänntniß, und Verbesserung der Erde.

deſto mehrere Nahrung empfängt die Pflanze, deſto ſtärker, und geſunder wird ſie, und deſto glücklicher erfolget das Wachsthum.

Die Säfte, von welchen ſich die Pflanzen nähren, nachdem ſie zu ihrem Unterhalte, und Nahrung in die Höhe geſtiegen ſind, treten wiederum in die Wurzeln herunter, um ſich wiederholter in die oberſten Theile der Pflanzen empor zu heben. Dadurch wird das Wachsthum (Vegetation) fortgeſetzet; weil ſich die Säfte dünn machen, zuſamme rinnen, einen Beſtand erhalten, und den Pflanzen ſich alſo weſentlich einverleiben.

Die zur Nahrung, und zum Wachsthume erfoderlichen Säfte müſſen alſo genug aufgelöſet, und gleichſam verkochet werden, damit ſie in die Gefäſſe der Pflanzen genüglich eindringen, und nützlich wirken können.

Dieſe Säfte gehen alſo vielmal durch den Körper der Pflanzen, indem ſie bald aus den Wurzeln durch die Stämme in die Aeſte ſteigen, und aus denſelben ſich wiederum durch die von der gütigen Natur dazu beſtimmten Gefäſſe zurücke

nach

nach den Wurzeln begeben. Einige dieser Gefäße dienen dazu den Saft fortzubringen, welcher in die Höhe steigt, und die andern um dasjenige wiederum weiter zu befördern, was zurücke herunter kömmt.

Die Säfte, welche aus den Wurzeln durch die Stämme in die Aeste steigen, sind sehr zart, und mit vielen Geistigkeiten angefüllet: diejenigen aber, welche durch den Um= oder Kreislauf (Circulation) herunter kommen, um nochmal gleichsam gekochet, geläutert, und verdünnert zu werden, sind viel schwerer, gröber, und wässerichter.

Zu diesem Ende hat die unbegreifliche Weisheit, und Vorsicht Gottes den Pflanzen viele Gefäße gegeben, welche eine schneckenförmichte Gestalt haben, in derer Höhlen sich der Saft in etwas abliegt, und verkochet, damit die erst angeführte Verrichtung der Säfte nicht zu schnell, und bis solche behörig verdünnert, aufgelöset, und vereinbaret sind, erfolgen möge.

In diesen Gefäßen also wird durch die beständige Bewegung die Natur der Säfte gedeilich verändert, und zur schicklichen Nahrung für
die

die Pflanzen zubereitet; weil die Säfte durch die Ausstoßung der überflüßigen Wassertheile desto kräftiger werden, und ienes, was von denselben übrig bleibt, an die äußersten Gefässe verwandt wird, um die Pflanzen sowohl in die Höhe, als Dicke wachsend zu machen.

Die Gefässe der Pflanzen sind demnach voller Wirksamkeit, und durch ihre beywohnende Eigenschaften fähig die nöthigen Veränderungen zu erwecken, um die Natur zu erneuern, und zu erhalten.

Die Luft ist dabey eines der ersten Mittel, dessen sich die Natur bedienet das Wachsthum zu befördern; denn ohne derselben wurde keine Bewegung, und Anziehung statt haben, folglich auch keine Pflanze wachsen können. Die Luft ist daher zu dem vegetabilischen Leben eben so nothwendig, wie zu dem thierischen.

Die Pflanzen (diese organischen Körper) bestehen also aus Gefässen, und solchen flüßigen Dingen, welche sich in den Gefässen ordentlich bewegen müssen.

Durch

Durch die kreisförmichte Bewegung, oder Umlauf (Circulation) wird demnach das Wachsthum, und vegetabilische Leben unterhalten, und durch den Zugang frischer Säfte fortgesetzet.

Die Säfte aber müssen eine doppelte Bewegung ausstehen: Die eine vermittelst der zurücketreibenden Kräfte durch das Hinaufsteigen der zarten, und geistigen Theile, welches theils durch die Wärme der Erde, und den Einfluß der Sonne veranlasset wird. Die andere Bewegung geschieht durch das Hinuntersteigen der anziehenden Kräfte vermittelst eigener Schwere, weil derer Eigenschaft, und Natur viel gröber, und wässerichter ist.

Dadurch erfolgen die erfoderlichen Ausbünstungen ohne Aufhören durch die oberen Theile der Gefässe; weil sich durch die kreisförmichte Bewegung die Säfte von den Wurzeln der Pflanzen durch die Stämme bis zu den äußersten Enden der Aeste erheben.

Die Gefässe müssen also immer in behörigem Grade offen bleiben, damit die Bewegung der flüßigen Dinge bestehen, und fortdauren könne.

Die anziehenden Kräfte sollen aber etwas stärker als die zurücketreibenden seyn, damit der Einfluß frischer Nahrungssäfte, und der benöthigten Luftteilchen niemal gehemmet werde.

Auf solche Weise wird durch diese ordentliche Bewegung der innerliche Zusammenhang, und die erfoderliche Wirkung in behöriger Lage erhalten, auch das ersprießliche Wachsthum, und vegetabilische Leben gedeilich fortgesetzet.

Da also das vollkommene Wachsthum der Pflanzen, durch die ordentliche kreisförmichte Bewegung unentbehrliche Nahrungssäfte bewirket wird; diese Säfte aber hauptsächlich durch eine wohl zugerichtete, und verbeßerte Erde den Pflanzen genüglich zugeführet werden: so wünschte ich sehnlichst, und mit ächtem patriotischen Eifer, daß meine in dem Jahre 1772 schon geschriebene Abhandlung: Von der Erkänntniß, und Verbeßerung der Erde bereits der fleißige Gegenstand thätiger Nachfolge bey iedem sorgfältigen Landwirthe geworden wäre; weil ich darinn durch untrügliche, und geprüfte Beweise die Ursachen des Wachsthumes, die Erkänntniß von der Güte, und den Mängeln der Erde, denn deren werk=

zeugliche, und weseṅtliche Verbeßerung klar entschilderet, auch besonders die Verschiedenheiten, und den nützlichen Gebrauch von iedem Dünger (diesem Hauptbeförderungsstücke des gedeilichen Wachsthumes) umständig entdecket habe.

Wenn ein Land zu trocken, oder zu feucht, zu locker, oder zu fest ist, so muß auch die Nahrung zum Wachsthume als zu dünn, oder zu feucht, oder als zu dicht, oder viel zu zähe seyn. Da also die Pflanzen eine nach ihrer Erfoderniß ungleiche Nahrungsart empfangen, so müssen dieselben nothwendig darunter leiden, und können kein gutes, und vollkommenes Wachsthum erhalten.

Die Erzeugung guter, starker, und gesunder Pflanzen, denn derer schickliche Wartung soll demnach die vorzügliche Sorge eines erfahrnen, und fleißigen Landwirthes seyn: und zu diesem Ende muß man gesunde, frische, und unbeschädigte Saamekörner auswählen, weil dadurch starke, und gute Pflanzen erzeuget werden. (*)

Ein

(*) Das Säen ungesunder, zu trockener, und zu alter, bey dem Ausdreschen beschädigter, oder etwa zerquetschter, folglich untauglicher Körner ist also eine höchstschädliche, und dem Wachsthume unendlich nachtheilige Sache.

Ein mageres Saamekorn kann besonders in einem magern Lande unmöglich fruchten. Wie oelichter, und frischer aber die Körner sind, je besser, und länger taugen dieselben zum Frucht= tragen.

Die mindere Fruchtbarkeit der alten Saame= körner kömmt daher, weil nämlich die Gefässe theils die nöthige Biegsamkeit verlieren, wo= durch dieselben sich ausdehnen, und mit den be= hörigen Säften vollkommen anfüllen können, theils auch weil die oelichten Feuchtigkeiten, wel= che die alten Körner noch in sich enthalten, nicht mehr jenes geistige Wesen in genüglichem Maaße besitzen, welches zu der Beseelung, und dem ge= deihlichen Anfange des Lebens gleich bey dem Säen, ehe die Pflanzen Wurzeln fassen, und aufkeimen, folglich ihre Nahrung aus der Erde nehmen können, allerdings nöthig, und erfoder= lich ist.

Wie lang aber ein Korn zum Saame, und ersprießlichem Wachsthume vollkommen tüchtig sey, läßt sich nicht eigentlich bestimmen: denn es hängt theils von ihrer eignen Natur, und lichten Eigenschaft, theils von dem guten Bewahrungsorte ab, damit die genügliche Tröckne, die Güte des mehlichten Wesens, und die oelichte Feuchtigkeit in behörigem Grade erhalten werde.

Wenn die Würzelchen der Pflanze in die Erde gedrungen sind, und das Herzblatt sich empor gehoben hat, so wird die Pflanze von ienen Säften, mit welchen die Erde geschwängert ist, gedeilich ernähret.

Die in der Luft sich befindenden vielen Salpetertheilchen, oder Salpetersäure verschaffet das beßte fruchtbare Grundwesen zum Wachsthume, und zu dem vollkommenen Leben der Pflanzen. Diese fruchtbare Salpetersäure wird der Erde vorzüglich durch das Thau, und den Regen, besonders aber durch den Schnee nützlich zugeführet, und in das Inwendige hineingezogen.

Aus dieser salpeterichten Theilen entsteht sodenn jener schleimichte, oder seifenartichte Nahrungssafte, welcher durch die Wurzeln in die Saftröhrchen der Pflanzen steigt, und derer Wachsthum befördert.

In dem Winter ist die Luft mit ungemein vielen Salpetertheilchen geschwängert, besonders aber der Schnee, welcher durch seine salpeterichte Feuchtigkeit die Pflanzen im Winter aufschließt, und zum Triebe lebend erhält, über dieß noch die Erde gegen die Kälte bedecket, und dadurch die nöthige Wärme den Pflanzen mittheilet.

Der Schnee entsteht daher: Wenn nämlich in dem Winter die in der Höhe versammelten, runden Dunsttheilchen gefrieren, so fließt die in der Luft mit den Feuchtigkeiten umherschwimmende Salpetersäure an dieselben an, wodurch der Schnee die Gestalt eines sechseckicht gebildeten Spießes erhält. Während daß sich solche kleine Spießchen nun aneinander setzen, werden die Wassertheilchen, welche sich zwischen ihnen befinden, hart, und nehmen die Bildung des Salpeters an.

Wenn der Schnee sodenn im Frühlinge bey gelinder Witterung zerfließt, und die obere Fläche der Erde durch die Hitze der Sonne geöffnet ist, so senket sich seine salpeterichte Nahrung tief in die Erde hinein: wodurch vorzüglich die Saftröhrchen der Pflanzen mit dem vollkommenen Leben, und mit der Kraft eines schnellen, und fruchtbaren

Wachs=

Wachsthumes begabet werden, als ohne welchem Erfolge die Vegetation keineswegs so gedeilich geschehen wurde.

Je mehrere Salpetertheile also die Pflanzen erhalten, oder in einen mit vieler Salpetersäure mehr geschwängerten Grund dieselben kommen, desto schneller, und kräftiger wachsen solche, und desto besser, und reichlicher erfolget die Aernte.

Die Erhaltung des Lebens in den Pflanzen während dem Winter ist ein Meisterstück der gütigen Natur, und die Wohlthat ihres großen, und weisesten Erschaffers. Denn mittlerweil, daß die Erde in dem Winter verschlossen ist, und gleichsam todt zu seyn scheint, so verdoppelt sich die unterirrdische Hitze durch die Dünste, und Ausrauchungen, welche ohne Unterlaße aus den tiefesten Eingeweiden der Erde empor steigen. Da aber diese Dünste wegen gefrorner Erde keinen Ausgang gewinnen können, so erhitzen sie sich, gähren gleichsam auf, gehen um die Wurzeln der Pflanzen herum, geben ihnen die Nahrung, und vermehren die balsamischen, zum Wachsthume erforderlichen Säfte, welche sich in die Wurzeln hinein begeben, und mit denselben nützlich vermischen.

Nicht

Nicht zu überflüßige Regen sind zu dem Wachsthume gleichfalls ganz ausnehmend gedeilich; denn die Pflanzen von allen Arten, ja so gar die Pflanzen, welche in dem Wasser wachsen, nehmen dadurch außerordentlich zu. Da die Letzten keines Wassers bedörfen, so ist also nicht das nützliche Regenwasser, und dessen fruchtbare Feuchtigkeit an dieser Wirkung durch sich allein die Ursache, sondern weil dadurch zu gleicher Zeit das als zu schnelle Ausdünsten der Pflanzen, und ihrer innerlichen oelichten Nahrungstheile nützlich gehemmet, folglich das geistige, und oelichte Wesen nicht zu sehr verflüchtiget wird.

Die überflüßigen Regen entgegen hindern die behörige Kochung der Säfte in den Gefässen der Pflanzen, und verderben die Natur, und Eigenschaft derselben merklich. Denn dadurch bringen die wässerichten Dünste zu sehr ein; die Gefässe der Pflanzen werden mit als zu häufigem Wasser angefüllet, und die erfoderlichen Ausdünstungen werden geringer: folglich können die Säfte nicht genug ausgekochet, vermischet, und verdünnert werden.

Die.

Die Pflanzen, und das Getreid müssen also schlechter gerathen, und es können sodenn nur magere Körner ausfallen. (*)

Eine zu große Hitze, und die sehr heftig andaurenden, schwülen Tage fügen den Pflanzen ebenfalls einen unendlichen Schaden zu, und man sieht daher in dem Sommer viele Pflanzen abdorren, und sterben: weil durch die übertriebene Hitze an jenen Säften, welche sich in der Erde befinden, eine viel zu starke Bewegung verursachet wird: als wodurch diese Säfte zu übereilt in die Wurzeln der Pflanzen, von solchen in die Stämme,

---

(*) Ganz untrüglich ist es also, daß die in verflossenen Jahren in so vielen Ländern unendlich mager ausgefallenen Aernten durch die Menge der unterirrdischen folglich als zu überhäuften wässerichten Theile verursachet worden seyen: wovon uns die haufigen Brunnflüsse, und die an vielen Orten ungewöhnlich empor gequällten Wässer das klare Zeugniß gegeben haben. Denn da die Pflanzen dadurch mit als zu vielen, und zu häufigen wässerichten Theilen, und Dünsten angefüllet, und also die oelichten, und geistigen Säfte fast gänzlich vertilget worden sind: so hat die behörige Bewegung, Austheilung, und nützliche Kochung der Säfte in den Gefäßen der Pflanzen unmöglich erfolgen können: daher hat auch bey ermangelnder gedeilicher Nahrung für dieselben sich immer eine magere Aernte ergeben müßen.

me, und von denselben wiederum in die Aest steigen, ohne sich behörig aufzuhalten, zusamme zu rinnen, und zu verkochen. Zu gleicher Zeit werden vermöge dieser heftigen Austreibung, oder Bewegung die Saftlöcher der Aeste an den Pflanzen durch die Geschwindigkeit der daselbst durchgehenden, nicht genugsam verdünnerten Säfte zu sehr erweitert; daher dieselben auch wegen dieser erfolgten unschicklichen Erweiterung die nützlichen, besonders oelichten, und geistigen Nahrungssäfte nicht mehr erfoderlich zurücke halten können: folglich müssen die Pflanzen aus Mangel der vollkommenen Nahrung verdorren, und absterben.

Sobald also die ordentliche kreisförmichte Bewegung in den Gefässen der Pflanzen gehindert, und dadurch der nöthige Umlauf behöriger Nahrungssäfte gehemmet wird, so werden die Pflanzen nicht allein in dem nützlichen Wachsthume merklich geschwächet, sondern sie verlieren auch ihre anständige Vegetationskraft: und von daher entspringen eigentlich ihre Krankheiten.

Diese Krankheiten, oder Unfälle aber entstehen entweder, und

Erstens aus all zu großem Ueberfluße der Säfte, oder

Zweytens aus dem Mangel der Säfte.

Drittens aus der bösen Eigenschaft dieser Säfte, oder

Viertens aus der ungleichen Austheilung der Säfte. (*)

Was

(*) Von den schädlichen, äußerlichen Zufällen, gegen welche eine menschliche Hand zu helfen vermögend ist (als da sind: häufiges Unkraut, besonders Trillsaame unter der Gersten, vieles Ungeziefer, hauptsächlich Schnecken bey nasser Witterung, Schneedruck, Reif, Hönig= oder Mehlthau, Blitzstralen, wenn die Hülsenfrüchte, sonderbar der Heidenkrein in der Blühe steht) hat die Gesellschaft im Jahre 1771, und 1772. die geprüften, und untrüglich gefundenen Mittel umständig entschildert, welche auch von vielen fleißigen Landwirthen mit größtem Nutzen bereits glücklich befolget worden sind. Da es nun auch gewisse Kräuter giebt, welche eine angebohrne Abneigung (Antipathie) gegen einander besitzen, folglich unmöglich neben einander gedeilich wachsen können, so soll dieser Gegenstand das fleißige Geschäft nachforschender Landwirthe werden An dem Kohle, und Saukraute, an dem Schirlinge, und der Raute, an dem Schiffrohre, und Farnkraute entäußert sich diese Abneigung unendlich stark. Wie denn sothane Wirkung hauptsächlich von den überaus zarten Theilchen herrühret, welche von allen organischen Körpern ausfließen.

Was die erſte Gattung der Krankheiten betrifft, ſo machet der allzugroße Ueberfluß der Säfte, daß keine hinlängliche, und wohl abgemeſſene Bewegung zwiſchen den **anziehenden**, und **zurücketreibenden Kräften** erfolgen könne: daher halten ſich die überflüßigen, beſonders wäſſerichten Dünſte zu lang in den Gefäſſen auf, verderben darinn, und verurſachen alſo die Warzen, und die Fäulung.

Die übermäßigen Regen fügen den Pflanzen auf dieſe Weiſe obangeführter maßen einen unendlichen Schaden zu; weil zu viele wäſſerichte Theile in die Gefäſſe der Pflanzen eindringen, und dadurch die Oberhand gewinnen, folglich die geiſtigen, und ölichten Kräfte zu ſchwach, und unvermögend werden, dieſelben behörig auszutreiben.

Dadurch erfolget alſo der ſchädliche Brand, der ſich an das auf ſolche Weiſe krank gewordene Getreid anzuſetzen pflegt, auch durch die Anſteckung geſunder Aehren und Körner ſich weiters ausbreitet. Denn der Brand gleicht anſteckenden Krankheiten, weil auch die geſündeſten Aehren und Körner dadurch behaftet werden. Beſonders
iſt

ist der Brand dem Weitzen ſehr gefährlich, und pflegt ſich am öfteſten an demſelben einzufinden; denn da der Weitzen eine fette Frucht iſt, ſo verlanget er viele Nahrung: folglich muß der Acker worauf ſolcher geſäet wird, voll der guten, ölichten, und nicht zu hitzigen Säfte ſeyn, welche vorzüglich nach unſrer vorgekehrten, untrüglichen Probe durch den Kühedünger mitgetheilet werden; weil dieſer wegen ſeinen häufigen, ſalzichten, und fetten Theilen um ſo mehr der nützlichſte, und anſtändigſte für die Weitzenäcker iſt, als derſelbe noch überbas für den kälteſten Dünger gehalten werden darf. (*)

Der ſchädliche Brand entſpringt ferner durch unzeitige, und unmäßige Abwechslung des Regens mit ſchwüler Hitze. Denn bey ſtarkem Regen bringen die wäſſerichten Dünſte zu heftig ein; die Gefäſſe der Pflanzen werden dadurch ſchlapp, die Saftlöcher zu ſehr eröffnet, ausgedehnet, und

er=

(*) Unſre vorgekehrte, glückliche und geſegnete Erfahrungen haben bewieſen. daß ſelbſt auf jenen Aeckern (wo vormal bey dem Weitzen der Brand ſich immer gezeiget hatte) der ſchönſte und herrlichſte Weitzen gewachſen, und der ſo ſchädliche Brand gänzlich getilget worden ſey, da man dieſelben bloß mit dem Kühedünger begeilen laſſen.

erweitert: und die hierauf abwechselnde, und zu geschwind erfolgende unmäßige Hitze erhebt mit viel zu großer und übereilter Stärke die geistigen und ölichten Säfte der Pflanzen. Durch diese allzuschnelle Bewegung werden die wässerichten und geistigen Theile zu sehr, auch zu heftig aneinander getrieben, und können sich nicht nützlich vereinbaren; folglich werden die Nahrungsgefässe der Pflanzen in eine Unordnung gebracht, und gleichsam erschüttert: und es muß ihnen also an dem zum gedeihlichen Wachsthume gehörig verkochten Safte gänzlich ermangeln.

Man hüte sich bey allzunaßer Witterung zu säen; weil dadurch die Körner gleich bey erfolgender Aufkeimung schon viele schädliche, auch zu feuchte, und wässerichte Säfte aus der zu naß gewordenen Erde an sich ziehen.

Der nicht zu feuchte, sondern in dem gehörigen Grade trockne Erdboden ist unendlich gedeilich zur Säezeit; (*) weil die Säfte, welche

---

(*) Man lese hierüber die Abhandlung unsers würdigsten Mitgliedes Sigmund Grafen von Haßlang: von dem Einflusse eines wohl angeordneten Ackerbaues in die Glückseligkeit eines Staates.

der Saame alsdenn annimmt, und in sich schlucket, stark, und nahrhaft sind: da entgegen dieselben bey nasser Witterung mit allzuvielen wässerichten Theilen begabet sind, wovon die jungen Pflanzen natürlicher Folge nach geschwächet werden müssen. Ueberhaupts liegt sehr vieles daran, mit welchen Säften die Gefässe des Saamekörnchens gleich anfänglich nach dem Säen angefüllet worden: ob es nämlich feuchte, und wässerichte, oder starke, und nahrhafte Säfte gewesen seyen. (*)

Mit einer gleichen unendlichen Sorge muß ein verständiger, und wohl erfahrner Landwirth zu verhindern trachten, daß niemal ein Nebel, oder Thau eingeackert werde: (**) denn diese sind

---

(*) Ein trockner schöner Herbst ist daher der untrügliche Vorboth von einer künftigen gedeilichen Aernte des Wintergetreides: so wie auf eine in dem Frühjahre sich nach dem Säen des Sommergetreides erzeugende gute, und nicht zu feuchte Witterung ebenfalls eine ersprießliche Aernte der Sommerfrüchte erfolget; weil der Saame dadurch von den zu vielen wässerichten Theilen, und jenen schädlichen Feuchtigkeiten befreyet bleibt, welche die geistigen und ölichten erforderlichen Säfte verdringen, und also die Pflanzen schon in ihrem ersten Wachsthume schwächen.

(**) Man soll demnach zuwarten, bis die Sonne diese schädlichen Theile des Nebels und Thaues aufgezogen, und verflüchtiget hat.

ſind voller ſchädlichen Säfte, welche den Pflanzen viele Krankheiten und Unfälle, ſonderbar aber den Brand verurſachen können.

Das Stroh von dem Getreide, welches mit dem Brande angeſtecket war, ſoll man nicht leicht unter den Dünger thun; denn im Falle ſolches nicht genug verfaulter mit dem Miſte auf das Feld gebracht wird, ſo kann daſſelbe noch viele ſchädliche Theile in ſich halten, und die Pflanzen anſtecken. Ueberhaupts iſt den Pflanzen nichts ſchädlicher, als ein nicht genugſam abgelegener Dünger; denn da deſſen Körper noch an der Fäulung begriffen iſt, ſo kann er dieſelbe leicht den Pflanzen mittheilen, welche ſonſt davon befreyt geblieben wären: weil derjenige Körper, welcher die innwendige Bewegung ſeiner Theile empfindt, leicht die gleiche Bewegung in einem andern Körper veranlaſſen kann, der zwar in der Ruhe ſteht, aber dennoch die Neigung zu dieſer Bewegung hat. Die gute, und geſchickte Düngung entgegen iſt die hauptſächliche Hilfe gegen jene Krankheiten, welche durch die allzuſtarke Feuchtigkeiten, und daher entſpringenden zu großen Ueberfluß der wäſſerichten Säfte verurſachet werden. Wie denn überhaupts der zu feuchte, oder zu magre Zuſtand

stand des Erdreiches die Urquelle der Krankheiten in den Pflanzen, der gute, und nützliche Dünger aber das eigentliche, und untrüglichste Hilfsmittel dagegen ist.

Da nun ferner nichts besser, und sicherer ist, um ein organisches Geschöpf, oder Körper lebhaft zu machen, und munter zu erhalten, als daß man ihm gleich bey dem Anfange seines Wachsthumes eine gute Nahrung ertheile: so verdienet die Einweichung der Saamkörner, ehe solche gesäet werden, eine ganz besondre Aufmerksamkeit.

Wenn also die Saamekörnchen in dem Miste und Salpeter, oder solchen Feuchtigkeiten, welche Salz und Oel in sich enthalten, eingeweichet werden, (*) so bekommen die Pflanzen gleich bey ihrer Beseelung, oder dem Anfange des Lebens eine weit dauerhaftere Stärke; sie brechen geschwinder hervor, und sind daher den schädlichen Folgen des Frostes, Mehlthaues, und der Reife destoweniger unterworfen, auch dadurch in Stand gesetzet, die überflüßigen, wässerichten
Theile

(*) In jenen Ländern, wo man sich dazu des Meerwassers bedienen kann, ergeben sich die glücklichsten Folgen.

Theile gleich anfangs auszutreiben, und also dem Brande desto gedeilicher zu widerstehen.

Wie denn auch die zarten Gefässe der Pflanzen auf solche Weise schon vor der gänzlichen Hervorsprossung mit Oele und Salze angefüllet werden, welches ihnen eine ungemeine Stärke, und ausnehmende Lebhaftigkeit mittheilet, auch die Pflanzen viele Wurzeln treiben machet, als wovon derer Nahrung vorzüglich abhängt.

Eine solche Schwängerung des Saames aber darf keineswegs an jenen Saamekörnern gebrauchet werden, welche in seiner Natur und Eigenschaft nach, naßes und allzufeuchtes Erdreich gesäet werden müssen; (*) denn in solchem Falle hat die traurige Folge (besonders wenn eine naße Witterung eingefallen war) öfters bewiesen, daß mehr als die Helfte von dem Saame verfaulet sey.

(*) Die Gesellschaft hat durch eine glückliche, und gesegnete Probe ein dergleichen allzunasses, zu feuchtes, und daher viel zu schwer gewordenes Feld in Ermanglung eines kalkartigen Mergels dadurch ganz ausnehmend verbessert, da sie dasselbe mit einem feinen mehlartichten Sande überführen lassen; weil sothanes Feld also merklich abgetrocknet, und weit leichter, folglich unendlich fruchtbar gemacht worden ist.

Der also zubereitete Saame verlanget aber auch den äußerlichen Zufluß gedeilicher Säfte zu seiner erfoderlichen Nahrung, welche hauptsächlich und wesentlich durch den guten und schicklichen Dünger mitgetheilet werden. Denn wenn schon anfangs die Saat des geschwängerten Saames ungemein schön grünet, und hervorsprosset, so lange solche nämlich noch etwas von der Fette der Körner zu zehren hat, so wurde aber dieselbe, sobald der Körn gänzlich verfaulet, und abgefallen ist, vom Tage zu Tage abnehmen, und ermatten: weil die mit der Sprosse wachsenden Wurzeln immer mehrern Nahrungssaft verlangen, welchen sie nothwendig aus dem Acker selbst an sich ziehen müssen.

Die Schwängerung des Saames ist daher nur bey der ersten Zeit der Beseelung für die Pflanzen nützlich, und zum Wachsthume erklecklich: wenn aber die Pflanzen Wurzeln gefasset haben, und aus der Erde merklich empor gekeimet sind, so müssen die thätigen Kräfte zum Wachsthume von einer wohl hergerichteten, und gut gedüngten, folglich werkzeuglich und wesentlich verbesserten Erde natürlicher Weise nach mitgetheilet werden; denn sonst können die Pflanzen niemal zum

voll=

vollkommenen Wachsthume gelangen, und die Gründe und Felder würden, wenn man in Rücksicht des zubereiteten Saames das Düngen unterlassen, oder ersparen wollte, unendlich ausgemergelt, und gänzlich erschöpfet werden.

Von dem gefährlichen Brande muß ich noch beyfügen, daß derselbe nicht allein angezogener maßen einen großen Theil der gesunden Körner entzünde, sondern auch viele derer, besonders bey dem Weitzen mit dem bekannten Ruße anstecke. Dieses Uebel kann bloß durch das fleißige Abwaschen der ausgedroschenen, rußigen Körner gehoben werden. Doch muß man die Körner nicht zu vieles Wasser einschlucken lassen; weil sie sonst einen moderichten Geruch bekommen, auch das Mehl bey seinem Gebrauche merklich nachlassen würde.

Der zweyten Art der Krankheiten, welche von dem Mangel der Säfte herrühret, kann nicht anderst, als durch die gute und vernünftige Düngung und Verbesserung der Erde abgeholfen werden. (*)

Je

(*) Meine schon ehevor über diesen Gegenstand herausgegebene Abhandlung hat diese Verbesserungen umständig entschildert.

Je besser und vernünftiger man ein Feld dünget und zubereitet, mit desto mehrern Nahrungssäften wird dasselbe auch erfüllet, den Pflanzen das fette, und wässerichte Wesen in behörigem Verhältniße dadurch genüglich mitgetheilet: folglich die Kräfte des gesunden und gedeilichen Wachsthumes ganz ungemein befördert.

Ein zu roher, und daher nicht genugsam abgelegener Dünger entgegen brennet die Erde unendlich aus, und beraubet solche also ihrer nützlichen, und zum Wachsthume unentbehrlichen Nahrungssäfte.

Wie denn ein hitziger allzusehr verbrennender Dünger, besonders in einem von der Natur ohnedas warmen, folglich zu trocknem Lande, die nützlichten ölichten, und wässerichten Theile erschöpfet, die Säfte raubet, und endlich die Gewächse selbst verbrennet.

Die dritte Gattung der Krankheiten, welche aus der bösen Eigenschaft der Säfte entspringt, entäußert sich hauptsächlich alsdenn, wenn die kreisförmichte Bewegung in den Gefäßen der Pflanzen unvollkommen ist, oder etwa gar

gar gehemmet wird; denn dadurch müssen natürlicher Folge nach die Säfte still stehen, sich also zur Fäulniß neigen, und daher eine böse Eigenschaft erhalten.

Ferner ergiebt sich die böse Eigenschaft der Nahrungssäfte, wenn die Pflanzen, oder Saamekörner von einem warmen in ein kaltes Land gebracht werden; weil alsdenn ihre Säfte nicht Wärme genug erhalten, um sich behörig zu verdünnern, und ersprießlich zu verkochen.

Es ist demnach die Erkenntniß der Erde (Meterologie) und die Untersuchung von der natürlichen Eigenschaft der Pflanzen jener höchst nützliche Gegenstand, womit sich gute, sorgfältige Landwirthe immer beschäftigen, und eben daher unsere durch thätige Erfahrungen wohl geprüfte, dann durch die Naturskunde unterstützte gesellschaftliche Vorschläge mit regem Eifer befolgen sollten.

In vielen Gegenden, Feldern, und Gründen ist die Abwechslung der Saamekörner unendlich nothwendig, und unentbehrlich; zumal sich in denselben öfters zu ereignen pflegt, daß,

wenn

wenn immer der gleiche Saame in das nämliche Feld gesäet wird, das Getreid, oder die Früchte aus der Art schlagen, und geringere Körner erzeuget werden: folglich eine elende Aernte erfolgen müsse.

Denn da sich in solchen Gründen, oder Aeckern die Nahrung zum Wachsthume in behörigem Maaße und Verhältnisse nicht befindt, so müssen nothwendig die Pflanzen darunter leiden: und da solche immer eine unschickliche Nahrung, folglich auch eine fehlerhafte Eigenschaft erhalten, so können sie wegen ihrer dadurch erfolgenden bösen Eigenschaft der Säfte niemal zu gedeilichen Vollkommenheit gereichen. Viel weniger aber vermögen ihre Körner zum nützlichen Saame tauglich zu werden; weil solche zu mager, und ungesund, folglich von jenem geistigen Wesen, und ölichter Feuchtigkeit, oder balsamischen Safte gänzlich beraubet sind, durch welchen die Pflanzen gleich bey dem Anfange ihres Lebens bloß, und allein beseelet, und mit dem nöthigen Triebe zum fernern, vollkommenen und gedeilichen Wachsthume begabet werden können.

Die

Die vierte Art der Krankheiten, welche aus der ungleichen Austheilung der Säfte entsteht, entäußert sich hauptsächlich, wenn die Winterkälte nicht in behöriger Stärke, oder Länge andauert, folglich die ölichten Säfte zu früh, zu schnell, und in all zu großer, übereilter Menge aus den Stämmen der noch jungen, und kurzen Pflanzen, oder des Getreides treten, und in die Höhe steigen: denn sohin können die wässerichten Säfte und anziehenden Kräfte nicht mehr in behörigen Maaße einbringen, und den nützlichen Einfluß und Wirkung zum fernern Wachsthume in die Nahrungsgefässe verschaffen; weil dieselben dadurch von den zurücketreibenden Kräften gänzlich überwunden, und gleichsam vertilget werden.

Diesem abzuhelfen schneidt man das Getreid in etwas ab, oder läßt es bey wohl gefrorner Erde durch das Vieh abweyden; denn dadurch werden die all zu heftig wirkenden geistigen Säfte und zurücketreibenden Kräfte gezwungen wieder in die Stämme der Pflanzen zurücke zu treten.

Auf welche Weise also den anziehenden Kräften, und wässerichten Säften zur nöthigen Wirkung,

kung, und dem unentbehrlichen Einfluße der erfoderliche Platz, und Weg wiederum nützlich eröffnet wird.

Da sich mein natursforschender Geist immer weiter als mein Aug zu urtheilen bestrebet, so finde ich überall Abwechslung, und Manichfältigkeit in den Reichen der Natur: und eine Untersuchung, die nicht bey den Oberflächen der Dinge stehen bleibt, wird durch Entdeckungen belohnet, welche für ein patriotisches, und eben daher um das Wohl seiner Mitbürger selbst bey dem größten Undanke, und bittersten Verfolgungen redlichst besorgtes, uneigennütziges Gemüth viele eigenthümliche, und herrliche Reizungen hat. Und ist nicht ohnedas die Unachtsamkeit der mehresten Menschen, besonders aber der Kammeralisten unverantwortlich, und mit dem Stempel der ewigen Schande zu zeichnen: da dieselben die Erde bewohnen, die Veränderungen aber, welche sich in der Natur täglich vor ihren Augen zutragen, zu beurtheilen, und kennen zu lernen, außer acht lassen?

In welchen rührenden, und süßen Empfindungen wurde demnach meine Seele dahin strömen,

men, wenn ich durch diese Abhandlung nachforschende, und erleuchte Geister erwecken sollte, diesem Gegenstande von dem Wachsthume, und den Krankheiten der Pflanzen mit reiferer Aufmerksamkeit nachzudenken, und die vorgeschriebenen Mittel zum allgemeinen Wohl behörig anzuwenden.

Daburch wurde der Landmann von dem eifrigsten Triebe der Nachahmung bemächtiget werden, und jene nützlichen Mittel thätig befolgen, welche ich hier nach meinen geprüften Einsichten, und fürgekehrten brey jährigen Erfahrungen in seinen untrüglichen Zügen entschildert habe.

Ich schmeichle mir auch mit der entzückenden Hoffnung, daß meine uneigennützige, menschenfreundliche Bemühungen mit einem gütigen Beyfalle, und emsiger Nachfolge ehesten gekrönet werden dörften. Reitze genug sodenn für mich, wenn ich durch meine Abhandlung endlich die sicheren Mittel, und gewisse Wege entdecket habe, wie den so ausnehmend schädlichen Krankheiten der Pflanzen gedeilich abzuhelfen sey: und auf welche Weise der Ursprung dieser gefährlichen Unfälle wesentlich entdecket werden könne!

Vielleicht, gönnet uns auch endlich die gütigste Vorsicht den schon lang sehnlichst erwünschten, glücklichen Zeitpunkt, daß unsere Werke, und geprüfte Vorschläge thätig befolget, und dadurch die edle Landwirthschaft zum Grade der Vollkommenheit beförderet werde.

Anhang
eines auf geprüften Erfahrungen gegründeten landwirthschaftlichen Versuches den so genannten Trill aus den Feldern) auszurotten.

Da die churbaierische landwirthschaftliche Gesellschaft immer mit einem natursforschenden Geiste, als dem einzigen Grunde glücklich- und untrüglicher Untersuchungen beschäftiget ist, um nach obtragender reiner, und sittlicher Denkungsart den Nutzen ihrer Mitbürger lebhaft zu befördern; und die Blüthe des Nährstandes zu einer wesentlichern Vollkommenheit zu bringen: so hat dieselbe unter andern jenen vielfältigen Schaden mit einem rege gewordenen Schmerzen beobachtet, welcher auf den Aeckern durch den so genannten Trillsaamen den Feldfrüchten zugezogen wird: ohne daß

daß man zur Stunde jemal ernstlich bedacht gewesen ist, diesem landschädlichen Uebel durch gedeiliche, und geprüfte Mittel ersprießlich vorzubiegen.

Die Gesellschaft halt sich also verbunden zu seyn bey allen Gelegenheiten, Erfahrungen zu machen, solche zu untersuchen, in ihrer Grundlage naturs=forschend zu beurtheilen; und selbige anmit allen Landwirthschaftern zur nützlichen Nachahme zu eröffnen.

Die ordentliche Untersuchung war folgende. Erstlich: In wem die Natur, und Eigenschaft des Trillsaames bestehe. Zweytens: Warum derselbe unter den Sommerfrüchten, besonders unter der Gerste zum gänzlichen Wachsthum komme. Drittens: Wie, und auf welche Weise diesem Uebel vorgebogen, und abgeholfen werden könnte.

Die Natur, und Eigenschaft des Trillsaames besteht darinn, daß derselbe eines der feinsten Gattung vom Unkraute sey. Er wächst nicht, wenn der Boden fest ist; folglich auch ganz selten auf den Brachfeldern, wo er doch das Jahr anvor so häufig gewachsen, angetroffen wird. Denn vermöge der feinen zarten Wesen= und Beschaffenheit seines Wachsthumes ist er nicht leicht im Stande dem festen Boden durchzusetzen.

Er erfodert den Durchzug der Luft, und die Zertheilung der Erde, durch das Umgraben, oder Pflügen, damit er sich ausdehnen, und seinen Wachsthum erlangen könne. Die ordentliche Zeit seines Wachsthums ist das Fruhjahr; wenn demnach eine Frucht im Felde steht, die um diese Zeit schon hoch in ihrem Saame ist, so gewinnet derselbe keine Kraft in die Höhe zu steigen; sondern bleibt unterdrücket: welches ein untrügliches Zeichen ist, daß der Trill sehr fein sey, und bloß einen leicht gemachten Grund, eine freye Luft, hingegen keine Näße, weder einen harten Boden liebe.

Wenn aber derselbe über sich kommt, so erhält er einen schnellen, und hohen Wachsthum, verdirbt die Feldfrüchte, raubet ihnen ihre Kraft, verdinnert, und vermindert also dieselben: vermehret sich entgegen vermöge seiner Ausbreitung ganz außerordentlich.

Warum aber der Trillsaame unter den Winterfrüchten als Korn, und Weitzen nicht in die Höhe

Höhe rage, ist die gegründete Ursache, weil diese Felder schon im Herbste bearbeitet, und angesäet werden; folglich da der Boden härter wird, auch die Feldfrüchten im Frühjahre schon zimlich hoch in ihrem Saame stehen: so ist die Kraft desselben gänzlich unterdrücket. Wo hingegen bey den Sommerfrüchten besonders bey der Gersten dessen Wachsthum befördert wird; denn eben in jener Zeit wird der Acker zum Aussäen der Sommerfrüchte bearbeitet, wo der Trillsaame in seiner Wirkung, und Kraft ist. Durch die Absönderung, und Zertheilung der Erdklöser bey dem Pflügen gewinnet er mittels der eindringenden Luft seine Kräfte; und da er, bevor die Sommerfrüchte Wurzel fassen, und aufkeimen, schon empor sprosset, so hemmet ihn nichts in seinem Wachsthume: folglich verdirbt er durch seine Ausbreitung die Feldfrüchte, vermindert, und unterdrückt dieselben merklich.

Da nun also bloß die Sommerfrüchte, besonders die Gerste, diesem Uebel ausgesetzet sind, so will man hiemit entdecken, (wie es die gegründete Erfahrung bezeuget hat) daß in Feldern, wo es angeschienen hatte, daß der Triß nicht auszurotten sey, die Unterhauung des Klees unter die Sommerfrüchte denselben fast gänzlich vertilget habe; weil der Klee vermöge seines bunten Wachsthums sich sehr nahe an dem Erdboden ausbreitet, und mit seiner fetten Eigenschaft, und von sich gebenden vielem Schatten den Trill unterdrucket. Und da derselbe keine Näße ertragen kann, auch dadurch der freyen Luft beraubet wird; so ersticket, und verfaulet er: wie denn auch der Klee von den Wurzeln des ohnehin zarten Trills den Nahrungssaft gleichsam aussauget, folglich demselben seinen Wachsthum gänzlich benimmt.

Da man aber nicht an allen Orten den Klee unterzubauen gewohnet ist, so hat die Gesellschaft fernere Erfahrungen fürgekehret; und nachdem sie die Feine dieses Unkrauts, und daß demselben deßwegen leicht was schaden könne, gründlich untersuchet, eine weitere Probe gemacht. Man ließ nämlich einen brachliegenden Acker, auf welchem der Trillsaame in der letzten Aerndzeit unter den Sommerfrüchten häufig angewachsen war, in dem Sommer zu zwey bis dreymal auf verschiedene Zeiten umreißen. Dadurch wurde das Wurzelwerk, und der Saame dieses schabhaften Unkrauts in die Höhe gebracht, bey schwülen Sommertagen vertrocknet, der Hitze ausgesetzet,

von

von der Sonne ausgedorret, verbrannt, und gänzlich vernichtet. Diese glückliche Erfahrung hat bewiesen, daß der Trillsaame dadurch fast ganz und gar gleich auf den ersten Versuch ausgeblieben ist; folglich wird bey dem zweyten oberwehnten Versuche mit einem solchen Felde zu künftiger Brachzeit diesem schädlichen Unkraut völlig gesteuert, und dessen fernerem Wachsthume ieberzeit kräftig vorgebogen seyn.

Sendschreiben, welches Anmerkungen über gewisse thörichte abergläubische Gebräuche enthält, und eine Begebenheit davon erzählt, sammt vielen Noten des Hausvaters.

Mein Herr!

Daß der Aberglaube, diese Tochter des Unglaubens, eines der schädlichsten Uebel in der Gesellschaft der Menschen ist; daß er alle gute Absichten der Polizey, und alle Lehren unser geheiligten Religion, sammt ihren Folgen, verhindert, zerstört, ja die abscheulichsten Wirkungen in der Gesellschaft der Menschen, hervorbringen kann, dieses sind Wahrheiten, die nur blödsinnige Geister nicht einsehen wollen, weil ihre Phantasie allzusehr von solchen lächerlichen Dingen eingenommen ist. Jedes muntere Polizeywesen, ieder Patriot giebt sich daher Mühe dieses schädliche Uebel zu hemmen, und die Thoren zu belehren. (*) In den beliebten leipziger Sammlungen hat man mehr, als einmal, dawider geeifert, und das Lächerliche des Aberglaubens gezeiget. Andere haben es auch gethan, und dennoch sind Thoren genug, die sich mit solchen (**) lächerlichen Grillen schleppen.

Mein

(*) Hier zu Lande geschah auch das nämliche, allein dieses Ding ist nicht so leicht aus dem menschlichen Geschlecht zubringen, dieser Mißbrauch steckt sich imer hinter das Heiligthum, und damit hindert er alle weise Anstalten, die je dagegen eingewendet worden.

(**) Was wollen sie sagen die Frau am Kaffeetisch, die Jungfer im Nachtzimmer, das Weib an der Anricht, alles zahlt, wann man ihr die Karte aufschlägt. Ich habe Mägdchen gekannt, so ihr Leben gegeben hätten, wann man ihnen die Karte aufgeschlagen, und liebe Sachen daraus vorgesagt, die oft freylich eingetroffen. Doch was konnten diese gemalenen Blätter dafür, was ein Sibner: daß er da was anders heißt, als Sieben?

Man kann daher gegen ein so sehr eingeriessenes Uebel nicht genug eifern, und man kann iener phantastischen Sekte nicht besser begegnen, als wenn man ihre Thorheiten, durch wahrhafte Begebenheiten in ihrer Blöße darstellt, und die lächerlichen Folgen davon entdecket. Ich glaube eine solche Bemühung, ist von gesegnetern Folgen, als alle philosophische Abhanblungen wider ein solches Uebel, wovon der größte Haufe der Menschen nicht einmal etwas versteht, und wenige solche Schriften lesen. ꝛc.

Die Begebenheit, die ich ihnen hier mittheile, und in dero Sammlungen einzurucken bitte, betrift eine Art des Aberglaubens, wodurch viele Menschen, ihr künftiges Schicksal zu wissen verlangen, und welches so gar ein Handwerk, sonderlich der alten Weiber geworden. Ich meyne das sogenannte Kaffeegießen. — Man nimmt nemlich den dicken Kaffee, gießt solchen nachdem dieienige Person, welche sich wahrsagen will, dreymal in eine Schalle gehauchet, in selbige, kehrt sie alsdenn um, und drehet sie eine Weile, bis gewisse Figuren erscheinen, oder vielmehr nur in den hirnlosen Köpfen solcher alten Weiber, die diese Kunst verstehen wollen, sich vorstellen.

Alsdenn gehet das Wahrsagen an, man redet von Dingen, die das alte Weib sehen will, daß ein vernünftiger Mensch von Lachen das Fieber bekommen sollte. Da sollen Numern, Leichen, Bräutigams oder Bräute, Brief, Sterne, und ich weiß nicht was alles vor ungereimtes Zeug in der Schale, stehen.

Das ist diese gottlose Kunst, womit so gar (*) niederträchtige Menschen gewinnen, und eben

so

(*) Es giebt in allen Städten Baierns Leute, so ich mit den schon bekannten Kartenaufschlagen abgebe, ich selbst mußte mir die Karten bey einer gewissen Gelegenheit aufschlagen lassen, und zahlte für die Mühe 30 paare Kreuzer. Hat sie etwas errathen? ja alles, was man ohnedem schon wußte? ich kannte eine andere Frau, so selbst damit umgehen konnte, und einmal die Karte aufschlug, und den Todt ihres Ehemannes vorsah, und wieder eine andere Vorsagung, hat, wie der Todt ihres Ehemannes eingetroffen. — Was geschah? die Frau verfluchte die Karte, und glaubte das Aufschlagen seye daran Schuld; allein es ist nicht wahr. Sie wahr selbst der Fehler, wie! und welcher Gestalten? ist hier der Ort gar nicht. Ein anderer Aberglauben ist: daß man in einigen Gegenden von unsers Vaterlandes den Mägdlein gleich nach der Geburtszeit ein Knabenhembe angelegt, damit das Kind bey der künftigen Ehe den Mann liebe, und treu ohne Hader, und Zank verbleibe.

Gut,

so elende Seelen daran glauben, als wären es lauter Evangelia. Thörichte Sterbliche, wenn wird die Wahrheit euer Herz erleuchten.

Doch

Gut, es hilft recht viel, denn man darf nur ein paar Stund in iedem Orte unsers Vaterlands gewesen seyn, so hat man schon genug Treu und Eintracht sehen können. Es ist wahr, die Treu ist eine einfältige Sache, wer heutiges Tags diese Tugend besitzt, kann wirklich ein arabischer Schatz genennet werden: denn um Galant zu seyn, um alles den lieben Modeherrchen nachzumachen, muß man auch aufhören, wann man änderst mitkommen will, rechtschaffen zu leben. Laßt künftig dieses Hembe weg, und bildet eure Kinder besser, das macht, was ihr verlangt: daß nicht ein Sodoma aus euren Enklen werde: und Generationen immer abnemmen, und schlechter werden. Ich bleibe bey dem Satz: da Deutschland nicht mehr Deutschland ist, daß alles sich geändert. — Wieder einer, der sehr interessant: das wissen sie doch lieber Leser, wann der Fronleichnamstag fällt. — Ja! in Brachmonat, was will das sagen? in diesem Monat, so viel ich weiß, arbeitet man die Felder, und doch schlagt der Hagel alles nieder, wann man um diese Zeit nur einen Pflug anrührt, wann denn? das weiß ich nicht? ich weiß wohl, daß sonst die Leute solche nemmen, und an andern Orten sie ohne einen Schritt zurück zu thuen mit Vortheil brauchen. Das Waschen ist eben auch um diese Zeit verbothen, denn wer in dieser Zeit wäscht, wird in seinem Kraut Würmer bekommen. Was ist da wohl für ein Zusammenhang. Ich weiß es auch nicht, und der Weiseste mag es

eben

Doch ich eile zu der Geschichte selbst. Noch nicht gar lange, da ich eben kranck war, genoß ich die Ehre des Besuchs zweyer Anverwandtinnen. Meine Wärterinn, eine alte Frau war gegenwärtig, von der ich aber nicht wußte, daß sie eine solche alte Wahrsagerinn, und ein Kaffee-

ora-

---

eben so wenig wissen. Roger Baco, ein Franziskanner lebte im 13. Jahrhundert, und hatte das Schicksal vieler gelehrten Männer in Dunkelnzeiten. Seine Endeckungen in der Medicin, Chemie, der Optick, und Mechanik brachten ihm den Verdacht zu wegen: daß er ein Schwarzkünstler wäre, und heutiges Tags wieder Aberglauben reden, macht einem den Titel eines Freygeistes zugehen. Denn, wann gesalbte Männer die alte Geschichte von Geisbock glauben, und keinen Widerspruch annehmen, sondern den ersten Widersager ohne Barmherzigkeit mit dem Ueberzeugen: daß ihms ein Mann von achtzig Jahren erzählt, der keine Lüge mehr auszukochen einen Magen hätte. Was sagen sie dazu? wann sogar Aeltern ihren Kindern aus den Liniamenten, so ihnen ein Betrüger, oder alte Mutter gelernt, Galgen und Rad vorsagen. Könnten nicht solche Aeltern erst das bewirken? weil der Knab das Mägdchen auf folgende Gedanken zu verfallen Gelegenheit hätten; es ist alles eins, ob ich gut oder bös lebe, ob ich Tugendhaft, oder in verderbten Geleiste heutiger Welt meine Tage dahin leben werde, ich muß dennoch an Galgen, aufs Schaffot. O Polizey! wann wirst du einmal durch Veranstaltung eines gütigen Unterrichtes den Thoren belehren, dem Guten aufhelfen, die Tugend schützen, und blendendes Heiligthum verlachen, für nichts erklären.

orakul wäre. Wie ich aber hernach erfuhr, war es eine solche berühmte, und betrügerische Müßiggängerinn, die von den Mägden, und anderen Gesinde, ja so gar oft von fürnehmen Frauenzimmer, viel Geld und Geschenke damit verdienete, und sie war auch sogar, wie noch viele andere solche Weiber hier bekannt genug; wie denn eine davon gar vor einigen Jahren einen monatlichen Gehalt von einer ledigen Dame fürs Kaffeeorakul genossen haben soll, da sie dieser Klientin weiß machen können, daß sich Kaffegesichter alle Monat änderten. Die eine meiner Anverwandtinne möchte vielleicht gehört haben, daß meine Wärterinn sich mit Kaffeegießen abgäbe, und damit Geld verdiente. Sie war der Wärterinn völlig unbekannt, und ich und meine andere Anverwandtinn gaben vor, sie wäre eine Wittwe, da sie doch längst schon verheurathet war. Einen Spaß zu machen, und zugleich diese alte Weib zu beschämen, verlangten wir, sie sollte dieser Dame Kaffeegießen. Sie that es auf oben beschriebene Art. Und was meynen sie wohl, mein Herr! wie die Dinge hießen, die diese alberne Frau aus der Kaffeschallen weissagte.

Aber

Aber Madam! hier hielt sie inne, wirklich Madam, sie sind jung, eine junge Wittwe wahrhaftig Madam. Sie haben zwey Bräutigams, einer stehet im Num. 4. Sie werden sehr glücklich seyn. Wirklich, ich wollte es nicht sagen, wenn es nicht wahr ist, nun Madam, sie werden in Trauer kommen. Sie werden Groß werden, viel Geld bekommen. Sie haben viel Neider.

Die Dame fragte: wie viel Kinder sie mit ihren ersten Mann gehabt.

Nun Madam, sagte das alte Weib, es stehet dies in Num. 9. Vier, oder fünf, haben sie gehabt.

Das war die unsinnige Prophezeigung, die Dame ist verheurathet, hat nur zwey Kinder gehabt. Lebt in guten Umständen, und hat einen Mann, der sie liebet.

Nachdem die Dame weg war, so sagte ich dem alten Weibe, wer sie wäre. Sie erschrack, und schwieg still.

Die

Das ist eine Lehre vor alle Leute die Thöricht genug sind, von dem Umlauf des dicken Kaffee in einer Schale, und denen Figuren, die sich präsentiren, die Entscheidung ihres Schicksals zu wissen. Denn die ganze Prophezeigung dieser Dame, kam gar nicht mit ihren Umständen überein. Sie können denken, wie mir bey dieser lächerlichen Begebenheit zu Muthe war. Sie selbst hätten lachen müssen. Aus gerechten Eifer gegen diese Thorheiten gab ich der alten Frau eine Lehre, und entließ sie ihrer Dienste. Mich schauderte die Haut eine solche Frau des Nachts bey mir zu haben, die vom Unglauben Gewinnsucht, und vielleicht manche arme Seele dazu verführt. Möchte doch das Polizeywesen gegen solche Uebel recht wachsam seyn; möchte man doch solchen Leuten andere nützlichere Arbeiten geben, oder sie in Zaum halten dem Staat zu schaden. Denn niemand schadet ihm mehr, als derjenige, der den Pöbel noch mehr verführt.

Fort=

Fortsetzung auf die Frage des münchnerischen Intelligenzblatts N. 38.

Die Schwelgerey ist die andere Ursach. Die Leute, wie ich schon gesagt, leben sehr gut, und wanns der Beutel ein wenig leidet, verschwenderisch. Es ist nicht zu glauben, wie die Ehehalten aufpochen, wann sie nicht ihre Nudel im beßten Schmalz gerestet, wehrend der Ernde haben. Es ist alles recht; man muß nicht glauben: daß der Bauersmann Gesott und Kleyen fressen soll, wie es viel Wucherer wünschen, die bey all ihrem Vermögen zum erbarmen. Nein! er sollte freylich das Beßte essen, weil er es gebaut, aufgezogen, kurz die Ursach der Entstehung ist; allein, wann er selbst verzehrt, was ihm Geld tragen, im Stand setzen kann, seines Herrn Abgaben zu entrichten, so wird er verderben. Nun nemme man, wann der Herr nicht auf dem Gut seyn kann, wie die Leute mögen schalten, und walten, wie sie auf des Herrn Kösten sich die Bäuche werden anfressen, und fast alles Schmalz für sich brauchen; es wäre also viel vortheilhafter, wann man seine Gründe verstiftete, auf so eine Art würde zwar die Deterioration zu befürchten, aber doch der Betrug abgewendet seyn. Ich rathete

thete also ieden Gutbesitzer, wenn er nicht wohl gesichert, daß er sein Gut verstifte, und gleich bey der Verstiftung einschalte, daß man das Gut bey beßten Stand erhalten müsse, bey Andeitung einer Straf, so man von Obrigkeitswegen wird ergehen machen. Denn die klügesten Hausväter werden meist betrogen, und machen ihre Verwalters zu Herrn. Werden sie mit diesen zwey Ursachen sich zufrieden stellen, oder von mir noch mehr verlangen. — Ich glaube: daß das so die Ursach, warum sie, und mehrere ihres Gleichen, hinter den Ohren kratzen. Doch das erste sollten die Vorsteher, die Bischöffe bewirken, das andere die Polizey verbiethen, und eine Ordnung setzen. Die Alten hatten sogar Gesetze, so die Speißen vorgeschrieben, und die Anzahl der Gefäße bestimmt, könnten solche nicht bey unsern Zeiten gute Dienste leisten, da sich so viele Leute von Haus und Hof fressen.

Land=

Landwirthschaftlicher Anhang
wider das Vorurtheil,
daß Brachfelder nothwendig seyen
von

Joseph Franz Xaveri von Hoppenbichl, churfürstlichen wirklichen geistlichen Rathe, der churbaierischen landwirthschaftlichen Gesellschaft beständigen Direktor.

Seit ienem beglückten Zeitpunkte, da man in allen weisen, und wohlangeordneten Staaten wiederum angefangen hat auf die so viele Jahrhunderte ihrem Schicksale bloß überlassene, und gleichsam verachtet gehaltene Landwirthschaft mit einem regerem Eifer sich zu verlegen, den Ackerbau, die Wiesegründe, Viehzucht, und andere dergleichen nutzbare Gegenstände nach Möglichkeit zu verbessern; seit diesem beglückten Zeitpunkte (sage ich) ist die Beschaffenheit der Erde, und des Wachsthumes zum Gegenstande der tiefesten, und genauesten Untersuchungen gemachet, und die untrüglichen Beweise aus der Natursforschung, und ihrer gedeilichen Erkänntniß erholet worden.

Man

Man hat bey heutigen, arbeitsamen Tagen ganz andere Begriffe von der Wesenheit der Landwirthschaft, und den Mitteln dieselbe zu befördern. Tausend nichtige Vorurtheile sind nunmehr bestritten, und unendlich viele irrigen Meynungen zernichtet worden; weil die auf ächte Grundsätze gebauten Erfahrungen das Gegentheil derselben schnurgerade bewiesen haben.

Unter den ersten Grad von derley landschädlichen Vorurtheilen kann ich billig, und mit unerschrockenem Muthe iene falsche Meynung setzen, welche da die mehresten Landwirthe von der Nothwendigkeit der Brachfelder noch heut zu Tage hegen: folglich das Ausruhen eines Ackers für unentbehrlich halten.

Die Gesellschaft hat schon in verschiedenen ihren Abhandlungen die ersten Züge dieses schädlichen Vorurtheiles geschildert; und einige wohl gegründete Beweise vorgeleget, auch dargethan, daß eine Brache keines Wegs erfoderlich, wohl aber einem Lande zum Schaden sey.

Nach dem unlaugbaren Begriffe der Naturskündiger, und nach der unumstößlichen Erfolge

un=

unserer geprüften Erfahrungen ruhet die Erde niemal; sondern wenn man ihr keine Gelegenheit giebt gute Pflanzen, und Früchte hervor zu bringen, so beschäftiget sie sich mit Erzeugung des Unkrautes: von welchem alsdenn iene Kräfte unütz verzehret werden, welche zum Wachsthume nutzbarer Früchte gedienet hätten.

Das Unkraut sauget ferner die beßten Säfte aus; besonders wenn die Felder nicht umgerissen werden, und entzieht denselben iene Nahrung, welche man durch den Dünger, und eine mühesame Bearbeitung der Erde mitgetheilet hat.

Ja, es ist noch dabey als eine in der Naturskunde geprüfte Erfahrung anzuführen, daß das Unkraut weit mehrere Säfte an sich ziehe, als die guten Früchte: folglich einem Acker ganz ungemein schädlich sey.

Werden aber die Brachfelder im Sommer, und besonders bey heißen, schwüligen Tagen umgerissen, so durchbringt die Sonnenhitze alsdenn das Erdreich, entzieht demselben die nothwendigen Säfte zu dem gedeilichen Wachsthume; nämlich das Alkali, oder Laugensalz, das Oel, und
die

die unentbehrlichen Feuchtigkeiten: wodurch also der Acker des fetten, und wässerichten Wesens, folglich seiner unumgänglichen Fruchtbarkeit beraubet wird.

Wer sich in den Gründen der Meterologie, oder in der ächten Erkänntniß der Erde, und dem wahren Gehalte ihres Wachsthumes umgesehen hat, wird diese Säze ganz leicht begreifen; und den daraus entstehenden großen Schaden unschwer beurtheilen. In Betracht dieses Gegenstandes hat unser ruhmvoller, und unermüdeter, beständiger Vicepräsident Freyherr von Hartmann in seiner gelehrten Abhandlung: von der Erkänntniß, und Verbesserung der Erde, sich unendliche Mühe gegeben, um die Urquelle und Hindernisse des Wachsthumes, die Fehler und Güte der Erde, wie auch derselben werkzeugliche, und wesentliche Verbeßerung zu entdecken; und mit geprüften Beweisen die Landwirthe zu belehren, wie sie ihre Felder und Gründe mit leichter Mühe durch bewährte Mittel zu einem vollkommenen Grade der Fruchtbarkeit herstellen, und besonders die verschiedentlichen Arten des Düngers nutzbar brauchen können.

Diese Abhandlung ist auch mit einem zu gleicher Zeit im Drucke erschienenen, vortreflichen, landwirthschaftlichen Anhange (von den ersten Gründen des Ackerbaues) durch unser hohes, und verdientes Mitglied Sigmund Grafen von Spreti ꝛc. weiter sehr nutzbar unterstützet, und ausgedehnet worden.

Man wünschte also nur, daß diese Werke unsere Landwirthschafter begeistern, und zur fleißigen Nachahme ermuntern, auch ihren Eifer zu einer unabänderlichen Befolgung fortan rege erhalten möchten.

Wie viele Oekonomen wurden nicht von ihren schädlichen Vorurtheilen (von denen sie bis jetzo beherrschet waren) mit Freuden abstehen: auch weiter begreifen, daß die Brachfelder, und das Ausruhen der Aecker keineswegs nothwendig sey? In unserm Rentamte sonderbar giebt es viele Gegenden, wo den Unterthanen der wenige Besitz ihrer Aecker zum erfoderlichen Anbaue nicht einmal ein Brachfeld gestattet; ja an den mehresten Orten wird seit einigen Jahren her, und vorzüglich in den zweyen Gerichtern Schärding, und Ried auf den vormal durch eine verderbliche

Ge=

Gewohnheit brachgelegenen Grundstücken der schönste Klee, und andere Futterkräuter mit glücklichem Erfolge angebauet. Und es bezeuget uns noch dabey die von sehr vielen unserer begüterten Mitglieder gemachte Probe, eben so wie jene von anderen Leuten in hiesigen Gegenden fürgekehrte, gesegnete Erfahrung, daß ungeacht dessen in solchen Feldern, welche nicht Brach liegen, im Jahre darauf jederzeit die herrlichste, und alle gehabte Hoffnung noch dazu weit übersteigende Aernte erfolge.

Wir wollen uns zur mehreren Probe nicht in die weitere Tiefe unsers Vaterlandes begeben. Gehen wir nur einige Schritte aus den Thoren dieser hochlöblichen Regierungsstadt; sogleich wird man große, weite Felder antreffen, die niemal brachliegend gelassen werden. Die Innhaber derselben bearbeiten solche mit vielem Fleiße, dungen sie nach der Nothwendigkeit der Erde, und säen ihr Getreid aus. Sicht man nicht auf diesen keineswegs brachliegenden Aeckern die schönsten Feldfrüchte wachsen?

Derley Beyspiele kann ich auch von der Gegend Kellheim, einigen Orten an der Isaar besonders zwischen Landau, und Osterhofen, um die Gegend Wöhrt, und fast von allen so genannten Schwaiggüteln auf dem Moose um Reyspach, und mehr anderen Orten anführen.

Ich muß aber wiederum in meine Schranken zurücke gehen, und mit der Bestättigung der Naturskündiger behaupten, daß (was die Felder, und ihre Pflanzen belange) eine iede derselben ihre zuträgliche, und taugliche Nahrung aus der wohl zubereiteten Erde an sich nehme.

Wir wissen, daß es Gewächse gebe, die ein sandichtes, und warmes, andere ein lockeres Erdreich verlangen. Andere aber würden darauf verderben, und begehren einen thonichten, oder leimichten, kalten und festen Erdboden. Einige Pflanzen entgegen sind von dem weisesten Urheber der Natur bestimmet die Erde zu schließen: und andere um solche zu öffnen, und von einander zu trennen. Von dieser besonders nutzbaren, landwirthschaftlichen Erkänntniß, und Beschäftigung hat unser würdigstes, und in Beförderung der Landökonomie unermüdetes Mitglied Sigmund Graf von Haßlang durch seine gehaltene, stattliche Abhandlung: von dem Einflusse eines wohl-

ange=

angeordneten Ackerbaues in die Glückseligkeit eines Staates, die klaren Gründe von der 12. bis zur 14. Seite vorgeleget; und dadurch erprobet, daß es den Aeckern, und Feldern ausnehmend ersprießlich sey, wenn die Arten der Pflanzen abgeänderet werden.

Dieses ist desto richtiger, da die Pflanzen, welche zaserichte Wurzeln haben (worunter man alle Getreidsorten rechnet) das Land fest und dicht machen, wodurch die nutzbaren und unentbehrlichen Einflüsse der Luft doch merklich gehindert, folglich dem Boden vieles von der Fruchtbarkeit entzogen wird. Da hingegen jene Gewächse, welche eine Herzwurzel haben (wie alle Arten von Ruben, Hülsenfrüchten und Futterkräutern) wie Keile in den Boden eindringen, und vermöge dieser mechanischen Kraft die Erde öffnen und zertheilen: wodurch also dieselbe lockerer und beweglicher gemacht wird.

Der Klee und die Hülsengewächse bedecken zugleich ganz sonderheitlich den Erdboden mit ihren Blättern, halten denselben also feucht, verhindern die heftige Eindringung der Sonne, damit die Aecker nicht zu fest und dicht gemacht, folglich der erfoderliche Einfluß der Luft nicht gehemmet werde: und vertilgen zum Theile das so schädliche Unkraut.

Wenn man demnach die ehemal gewöhnlichen Brachfelder mit solchen Früchten besaamet, so werden ihre fruchtbare Theile weder durch das Unkraut, weder auf eine andere Weise erschöpfet: sondern denselben neue Kräfte zum künftigen Wachsthume des Getreides verschaffet; indem diese Pflanzen besagter Maaßen das Erdreich weit lockerer und mürber machen, öffnen und der unentbehrlichen Luft einen freyern Zutritt geben, um besser und nützlicher eindringen zu können.

Die in der Erde verborgen liegenden Salpetertheilchen werden dadurch immer mehr und mehr aufgelöset; und durch die Bedeckung, oder den Schatten sothaner Früchte wird verhindert, daß jenes in der Zwischenzeit mitgetheilte, nutzbare Regen = Schnee = und Thauwasser nicht so leicht verdünsten, verfliehen, oder zu schnell durch die Sonne und Winde vertrocknen könne: und also werden die fruchtbaren Theile und zugeführten Säfte beständig erhalten. Die bey bequemer Witterung sich anhängenden Luftsalze verflüchtigen sich nicht so leicht; sondern ziehen im Gegentheile noch mehrere an sich. Das Erdreich wird also dadurch ungemein verbessert, und der gedeiliche Wachsthum mit vielem Nutzen befördert.

Mit welchem glücklichen Erfolge würden nicht die so undichten Vorurtheile von der Nothwendigkeit der Brachfelder endlich zerstreuet werden? Besonders wenn man genug Dünger vorräthig hätte, um die Felder behörig zu begailen, und fruchtbar zu machen; weil man vorzüglich durch die ölichten und salzichten Theile des thierischen Düngers die Erde auf die Früchte zubereitet, und dadurch derselben jene Säfte wesentlich mittheilet, aus welchen eine reichliche Aernte erfolgen muß.

Wir haben in unsrer heurigen, ersten Abhandlung von der Erkenntniß und Verbesserung der Erde, durch klare und gründliche Beweise dargestellet, daß auch die schlechteste Erde noch zu einem hohen Grade der Fruchtbarkeit gelangen könne, wenn man die nothwendigen Einsichten besitzt, mit derselben erforderlicher Maaßen umzugehen; wozu in besagter Abhandlung auch die unverwerflichen, werkzeuglichen, und wesentlichen

Mit=

Mittel umständlich entdecket, und sonderbar die verschiedenen Eigenschaften des Düngers, dessen behörige Aufbehaltung und nützlicher Gebrauch deutlich genug entschildert worden sind.

Ich habe gesaget: an dem vorräthigen Dünger. An diesem würden wir auch in dem Lande gar keinen Mangel leiden, wenn man jene Mittel und Wege zur Vermehrung und vorträglicher Verpflegung einer wohlhergestellten Viehzucht mit einem lebhaften Eifer ergreifen würde, welche schon umständlich unser würdigstes Mitglied, Freyherr von Huber ⁊c. in seiner sehr nutzbaren Abhandlung: von dem Reichthume eines Staates durch die Viehzucht, mit einem so edeln und patriotischen Eifer angerathen hat. (*).

Wie

―――――――――――
(*) Damit die Gesellschaft allen etwa noch vorfindigen Einwürfen kräftigst vorbiege, so hat dieselbe gegenwärtige, untrügliche Erinnerung weiter beyzusetzen sich verpflichtet gehalten. Es giebt in hiesigen Kurlanden Gegenden, wo der Bauersmann zu viele, und weite Felder hat, folglich aus Mangel des benöthigten Düngers den dritten Theil seiner Felder brach liegen zu lassen sich gleichsam genöthiget sieht. Dem ganzen Lande würde es entgegen unendlich, ja ausnehmend nützlich und ersprießlich seyn, wenn solche einen so häufigen

Wie nützlich würde es noch dabey seyn, wenn man bey Abschneidung des Getreides lange Stoppeln stehen ließ, und bey der Umreißung des Feldes solche (wie es in hiesigen Gegenden mit

sigen Feldbau besitzende Landleute den dritten Theil ihrer Felder in Wiesen veränderten, die zween besseren Theile ihrer Felder aber zum beständigen Anbaue widmeten.

Dadurch könnten dergleichen Ackersleute ihre Viehzucht außerordentlich erweitern, und also wegen dem mehrern Futter, welches dieselben von ihren neuen Wiesen erhielten, solche ganz ausnehmend vergrößern. Bey also vermehrter Viehzucht ergäbe sich eine unendliche Menge des Düngers, wodurch die übrigen zween Theile der Felder (welche sonst aus Mangel des Düngers sehr mager zubereitet werden müssen) immer besser, nützlicher und mehrer begailet, folglich eine weit größere Menge des Getreides darauf eingearntet, und die gefährlichen Folgen der Brache in dem ganzen Lande wesentlich gehemmet würden.

Dieser patriotische und untrügliche Vorschlag verdienet um so mehr das genaueste Augenmerk, und die thätige Nachfolge, als dadurch bey dem in genüglichem Maaße angewandten Dünger (diesem Hauptbeförderungsstücke des Wachsthumes) nicht allein weit mehreres Getreid erhalten, sondern dabey auch vorzüglich die so unentbehrliche und erprießliche Viehzucht zum unbegränzten Nutzen des Vaterlandes ganz außerordentlich vergrößert, und jenen billigen Klagen, daß man nicht genug Vieh im Lande habe, ehesten gänzlich abgeholfen werden könnte.

Wenn

mit einer gedeilichen Folge geschieht) mit unterackerte: indem diese Stoppeln dadurch unter den Furchen begraben werden, vermodern, und keine

nicht

Wenn man weiter die erst-angezogene, auf den von der Gesellschaft vorgenommenen Prüfungen und untrüglichen Entdeckungen gegründete, umständige Abhandlung des Freyherrn von Huber vollkommen befolgte, und eben daher die so unnützen, verderblichen und ohnedas dem Viehe an ihrer Gesundheit schädlichen, auch ansteckenden, den unentbehrlichen Dünger dabey dem Landmanne merklich entziehenden Weydenschaften gänzlich abschaffte, und solche eben so wie die moosichten Plätze, auch nachläßig gewarteten Wiesen nach unsrer erprobten Vorschrift in die flurreichesten Gefilde verwandelte, und also die Vermehrung der Futterkräuter, des Grases und Heuwachses zum Grade der Vollkommenheit beförderte: so könnte der baierische Staat in kurzem Zeitverlaufe in allen Gegenden die wohl angebautesten und erträglichsten Felder und Wiesen darstellen: auch keineswegs mehr über den Viehmangel zu klagen Ursache haben. Denn die Verbesserung und Vermehrung der Wiesen verschaffet hinlängliche Futterkräuter und den Ueberfluß des Grases, wodurch also glückliche Landesleute in die gesegneten Umstände versetzet werden, vieles Vieh zu halten. Da sich also der Dünger vermehret, können die Felder behörig und vollkommen nützlich begeilet werden; besonders wenn man die Abhandlung unsers beständigen Vicepräsidenten: von der Erkenntniß und Verbesserung der Erde getreulich befolgte, als welche von der Art und Eigenschaft des Düngers, denn dessen nützlichem Gebrau-

che

nicht zu verachtende Düngung abgeben, wodurch der andre Dünger in etwas ersparet werden könnte.

Diese Umackerung der zu den Sommerfrüchten, wie auch der sonst zu schädlicher Brache vorbehaltenen Felder ist besonders, und vor dem Anfange des Winters ausnehmend ersprießlich, indem viele Arten des Unkrautes dadurch vertilget werden.

Der Acker erhält zugleich die weitern Kräfte, jene fruchtbaren, salpeterichten Theile, welche ihm der Regen und Schnee den Winter hindurch zuführet, in reicherem Vorrathe einzunehmen, und tiefer in sich eindringen zu lassen. Dieses aber kann nicht geschehen, wenn des Ackers Oberfläche hart bleibt; folglich das Regen- und Schneewasser unnütz abfließen muß.

Es

---

che umständige Erwähnung gethan, und klar gezeiget hat, daß durch seine behörig geprüfte, und durch dreyjährige Erfahrungen unterstützte Versuche, selbst auf den magersten Gründen die reichlichste Aernte erfolgen müsse. Durch welche Urquelle auch bloß und allein der alle Stände erquickende Ueberfluß entspringen, entgegen aber der allgemeinen Noth, dem Mangel und Elende, auch der unerschwinglichen Theurung gänzlich abgeholfen werden könnte.

Es wird beynebens ein fester, oder thonichter, leimartichter Boden dadurch zum behörig lockern Grade gebracht, weil der Frost die offenen Furchen von allen Seiten angreifen, und also die Erde weit mürber machen kann. Wobey ferner zu merken kömmt, daß auf diese Weise die in den Aeckern noch befindlichen, kräftigen Theile des Düngers (wenn solche durch die Umackerung im späten Herbste hervorgepflüget worden sind) den in der kalten Luft im Winter schwebenden Salpeter gleich einem Magnet an sich ziehen, und hierdurch die Fruchtbarkeit der Erde vorzüglich befördern.

Höchst schädlich ist es also einem Lande, die Aecker brachliegen, oder wie das gemeine Sagen geht, ausruhen zu lassen; da die in dem Sommerfelde zurücke gebliebenen kräftigen Theile, die salzichten und ölichten Säfte des Düngers bey der Brache ihre fruchtbar machende Eigenschaften mit der Hervorbringung des Unkrautes verschwenden müssen: wo es doch eine aus der Natursforschung überzeugende Sache ist, daß die wilden Kräuter, oder das sogenannte Unkraut weit mehr Saft an sich ziehe, als die guten Früchte: und also die Gründe aussauge und ungemein verderbe.   Wie

Wie glücklich, und voll des entzückenden Vergnügens wurde nicht die Gesellschaft seyn, wenn sie durch ihre untrügliche Beweise und gründlichen Schlüsse, auch darüber angestellte Erfahrungen das so böse, schädliche Vorurtheil, und die irrige Meynung: Als ob eine Brache, oder Ausruhung der Felder nothwendig sey, endlich erschüttern und zernichten, die Landwirthschafter hingegen zur fleißigen Befolgung unsrer geprüften, nützlichen Vorschläge gedeilich ermuntern könnte.

Wenn man mithin die werkzeugliche und wesentliche von unserm beständigen Vicepräsidenten entschilderte Verbesserung der Erde zum Hauptgrunde nehmen würde; und diese mit Erfahrungen bestättigte Vorschrift mit einem wahren Eifer und Fleiße befolgte, so dörfte auch endlich jenes nichtige Vorurtheil selbst zerfallen: Als ob es gewisse Gegenden gebe, wo die Anbauung der Früchte alle Jahre um so unthunlicher sey; weil bey einer öftern Anbauung derley Felder eine schlechte Aernte erfolgen müßte.

Diesem Vorurtheile wird noch jenes beygesetzet, daß zugleich gewisse Erdreiche vorfindig seyen, welche, ungeacht man dieselben begaile, jedoch wegen ihrer innerlichen Eigenschaft kaum

ein

ein Korn, sondern nur Haber anzubauen gestatten. Ja man treffe Gründe an, die sogar etliche Jahre öde liegen müßten, ehe man selbe aubaue; davon die Grafschaft Wiesensteig zum Zeugniß diene, wo die Eigenthümer derley Felder dieselben etliche Jahre unbearbeitet liegen zu lassen genöthiget seyen: wenn sie anderst solche mit Nutzen hinnach anbauen wollten.

Ich will es zugeben, daß man solche Gründe finde: allein! ich behaupte auch, daß nicht der Erdboden dort für sich selbst, sondern die Vernachläßigung in guter Herrichtung dessen an dieser magern Beschaffenheit die Hauptursache sey. In Rücksicht solcher Umstände soll man die innerliche Wesenheit sothaner Gründe ordentlich untersuchen, und zwar nach der jüngst herausgekommenen Vorschrift unsers Vicepräsidenten Freyherrn von Hartmann, von der Erkenntniß und Verbesserung der Erde; und alsdenn wurde sich äußern, daß nicht die Erde, sondern die ungeschicke Warte und Bearbeitung derselben daran alle Schuld trage: zugleich auch, daß die Versäumniß, oder die Unwissenheit nutzbarer Versuche und der Einsicht in die unumgängliche Meterologie die Urquelle solcher elenden Gründe und Felder sey, wodurch die fürgekehrten Proben eine widrige Folge nach sich ziehen müssen: indem man in Ermanglung guter Kenntniß der Erde oft solche Dinge unternimmt, die das Erdreich anstatt solches zu verbessern, natürlicher Folge nach merklich verderben, und zu Grunde richten.

Die Fortsetzungen folgen.

Den 4. Wintermonats feyerte die von Maximilian den III. höchstseligen Gedächtniß zum Nuze des Landes errichtete churbaierische Gesellschaft sittlich= und landwirthschaftlichen Wissenschaften, das hohe Namensfest Sr. churfürstlich ietzt regierenden Durchleucht Karl Theodors.

Man laß folgende Abhandlungen ab. Gedanken über die Erziehung der Bauernjugend, von Franz von Paula Schrank, der Gottesgelehrtheit Doktor, beständiger Direktor der churfürstlichen Gesellschaft sittlicher, und landwirthschaftlicher Wissenschaften zu Burghausen, Profeßor der Beredsamkeit daselbst, Mitglied der churfürstlichen Akademie der Wissenschaften zu München.

Geprüfte, und auf eigene vieljährige Erfahrungen gegründete Gedanken über den Gegenstand des Holzwesens. Von Leopold Freyherrn von Hartmann, Ritter des königlichen schwedischen hohen Vasa Ordens, Sr. churfürstl. Durchleucht zu Pfalz adelichen geheimen und Regierungsrathe, Sr. herzogl. Durchleucht zu Würtenberg wirkl. Kammerer, und beständigen Vicepräsidenten der Gesellschaft sittlich= und landwirthschaftlicher Wissenschaften zu Burghausen, verschiedener hohen Akademien und Gesellschaften Mitgliede.

Georg Gottfried Strelin, fürstl. öttingwallersteinischen Rathes, auch der churfl. Gesellschaft sittlich= landwirthschaftlicher Wissenschaften zu Burghausen Mitgliedes, geprüfte Bemerkung von Entstehung des Mutterkornes.

Nach=

Nachricht.

Monatlich erscheint von dem baierisch-ökonomischen Hausvater oder den gesammelten Schriften der churfürstlichen Gesellschaft sittlich- und landwirthschaftlichen Wissenschaften von Burghausen ein Stück. Durch iedes Postamt kann man selbes bekommen. Der Preis des ganzen Jahres ist 3 fl. 44 kr., mithin 56 kr. alle Vierteljahre, subscribiren kann man ieder Zeit, abgehen aber nur am Ende des Jahrgangs. Subscribirt man unterm Jahre, so muß man auch alle vorhergehende Stücke nehmen. Sechs Stück machen einen Band aus, und werden mit einem eignen Titelblatte versehen. Wer Stücke einsendet, dessen Name wird nach Begehren vor das Werk gesezt. Wer zehn Stücke nimmt, bekommt das zehende frey.

Baierisch-ökonomischer Hausvater zum Nutzen und Vergnügen.

V. Stück. December 1779.

Oekonomische Regeln für das Monat Jenner.

Damit man alles beysammen habe, so entschloß ich mich diesen Versuch meinem Werke voran trucken zu lassen. Ein Mann, der ohne dem wenig auf Bücher verwenden kann, hat auf so eine Art eine kleine Bibliotheck, worinn er alle nöthige Dinge (so im ökonomischen Leben sich ereignen können) zufinden Gelegenheit hat: er sieht Theorie, und den so nöthigen Praxis gleich stark. Viele sind freylich von diesen Regeln bekannt, viele in andern Kalenders (deren ein Anzahl ans Licht treten) schon enthalten. Ich habe es demnach schon am Anfange gesagt: daß mein Zweck pur

pur der sey, einen kleinen Innbegrif von allen solchen Werken zu liefern, um den Knaben zu lehren, was er einmal thuen müsse, wann er so glücklich, wie sein Vater werden wolle. Monate, ja oft Täge ändern die Arbeiten der Oekonomen, und Hauswirth.

In diesem Monat führt man den alten Mist auf die Felder, und Wiesen. Man leitet das Schneewasser aus dem Saat, bessert die Wege aus, und ist das Wetter günstig, so butzet man die Wasserleitungen in den Wiesen.

Gärtner richten ihre Mistbetter gegen die Mittags Seite, man soll auch den Boden mit Laugen, rother Asche, mit Hüner = Tauben= oder Vogelmist, mit faulen Holze vermengt bestreien, das macht schön Gras, und Klee. Die jungen Pelzer, und Bäume vor den Haasen, und Geisen zu sichern, verwahrt man solche mit Dörnern, oder man bestreicht solche mit Dingen, so den Thieren, die gerne an solchen Bäumen nagen, zu wider seyn, wie z. B. mit Kuhmist mit Ochsengal vermengt. u. s. w. Die Blätter, so man im Herbste hat liegen lassen, müssen zusammen geraffet, das Ungeziefer von den Bäumen gebutzet werden.

Wann

Wann trocken, und gut Wetter ist, so soll man, ehe der Saft in die Stämme steigt, Bauholz fällen, weil solches sehr tauerhaft, und nicht wurmstichig wird, und zwar im letzten Viertel pflegt man das gemeiniglich zu thuen. Auch soll man in diesen, wie auch in dem folgenden Monate von Eschen, Haselstauden, und Weiden Raifstangen hauen, die Rinden abscheelen, denn sie halten länger an den Fässern.

Die Hühner, daß sie bald legen, mit Malz oder gerösten Haber, gerösten Brod mäßig füttern, auch den Geisen dergleichen vorgeben; macht stark legen.

Die Teiche soll man fleißig in diesen, und dem folgenden Monate aufeisen.

Den Düng in Miststätten umkehren, damit er recht faule und nicht schimmele.

Den Ratzen, und Mäusen mit Gift und Fallen abhelfen, ehe sie Junge hecken, und überhand nemmen.

Die Kerner, so sich ihrer Schalen entlebigen, als Marillen, Hasel= und Welschnüße u. s. w. in ein Geschirr mit guter Erde gefühlt, nach=

dem

dem sie gefeuchtet, legen; und zwar so, daß sie ohngefehr 3 Zoll tief und eben so weit von einander stehen.

Das ist so kurz, was man zu thuen hat, den Schaafen muß man auch abwarten, und durch das Salz ihre Gesundheit schützen.

Ueberhaupts bey der Viehzucht soll man auf die Ställe acht tragen, daß solche vor der Kälte bewahret, doch nicht allen Zugang des Tagslichts vermachen, dem Vieh nicht zu kaltes Getrank und Futter reichen. Bey schöner Zeit soll man die trächtige Stutten auf das Feld führen, nicht aber ziehen, noch weniger herum springen lassen. Die Pferde fleißig striegeln. In diesem Monate soll man kein Schwein von seiner Mutter gewöhnen. Die Mastschweine im letzten Viertel schlachten lassen. Auch ist die Zeit Kapaunen zu machen.

Abhandlung

von dem Einfluße eines wohlan­geordneten Ackerbaues in die Glück­seligkeit eines Staates.

von

Sigmund Franz des Heil. Röm. Reichs Grafen von Haßlang, Ritter des hochadelichen churbaierischen St. Georgs Ritterorden, churfürstlicher Kammer, und Hofrath, auch Mitgliede der churbaierischen land­wirthschaftlichen Gesellschaft zu Burghau­sen.

Der Reichthum der Unterthanen ist die Schatz­kammer der Fürsten. Wenn man also ein Land glücklich machen, den Regenten so, wie seine Unterthanen bereichern, und alle Stände in die gesegnesten Umstände setzen will, so muß man die innerlichen Eigenschaften des Landes kennen:

und

und solche wesentlich zu benutzen wissen. Man darf sich also niemal mit nichts geltenden Nebendingen, und unnützlichen Erfindungen aufhalten, die einem Staate oft zu nichts anders, als zu einem unendlichen Schaden, den Mitbürgern aber zur äußersten Qual dienen; auch endlich, wenn solche dem Fürsten, und Lande die größten Kosten verursachet haben, auf ihrem Nichts ersitzen, und gänzlich zerfallen: da man mittlerweil jene Hauptumstände mit einer sträflichen Sorglosigkeit außer acht läßt, von welchen die wahre Fülle des thätigen Glückes, und reitzenden Vergnügens für alle Einwohner bloß, und allein abhängt.

Baiern, das von Gott gesegnete Baiern, dieses unser werthes Vaterland hat der Himmel mit der vorzüglichen Gabe eines außerlesenen Getreidbodens, und einer nutzbaren Viehzucht ausgeschmücket; und es sind daher wegen der Viehzucht unsere patriotische Gedanken in der heutigen ersten Abhandlung von unserm würdigsten Mitgliede dem Freyherrn von Huber ganz lebhaft geschildert, und der hiedurch entspringende unbegränzte Nutzen deutlich dargestellt worden. Folge man nur doch! und unsere redliche geprüfte te Vorschläge werden mit dem gesegnesten Erfolge gekrönet werden.

So unverantwortlich nun immer die Fahrläßigkeit bis zur Stunde in der Viehzucht fortgedauert hat, eben so gewissenhaft, und schädlich ist unsre Versäumniß in dem Ackerbaue diesem wichtigen Hauptgegenstande, welchen uns der Himmel als die Urquelle des Reichthums in seiner Vollkommenheit gütigst gegönnet hat.

Deutschland nimmt an diesem Glücke Antheil; indem Baiern einer von den Hauptgetreideböden ist. Welchen großen Dank wird nicht dasselbe unserm Vaterlande schuldig werden, wenn wir auf desselbigen Beförderung, und gute Anordnung unser vorzügliches Augenmerk werfen! Denn, da wir dadurch unendlich viel Getreid erhalten, so werden wir (wenn wir zuvor unsere Kästen mit solchem angefühlet haben) nicht nur im Stande seyn den Ausländern den Ueberfluß mitzutheilen; sondern auch einen solchen Vorrath besitzen, der uns bey leider erfolgenden Mißjahren lange Zeit von jenen unglücklichen Folgen befreyen wird, welche wir in diesen Jahren erlebet haben: und wovon die traurigen Spuren noch unverwesen sind.

So unwidersprechlich es nun ist, daß der Ackerbau eine Wissenschaft sey, welche uns lehret die Erde wohl zu bearbeiten, um aus derselben allen menschenmöglichen Nutzen zu schaffen; so richtig ist es auch, daß die verschiedenen Hervorbringungen derselben das wahre Wohlwesen, die kräftigste Stütze eines Staates, und den Grundstein des Handels, und Wandels ausmachen. Aus welchem demnach von sich selbst erfolget, daß die gute, oder schlechte Bearbeitung der Erde, und die in den verschiedenen auf den Ackerbau sich beziehenden Verrichtungen gegründete gute, oder schlechte Anordnung den Reichthum, oder die Armuth des Landmannes bestimme. Bey so unlaugbahren Wahrheiten also ist es höchst nothwendig, daß auf dergleichen Anordnungen ein besonders Augenmerk geworfen werde. Um aber solche wohl zu bestellen, finde ich meines geringen Erachtens vier Ackergrundsätze, als sehr wichtige Regel zu beobachten nothwendig: von welchem unumgänglich der gute Erfolg einer reichen Aernde abhängt;

Erstens, soll eine gründliche Vorbereitung des Bodens, ehe man zum Säen schreitet, vorangehen; denn ohne derselben kann die vortheilhafte

hafte Lage des Saames bey der Aussaat nicht bestimmet werden.

Zweytens, soll die rechte Zeit zum Säen aus der Bemerkung der Witterung, und des Wetterlaufes erforschet werden; welche einen besondern Einfluß auf den in die Erde zu legenden Saame hat.

Drittens, wäre es auch höchst gedeylich, wenn die Saamenarten zu Zeiten verändert wurden.

Viertens, muß das Schicksal des in der Erde liegenden Saames, oder der Frucht selbst mit genauer Aufmerksamkeit beobachtet, und diejenigen Zufälle, welche dessen Wachsthum verhindern könnten, abgewendet, und verbessert werden.

Der erste Punkt ist sicher einer der vornehmsten; maßen durch die Erkenntniß des Erdreiches auch jene über den Ackerbau erlanget werden kann. Ohne der ersten wird man immerzu mit großen Kösten unfruchtbare Versuche anstellen; welche zu letzt alle Lust, und Freude zu ferneren dergleichen Verbesserungen benehmen, und den Ackersmann zur Nachahme schüchtern machen.

Wenn

Wenn man aber einmal die verschiedene Wesenheit seines Grundes, und Bodens erkennet, so wird man auch trachten, solche Hervorbringungen aus selben zu ziehen, welche sodann die Erwartung davon nicht fruchtlos ablaufen, lassen werden. Der reinste, und fruchtbarste Boden ist freylich eine feine weiche Erde, welche mit keiner andern Materie vermischet ist; diese ist aber in den wenigsten Orten anzutreffen: und die meisten Böden haben einen natürlichen Zusatz von einer, oder mehrern Materien, von welchen selbe gemeiniglich ihren Namen herschöpfen: und welche auch in Ansehung ihrer natürlichen Eigenschaften die Fruchtbarkeit mehr, oder weniger verhindern.

Obwohl nun diese Vermischungen überhaupts die Eigenschaft der Erde auf eine unzählige Weise verändern, so kann, und wird doch dieselbe meistentheils in fünferley Gattungen abgetheilt: nämlich in die kleyichte, leimichte, sandigte, steinigte, kiesigte, oder kreidigte Erde. Diese Hauptabtheilungen zergliedern sich wiederum in Nebentheilungen, welche meistens von der Farbe abhangen: zum Beyspiele, ein kleyichtes Erdreich besteht zuweil aus einem rothen, zuweil aus einem weißen, zuweil aus einem gelben,

ben, zuweil aus einem schwarzen Kleye, und so weiters. In wem aber die verschiedenen Eigenschaften dieser Mischungen bestehen, wie selbe zu erkennen, und wie solche durch verschiedene Beysätze, und Düngungen nutzbar zu machen seyen, verdienet eine besondere Abhandlung, welche auch von unserm preißwürdigsten, und unermüdeten Vicepräsidenten Freyherrn von Hartmann in einem besondern Werke nächstens erscheinen wird. (*) Mich wurde dieses zu weit von meinem Endzwecke abführen; und meine Abhandlung zu sehr verlängern. Ich begnüge mich also, ihnen zu sagen, daß, wenn der Landmann einstens die Eigenschaft seines Erdreiches erkennet, er auch alsdenn mit dem Pflügen sich darnach zu richten

ver=

(*) Diesem uneigennützen, und edelsten Patrioten unserer Tagen, diesem erhabenen Menschenfreund, und wahren Stütze unsrer Gesellschaft finden wir uns verpflichtet das ungeheuchelte Zeugniß zu geben, daß er mit jener Stelle des großen Dichters Zächariä nach Billigkeit beehret, und nach seinen beywohnenden Eigenschaften angerühmet zu werden verdiene.

O wie beglückt ist der, den nie sein Herz verdammt!
Und den kein leerer Stolz, kein Durst nach Geld entflammt.
Der, wenn die Welt in Lastern um ihn brennet,
Sich kalt erhält; nach keinen Würden rennet.

verstehe. Er weiß dadurch den Boden so mürb, und locker zu machen, daß eine günstige Witterung, die in Wärme, und Regen besteht, einen solchen wohl zertheilten Boden durchweiche, und der Wurzel des Saames, und der Frucht Luft, und Trieb zum wachsen mittheile. Er weiß nach Beschaffenheit seines Bodens die Fläche, oder Tiefe des Pfluges also einzurichten, daß zum Beyspiele bey einer dünnen Lage guter Erde das ganz ungeschlachtete, und schädliche Erdreich, schlechter, rother, und eisenhaltiger Sand nicht hervorgebracht werde: im Wiederspiele aber, wenn oben geile Erde, und unten Sand, oder umgekehret liegt, durch die Tiefe des Pfluges die Vermischung so zu bestimmen sey, daß daraus eine fruchtbare Erde entstehe, in derer jeden allein die Pflanzen ansonst entweders ersticken, oder verwelken müßten.

Zudem wird er auch mit der Düngung seinen Antrag besser machen können. Er wird leicht einsehen, was für ein Acker am meisten davon erfordere. Er wird finden, daß zum Beyspiele, für seinen kleyichten Boden der allgemeine Dünger ganz allein nicht, wohl aber der Beysatz von Sande am vorträglichsten sey; indem durch Vermi=

mischung desselben der Boden gebrochen, die
Sonne, und der Regen hineingeleitet, und den
Wurzeln des Saames sich auszubreiten Platz ge=
macht wird. Hat selber hingegen ein sandiges
Erdreich, welches gar zu locker ist, und das
Wasser zu sehr an sich zieht, selbes aber zu ge=
schwind wiederum durchfließen läßt, weil es ihm
an zächen, schleimichten, und blichten Theilen feh=
let; so wird er seine Absicht dahin richten, dem=
selben diese ermangelnde Theile mittels Vermi=
schung des Leimes, oder der aus den Morásten,
und Sümpfen gezogenen Erde beyzubringen:
wodurch er einen dergleichen Boden bindender,
und die Feuchtigkeit länger anhaltender machen
kann.

Ich setze nun, der Landmann sey in der
vollkommenen Erkänntniß seines Grund, und
Bodens, habe auch dieser Zufolge denselben mit
dem nöthigen Pflügen, und der Düngung auf
das beßte zubereitet, so hat er nun zweytens bey
Aussäung seines Saames hauptsächlich auf die
Witterung zu sehen. Daß von dieser so, wie
sie ihren Lauf angenommen, die Erde gebildet,
und solche nach ihrer entweder feuchten, oder
trockenen Verhältniß in gleicher Ordnung einge=
rich=

richtet werde, bedarf (weil man es täglich sehen kann) keines Beweißes. Es sind zwar hier zu Lande gewisse Jahrszeiten zum Anbaue des Weitzen, Korn, Gersten, und Habers bestimmet; allein, wer kann sich diesen anvertrauen? Denn bald hält der Winter länger an, als es uns lieb ist: bald höret er fruhzeitiger auf, und die Witterung ist schön, und trocken. Sollten wir nun im ersten Falle, weil die bestimmte Bauzeit vorhanden ist, unsere Saamen in die Erde bringen, oder sollten wir in letzterem, weil selbe noch nicht herbeygekommen, eben so lang mit der Saat zaudern, als man im erstbeschriebenen Falle aus Noth, und Klugheit zu thun bemüßiget ist? Bald erfahren wir, daß sich eine anhaltende Unruhe, und Näße in der Frühlingswitterung einstelle, soll man alsdenn, weil die bestimmte Zeit da ist, mit der Saat fortfahren, hingegen bey einem fruhzeitigen schönen Frühlingslaufe mit selber sich versäumen? Alle diese, und annoch mehrere entweder widrige, oder günstige Umstände, die der Mondeslauf in der Witterung bey sich zu führen pflegt, und derer Aufhebung nicht in unsrer Macht steht, sind unlaugbar; und müssen zu dem nothwendigen Schluße Anlaß geben, daß man keine gewisse Saatzeit zum voraus bestimmen
kön=

könne; sondern vielmehr die wahre, und von der Vernunft zu billigende Zeit zum Säen nach der Verhältniß des Witterungslaufes entweder früher, oder später eingerichtet werden müsse. Alles, was man in diesem Stücke zuverläßiges versichern kann, besteht in diesen zween Grundsätzen: daß man nämlich erstens in feuchter Zeit mit dem Säen zuwarten müsse, bis die Erde abgetrocknet ist: zweytens, daß man in trockner Zeit mit dem Säen eilen solle, damit die Erde nicht gar zu trocken werde. Wer diese zwey Ackerwahrheiten wohl in Acht nimmt, wird gar leicht mit einer gesunden Beurtheilungskraft den mitleren, und geschicklichsten Zeitpunkt bestimmen können. Wer aber jenem Vorurtheile nachhängt, vermöge welches er sich einbildet: weil nun die gewöhnliche Zeit zur Aussaat der Saamensorten zugegen ist, so muß, und will ich säen; der überläßt sich einem blinden Schicksale: und muß mit dem sich begnügen, was aus einer zweifelhaft unternommenen Arbeit nothwendig fließen muß. Denn so unlaugbar es ist, daß die Folge des Mißwachses an einer Frucht theils von einem unreinen, harten, und oft unfruchtbaren Boden, theils aber auch von dem Abgange der erforderlichen Düngung herrühre: so därfte dieselbe aber bey genauer

Er=

Erforschung der Ursachen mehr als zu gewiß aus einer unrichtigen, und übereilten Wahl in der Bestimmung der Säezeit zum mehrsten entspringen.

Zur Bestimmung der rechten Säezeit ist auch nothwendig die Beurtheilung des Bodens nach seinem Wesen, und seiner Lage; denn es versteht sich, daß die Daure der Feuchtigkeit in einem Boden ungleich beharlicher, als in dem leichtern seyn müsse. Es ist auch gewiß, daß ein hochliegender Boden viel eher abtrocknen könne, als ein anderer, der eine niedere Lage hat. Beydes kann man ohne viele Mühe sehen, und wissen. Solche ungleiche Erdarten aber, und die dabey eine ungleiche Lage haben, zu gleicher Zeit zu besäen, wurde billich die Frage erwecken, ob man auch überall den wahren, und rechten Zeitpunkt des Säens getroffen habe?

Der dritte Ackersatz, daß nämlich die Saamenarten zuweil verändert werden sollen, ist ganz leicht zu erproben. Einige Pflanzen sind von dem Urheber der Natur bestimmet die Erde zu schließen, andere aber die Erde zu öffnen, und von einander zu trennen. Die Pflanzen, welche zähe rige Wurzeln haben, zertheilen sich in kleine Faben,

ben, oder Würzelchen, welche sich auf alle Seiten, sonderlich aber horizontal ausbreiten. Andere Pflanzen, welche eine Herzwurzel haben, treiben senkrecht einen starken Stamm in den Boden; an welchem sich wiederum kleine Würzelchen finden, welche seitwärts ausschlagen.

Die ersten, unter welche man alle Getreidarten rechnet, als Rocken, Weitzen, Gersten, Haber, machen das Land fest, und dicht; die andern aber als alle Arten von Rüben, und Hülsenfrüchten zertheilen ungemein das Land; und machen es fein. Alle diese Wirkungen kommen von der Natur der Wurzeln her; die zäßerigen Wurzeln müssen das Land binden, und enger zusammenziehen als so viele kleine Stücke: dahingegen die Pflanzen, welche eine Herzwurzel haben, wie Keile in den Boden dringen, und durch diese mechanische Kraft die Erde öffnen, und zertheilen. Vielleicht geben auch diese letztere Pflanzen durch ihre Wurzeln der Erde mehr Feuchtigkeit; indem sie dieselbe dadurch viel lockerer, und beweglicher machen. Es scheint wenigstens, daß einige davon, welche von Natur sehr saftig sind, diese Eigenschaft besitzen.

Die Hülsengewächse bedecken die Erde mit ihren Blättern, halten sie feucht, und verhindern die Sonne, daß sie die Erde nicht hart, und fest mache: auch zerstöhren sie das Unkraut, welches sonst durch seine viele kleine Wurzeln auf der Oberfläche des Feldes den Boden zusammenziehet. Dieses ist nun auch der Grund, warum die Veränderung der Pflanzen das Erdreich verbessert.

Wenn hingegen das Erdreich nur mit Früchten besaamet wird, so zieht sich solches als zu sehr zusammen; da hingegen eine abgewechselte Begattung des Feldes mit Erbsen, Bohnen, und Rüben die Erde verdünnert, und fein machet.

Die Landwirthe haben aus der Erfahrung gelernet, daß alle Pflanzen, welche zäßerige Wurzeln haben, den Boden arm, und mager machen; auch endlich schlecht gerathen, wenn immer eine nach der andern unmittelbar darauf angebauet wird; dahingegen machen die Pflanzen mit einer Herzwurzel das Land fruchtbarer, und kann sodenn eine nach der andern mit gutem Erfolge gesäet werden. Der Grund aber ist dieser, daß die Letzteren, indem sie das Erdreich öffnen, der Luft einen freyern Zutritt verschaffen, damit diese besser einbringen, und also die tief in der Erde

ver=

verborgen liegenden Salpetertheilchen auflösen kann; folglich tragen sie auch zur Erzeugung der Nahrung der Pflanzen, und des Wachsthums bey: anstatt, daß die ersteren zäßerigen Pflanzen, indem sie das Land fest machen, die Einflüße der Luft zum Theil hindern, und dem Boden vieles von seiner Fruchtbarkeit berauben.

Man hat angemerket, daß nicht nur die Abwechslung der Pflanzen, sondern sogar des Saamegetreides nothwendig sey; denn immer gleichen Saame in gleiches Erdreich zu säen, schlägt aus der Art; oder bringt doch magere Kerner, und geringere Aernde. Einen klaren Beweiß dessen giebt uns die Reichsgraffschaft Haag, allwo die Saamegersten von den allda sich befindenden Gründen zwey Jahre nacheinander nicht gut thut; sondern völlig aus der Art schlägt: und man um wiederum gute Gersten zu erzeugen anderm Saame von den benachbarten Orten erkaufen muß. Die Ursache davon aber möchte wohl diese seyn es geschieht ohne Zweifel selten, daß die Nahrung des Wachsthums sich in allen behörigen Verhältnissen vermischet befindet, auch daß sie richtig, und genau diejenige Beschaffenheit, und Eigenschaft habe, welche die Dienlichste wär; weil

T 2

das

das Land gemeiniglich zu trocken, oder zu feucht, zu locker, oder zu fest ist: woraus denn folgt, daß die Nahrung zur Befeuchtung entweder zu dünn, und zu feucht, oder zu dick, und allzu zäh ist. Die Pflanzen müssen nun also nothwendig dabey leiden, wenn sie allezeit die fehlerhafte Nahrung empfangen: und können sich niemal so gut erholen, als wenn sie in ein Erdreich kommen, welches bessere, oder doch entgegen gesetzte Eigenschaften hat.

Wenn nun der Landmann auch in diesen Punkten seine Mühe nicht ermangeln läßt, so hat er viertens sein Augenmerk noch dahin zu richten, daß er jene Unfälle, welche den Wachsthum des in der Erde liegenden Saames verhindern könnten, abwende, und verbessere. Diese Unfälle, und Hindernisse aber nehmen entweder ihren Ursprung von der Erde selbsten, oder von den Pflanzen her. Die, so von der Erde herkommen, sind jene Gewächse, welche, weil sie dem Ackersmanne zu nichts taugen, unnütze Kräuter, oder Unkraut genennet werden. Sie hindern der guten Kräuter Wachsthum; indem sie einen Theil der Nahrung aufzehren: folglich dem Getreide, und den Pflanzen die benöthigten Säfte merklich entziehen.

Nichts

Nichts erfodert also des Landmanns Aufmerksamkeit mehr, als daß er sein Feld vom Unkraute rein halte. Gleichwohl giebt es wenige, die für dieses wesentliche Stück der Landwirthschaft große Sorge tragen, oder damit recht umzugehen wissen. Manchem ist es so gar nicht einmal bekannt, was für Unkraut nur einen Sommer, und welches das ganze Jahr, hindurch daure. Jedoch muß jeder diesen Unterschied machen, wenn er seinen Acker rein halten will; denn ohne dieser Sorge ist öfters die größte Emsigkeit vergebens.

Unkraut, so nur einen Sommer hindurch dauret, kann freylich bald weckgebracht werden: nur muß man die rechte Zeit wahrnehmen. Giebt man aber nicht darauf Acht, so wird der Saame reif, und säet sich in solcher Menge, daß es alsdenn viel mehrere Arbeit, und Geld kostet, das zu thun, was im Anfange mit leichter Mühe hätte geschehen können: ohne das Getreide in Gefahr zusetzen, daß ihm seine schlimme Nachbarn die Nahrung rauben wurden. Die gemeine Art das Unkraut auszurotten, ist überaus ungereimt; denn, wenn es dieser nachgeht, so hat das Unkraut Zeit zu wachsen, und zu blühen, ehe das Getreid Aehren zu bekommen anfängt.

Solchergestalt wird das Feld bedecket, das niedere Unkraut verbergt sich, kommt zur Reife, und läßt den Saame fallen. Bloß das lang gewachsene Unkraut wird ausgerauft; und wenn die dazu bestellten Leute nicht wohl Acht geben, so bleibt auch davon viel zurücke, weil es sich unter die Getreidstängel mischet, und nicht gleich unterschieden werden kann. Ueber dieses wird oft von den Jätern eine große Menge guter Pflanzen zerbrochen, und zertreten.

Ein verständiger Landmann wird also zwar nicht leicht vor dem Anfange des Frühlings an die Ausjätung seines Getreides denken, weil er sehr zu befürchten hat, daß er nebst den Gewächsen, die er ausrotten muß, viele von den jungen nützlichen Pflanzen zugleich mit ausraufen möchte: aber er soll auch diese so nöthige Arbeit nicht gar zu weit hinaussetzen.

Der Augenschein muß ihn belehren, wenn er sie vornehmen soll. Vor allen Dingen muß er nur darauf sehen, daß er das Unkraut niemal so stark werden läßt, daß es sein Getreid verdämpfen kann: und noch weniger darf es so lang stehen, daß der Saame reif werden, und ausfallen könne. Der letztere Zufall ist von den kleinern

Gat=

Gattungen am meisten zu besorgen, über welche man gar zu oft unachtsam weggeht: und welche, wenn sie Zeit erhalten überhand zu nehmen, gar bald überaus nachtheilig werden.

Es ist demnach unumgänglich nöthig, oft zu jäten. Was das erstemal stehend geblieben ist, muß man das folgendemal mitnehmen; denn der Mangel einer guten Ausjätung ist gewiß die Ursache, daß wir manchesmal so viele dünne, halb verdorbene Aehren antreffen, welche nur magere, verschrumpfte, ungesunde Kerner in sich fassen, die nicht halb soviel Mehl geben: und gar nicht den Geschmack haben, gleichwie die Gesunden. Die Jätarbeit geht am Beßten von statten, wenn ein gelinder Regen die Erde feucht, und locker macht; alsbenn läßt sich das Unkraut am leichtesten mit der Wurzel ausziehen: welche sonst abgerissen wird, da der Boden trocken, und fest ist. Wenn es im Frühling naß, und warm ist, und im May stark regnet, so wächst das Unkraut in großer Menge, und es ist eine unendliche Sorgfalt vonnöthen, daß man es vorsichtig wegbringe. Der gelinde Regen, der bisweilen im Brachmonate lang anhält, hat eben diese nachtheilige Wirkung; denn es fährt sonderlich das so benamste Un=

Unkraut (die Winde) überaus schnell in die Höhe, schlägt sich um das Getreid herum, und ziehet es in kurzer Zeit nieder: da dieses schädliche Gewächs ansonst bey kaltem Regen gar nicht fortkommt. Man muß sich also große Mühe geben alles, und ins besonder dieses Unkraut im April, May, und Brachmonate auszuraufen: außer dessen mag man nur immer glauben, daß man anstatt des Getreides Stroh einärnden werde.

Was aber jene Unfälle anbetrift, welche von den Pflanzen selbst herrühren, so pflegt man solche mit ächtem Grunde Krankheiten zu nennen, und werden selbe zum Theile von dem allzugroßen Ueberflusse der Säfte verursachet; als welche sich zu lang in den Gefäßen aufhalten, und darinn verderben: wodurch theils an den Wurzeln die sogenannten Auswürfe, theils an den Pflanzen die Fäulniß selbst entsteht.

Besagte Unfälle rühren auch theils von dem Mangel der Säfte her; welches aber geschieht, wenn etwa die Erde zuvor nicht wohl zubereitet worden, daß selbe andurch entweders die Wärme der Sonne, oder die Erfrischung des Regens nicht recht hat erhalten können: oder selbe durch die unterlassene Düngung so ausgesperret ist, daß auch

auch die Pflanzen alsdenn aus selber keinen Saft zu ziehen vermögend sind. Wie aber diesem Uebel gesteuert wird, ist bereits oben in den ersten zweenen Sätzen angezeiget worden.

Die böse Eigenschaft, und ungleiche Austheilung der Säfte ist die zweyte Ursache der erwehnten Unfälle: wenn nämlich im ersten Falle die Säfte zu dick sind; weswentwegen auch Pflanzen, und Saame, wenn selbe aus einem warmen in ein kaltes Land gebracht werden, insgemein aus der Art schlagen: weil derselben Säfte nicht Wärme genug haben sich zu verdünneren. Im zweyten aber, wenn selbe öfters bey dem Getreide in zu großer Menge in die Höhe steigen; welchem abzuhelfen man entweder von diesem was abschneidt (welches Schrepfen genannt wird) oder selbe mit Uebertreibung des Viehes abweyden läßt, wordurch die Säfte wieder zurücke in die Stämme treten.

Die übrigen ungewöhnlichen Fälle, als Frost, Hagel, außerordentliche Dürre, und dergleichen belangend, wieder diese kann ein menschlicher Verstand nichts ausrichten. Dessen aber bin ich genüglich überzeuget, daß derjenige, welcher diese vier oberwähnten Ackersätze zu seiner

Richt=

Richtschnur in der Einsicht, und seinen Acker=
handlungen annimmt, den schwersten Stein in die=
sem Geschäfte aus dem Wege geraumet, die na=
türlichen Hindernisse der Fruchtbarkeit abgeän=
dert, und die Verbesserung seines Ackerbaues aus
guten Gründen zu hoffen habe.

Aus immer rege fürbaurendem patriotischen
Eifer finde ich mich verbunden eine vielleicht recht
nützliche Entdeckung weiters an Hand zu geben:
warum nämlich meistentheils an Korn, oder Ro=
cken der größte Abgang verspühret werde. Ich
weiß gar wohl, daß der dermalige Mangel nicht
allein von der nachfolgenden Ursache herrühre,
sondern pur aus einer gewinnsichtigen, nieder=
trächtigen, und üblen Denkungsart gewisser das
Land in das größte Verderben zu stürzen beeifer=
ter Personen verursachet worden sey. Allein könn=
te nicht etwa diese Anmerkung auf zukünftige Jahre
einen wesentlichen Nutzen verschaffen?

Daß das Korn, oder der Rocken das haupt=
sächliche Lebensmittel des Nährstandes sey, aber
vor diesem so abgängig gewesen, daß fast um das
baare Geld dasselbe kaum zu bekommen war, ist
jedermann zum Genügen bekannt. Die vielen Gül=
ten, und vielmehr die ewigen Ruckstände alt ge=
wor=

wordener unbezahlter Steuern, und jährlicher Abgaben sind der Deckmantel des lauerhaften Bauers, um auf Mittel zu denken seine Pfeife schneiden zu können. Er bauet also seit einigen Jahren her mehr Weitzen, als Korn an; und also ist mehr Weitzen, als Korn vorfindig. Er säet (ich rede von vermöglichen Landwirthschaften) also der Zeit mehr Rocken nicht aus, als er für seine Speiß des Jahres hindurch und für den künftigen Saame nöthig hat, sondern bauet zu seinen wucherischen Absichten mehr Weitzen, und Gersten: und also wird der Werth des Korns erhöhet, und ermangelt zu letzt gar. Der Bauer schneidt andererseits darum weniger Korn ein, wenn er auch schon mehr Korn= als Weitzenäcker zählet; weil in 10. 20, 30 Jahren zurücke nur sehr wenig Dünger, oder Gailung in die Ersten gebracht, hingegen selber meistens auf die Weitzenäcker geführet worden ist, davon er seine Rechnung gefunden hat. Es ist gewiß, und man kann es erproben, daß heut zu Tage 2 Schäffel Weitzen gegen 1 Schäffel Korn ausgesäet werden; ungeacht man einsehen soll, daß das Rockenstroh weit ergiebiger, und brauchbarer zum Einstreuen ist, als das von dem Weitzen. Es ist weiters richtig, daß ehender 100 Schäffel Korn, als zwey Schäffel

fel Weitzen aufgezehret werden; indem der gemeine Mann nur vom Rocken, oder Korn, nicht aber von dem Weitzen sich ernähret. So gar ein Landmann, der nur 3 bis 4 Aecker hat, ja sollte er nur in einem Felde einen einzigen Acker haben, so stucket er schon etwas von Weitzen hinzu. Eben so bauet der Bauer viele Gersten; den Weitzen, und Gersten machen dem Bauern das Herz lachend; die Ursache aber ist folgende:

Von dem Weitzen, und der Gersten giebt der Kastenbauer wenige, oder gar keine Gült: und so bleibt ihm der Nutzen. Weil also weniger Korn gebauet wird, und der Bauer daran Mangel leidt; auch derselbe die Kornäcker weniger als die Weitzen= und Gerstenäcker begailet, so bekommt er schlechteres Korn, welches auch nicht so gut ausgiebt, und eben so wenig Haber; solches giebt dem schalckhaften Bauern Anlaß um Nachsehung, oder Verringerung seiner Gülten an dem Korn, und Haber anzuhalten. Und dieses ist der wahre Umstand, welcher die Grundherrschaften in Schaden setzet: und daß zugleich der Kornmangel erfolgen muß:

Da ich die Wichtigkeit des Ackerbaues, und wie selber wohl anzuordnen sey, dargethan habe, so so wird es mir leicht zu erproben seyn, daß ein solch angeordneter Ackerbau nicht allein die Glückseligkeit einzelner Personen, sondern auch eines ganzen Staates befördere. Der Ausspruch des so erhabenen, und Wahrheit liebenden Dichters Virgilius allein könnte dieses bestärken, da er aufruft: (*) O ihr allzuglückliche Ackersleute, wenn ihr anderst erkennet, was euch nützlich ist! Allein wir wollen dieses in seinem ganzen Lichte betrachten. Der Bauer muß nicht allein die von seinem Landesherrn, sondern auch die von seiner Grundherrschaft ihm auferlegten Abgaben in genaue Erfüllung bringen; er muß zu Hause Weib, und Kinder, ja oft presthaft gewordene Geschwisterte ernähren: aber, wie will er all dieses bestreiten, wenn er nicht dazu die Mittel aus seinen Aeckern erzwingt?

Der Burger, und Handwercksmann hat auch seine verschiedene Bürden abzutragen; seine Gesellen nicht allein mit dem Lohne, sondern auch mit guter Kost zu versehen: aber, wenn die Lebensmittel, und das Getreid alles in hohem Preise ist, wie will er sich erschwingen? Es heißt

frey=

(*) O fortunatos nimium, sua si bona norint agricolas! *Virg. Georg. L. 2. v.* 458.

freylich: er darf nur auf seine Arbeit schlagen; allein, ist ihm wohl durch dieses geholfen? Nein! denn seinen Nutzen muß nicht die Theure, sondern die Menge der Arbeiten ausmachen. Wer wird aber soviel bey theuren, als sonst wohlfeilen Zeiten arbeiten lassen? Jedermann hält zurücke; was nicht höchst nothwendig ist, des Uebrigen thut man sich entbehren.

Der Edelmann muß sich nach seinem Stande aufführen. Er muß seinem Landesherrn aufwarten, den Hof besuchen, die ihm anvertrauten entwebers innländischen, oder auswärtigen Bedienstungen öfters mit Zusetzung seiner eigenen Mittel (wenn er anderst seinem Herrn eine Ehre machen, und sich nicht durch gewissenlose Nebenwege bereichern will) vertreten. Alles dieses aber, wie will er es voreinander bringen, ohne sich mit Schulden zu überhäufen, wenn er nicht das nöthige dazu theils aus seinen Aeckern, theils aus jenen seiner Unterthanen durch die Eindienung erwirbt?

Selbst der Regent muß eine große Hofstaat halten; viele Besoldungen abgeben, die Wittwen, und Waisen ernähren; oft zur Beschützung seiner Länder ein große Macht erhalten: wie will er er aber all dieses zu thun vermögend seyn, wenn ihm seine Unterthanen die ihnen auferlegten, und gewöhnlichen Abgaben nicht darreichen können?

Da nun diese drey Stände den Staateskörper ausmachen, so wird selber auch seinen innerlichen Gebrechen, welche ihn sonst auf eine unsichtbare Weis' untergraben wurden, vorgebeuget sehen, wenn der Ackerbau, als von welchem allein die Wohlfeile der Lebensmittel erlanget werden kann, wohl von statten geht: und in einen blühenden Wachsthum sich immer mehr, und mehr ausbreitet.

Es scheint, daß diese Wahrheit unsere Vorältern nur gar zu wohl eingesehen hatten; denn, wenn wir nur in den grauen Alterthümern ein wenig nachsehen wollen, so werden wir finden, daß die Könige in Orient, die in Persien, die in Griechenlande ihr größtes Vergnügen, ihre ganze Freude in dem Ackerbaue gesuchet haben; ja selbst die größten Helden schämten sich nicht dieser Arbeit vorzustehen, und den Pflug zu führen. Quintius Cincinnatus einer der größten Männer des alten Roms giebt uns dessen einen klaren Beweiß; denn da der Konsul Minucius mit seinem Heere von den Aequiern eingeschlossen

sen war, wurde derselbe in dieser dringenden Noth zum unumschränkten Befehlshaber, oder Dictator ernennet. Die Abgesandten, welche ihm diese Wahl ankündigen mußten, fanden ihn in Pflügung seines Ackers beschäftiget. Er nahm die Würde an, bekämpfte das feindliche Heer; zwang selbes zu einer schimpflichen Uebergabe, und befreyete den belagerten Konsul. Er behielt diese Dictatur aber nicht länger als sechszehen Tage: legte selbe alsdenn ab, und kehrete mit Freuden zu seinem Pfluge, und dem väterlichen kleinen Erbtheile von vier Morgenlanden zurücke.

Curius Dentatus, welcher den epirotischen König Byrhus schlug, und ihn Italien zu verlassen nöthigte, begnügte sich die ihm von den eroberten Ländereyen zu theil gewordenen Morgenlande selbst anzubauen; und erwies dabey eben so vielen Fleiß, als er Tapferkeit bey derer Eroberung von sich spüren ließ.

Cajus Fabricius zog seine freywillige Armuth den Reichthümern des Byrhus vor, und konnte nicht durch selbe überredet werden seinen Acker, und Pflug zu verlassen; sondern bauete sein Land mit eigenen Händen. Ich könnte noch mehrere dergleichen berühmte römische Feldherren

an=

anzeigen, derer Eifer so stark er immer in der Vertheidigung ihrer eroberten Gränzen hervorschien, sich deſſentwegen in Bearbeitung ihrer Aecker nicht im geringſten verminderte. Ja so weit gieng sogar der Römer Hochachtung gegen die Landwirthſchaft, und ſonderlich gegen den Ackerbau, daß ſelbe außer den allgemeinen Göttern, welche dem ganzen menſchlichen Geſchlechte, oder einigen beſondern Angelegenheiten der Menſchen, ihrer Meynung nach, vorſtunden, beſondere Götter (welche ſie Hausgötter nennten) verehrten, unter welche ſie zählten Ceres die Gottinn der Fruchtbarkeit. Bacchus den Gott des Weins, den Gott, der den Brand von dem Korn abwenden ſollte; die Blumengöttinn Flora, die Oelgöttinn Minerva, die Gartengöttinn Venus, die Waſſergöttinn, und ſo mehrere. Dieſen brachten ſie als ein Dankopfer die Erſtlinge des Korns, des Weinſtocks, und der Heerde; wohl ſchlüßend, daß ihre ganze Glückſeligkeit von dem guten Ausfalle dieſer verſchiedenen Unternehmungen abhange.

Um aber ihren Nachkömmlingen ihre Geſinnungen hierüber, und die verſchiedenen gemachten Prüfungen zu hinterlaſſen, ſo bemüheten

ten sich selbe nebst andern Wissenschaften auch sehr nützliche Bücher von der Landwirthschaft zu schreiben; Marcus Cato ein großer Feldherr, Staatsmann, und Rechtsgelehrter hat ein nutzliches Buch in 134 Kapiteln von dem Landbaue geschrieben. Scrafa Tremelius trug die Landwirthschaft mit großer Beredsamkeit vor; Marcus Terentius mit vielem Schmucke. Virgilius beschreibt sie in einem Gedichte. Die größte Ehre aber gebühret dem Cartaginenser Mago, dem Vater des Ackerbaues, als welcher acht und zwanzig Bücher davon geschrieben hat.

Das große Athen hat nicht minder eine Menge solcher Schriftsteller hervorgebracht: die vorzüglichsten darunter waren Aristander, Amphilogus, Euphron, und Chrestus. So beschäftigte man sich auch mit dem Landbaue auf den Inseln. Beweise davon geben Epigenes von Rhobus, Agathocles von Chio, Evagon, und Anaxipolis von Thasus.

In unseren neuen Zeiten aber absonderlich haben viele vortrefliche Männer, und gute Schriftsteller der Handlung, den Künsten, den Landeinkünften, kurz allen Quellen, aus welchen die Macht der Staaten herzuleiten ist, ihren Fleiß
haupt=

hauptsächlich, wo nicht gänzlich gewidmet; man hat von allen Seiten her so vieles geschrieben, daß endlich Könige, und Potentaten überführet worden sind, daß selbe die Macht ihrer Reiche in der Anzahl, und dem Wohlstande ihrer Unterthanen zu suchen haben. Ansehnliche Schiffflotten, zahlreiche Kriegesheere, und wohlverwahrte Festungen sind gegenwärtig das Mittel, durch welches jeder Staat seine offentliche Ruhe befördert, und seine Gränzen bedecket. Diese fürchterlichen Anstalten sind lediglich mit Hülfe der Menschen, und des Geldes gemachet worden; das Erste beruhet auf der Bevölkerung, das Zweyte rühret von der Arbeitsamkeit der Menschen her: die Hauptursache aber von diesem doppelten Mittel aller Macht besteht in dem Ackerbaue.

Bündnisse, Siege, und Eroberungen verschaffen einem Volke eine Macht, die nur kurze Zeit währet, und ungewiß ist; Einkünfte, die von dem Wachsthume des Fleißes, oder von der Erweiterung der Handlung herkommen, und beyderseits glückliche Wirkungen einer wachtsamen, und geschäftigen Regierung sind, vermehren die Macht eines Staates gegen einen andern:

doch

doch auch diese Macht beruhet noch immer auf gewissen Bedingungen, und Glückesumständen.

Nur allein die Reichthümer von dem Erdboden, und die Zunahme des Volks können als die Grundsteine einer sichern, und zuverläßigen Macht, und als das Mittel angesehen werden, wodurch eine Nation vermögend wird, sich selbst zu helfen. Diese Wahrheit scheint fast bey allen wohlthätigen Regenten einen großen Eindruck gemachet zu haben: da dieselben in ihren verschiedenen Reichen, und Ländereyen viele Gesellschaften des Ackerbaues aufzurichten nicht allein erlaubet, sondern so gar anbefohlen, und sich so weit herabgelassen haben, daß sie sich selbst Schutzherren, und Beförderer dieser vernünftigen Bemühung, die Wissenschaft des Feldbaues in Aufnahm zu bringen, mit wahrhaft fürstlicher Großmuth, und erhabenster Denkungsart abgeben.

Diese Gesellschaften bestreben sich auch in die Wette, durch ihren unermüdeten Eifer in verschiedenen Prüfungen, und Erfindungen eine der andern den Vorzug streitig zu machen. Der menschliche Witz, welcher sich vorher nur mit solchen Wissenschaften beschäftigte, welche den Verstand schärften, bewirft sich nun auch auf solche Gegenſtände, die mit der menſchlichen Wohlfahrt in einer unmittelbaren Verbindung ſtehen.

England, Frankreich, und die Schweitz erkennten wohl, daß, wenn der Ackerbau bey ihnen blühen würde, dieſelben unfehlbar reiche, mächtige, und glückliche Nationen ſeyn müßten. Sie wußten, daß dadurch dem Armen die Mittel verſchaffet werden, wovon er leben, und ſich kleiden kann. Es ſind daher in daſigen Ländern viele landwirthſchaftliche Akademien errichtet worden, von welchen die Verbeſſerung des Ackerbaues die einzige Abſicht iſt, und deſſentwegen reiche Prämien denjenigen, ſo ſich in ſelben vermittelſt einer nützlichen Erfindung hervorthun, ausgetheilet werden. Sie haben auch davon ſchon wirklich ihren Nutzen erprüfet; und können von der Erfahrung aus jenem Satze behaupten: daß jemehr der Zuſtand des Ackerbaues verbeſſeret wird, je mehrere Hände derſelbe erfodere; folglich nicht ſo viele trotzige Bettler, und ſtarke Faulenzer allda, als wie anderer Orten mehr anzutreffen ſind, welche ſonſt nur beſtändig herum laufen, und ſuchen, wo ſie etwas rauben können.

Daß die Zunahme der Manufakturen größtentheils von jener des Ackerbaues abhange, hatten

ten, erst erwehnte Länder gleichfalls nur gar zu wohl eingesehen. Nicht allein der Preis der durch Arbeit erhaltenen Waaren ist mit dem Preise der Nothwendigkeit des Lebens genau verbunden, sondern auch die Materialien, einer der beträchtlichsten Artikel der Manufakturen, werden mittelst des Ackerbaues geliefert, als Wolle, Flachs, Hanf, und so mehrers. Es ertheilet daher die Verbesserung des Ackerbaues, da sie diese Stücke wohlfeiler machet, den Fabrikanten den entzückenden, und nützlichen Zustand den Preis ihrer Manufakturen nach Verhältniß herunter zu setzen, und folglich eben so viele Vortheile in Absicht auf den Abgang in den ausländischen Märkten zu geben. Dännemark, Rußland, Preußen, Sachsen, und Churpfalz haben diesem lobwürdigsten Beyspiele nachgefolget, und auch ihren Unterthanen durch die Verbesserung der Landwirthschaft unter die Arme zu greifen gesuchet.

Maria Theresia, diese weder an Weisheit, noch Wohlthätigkeit zu übertreffende Kaiserinn, das wahre: und rührende Urbild aller gutthätigen Regenten, welche durch ihre weise Anordnungen nichts anders suchet, als ihre Unterthanen glücklich zu machen, hat fast in allen ihren weit-
schich=

schichtigen Erbländern dergleichen Ackerbausgesellschaften unter Anführung der größten, und gelehrtesten Edelleuten errichtet; um in jenen Ländern, wo die Landwirthschaft ohnedem schon blühet, selbe in diesem Stande zu erhalten, in anderen aber selbe darein zu setzen.

Warum aber glauben sie, haben sich alle diese Potentaten so viele Mühe gegeben? warum wenden selbe so große Unkösten auf? warum endlich bestimmen dieselben so reichliche Belohnungen? Weil sie nämlich gefunden haben, daß auf diese Art ihre Staaten immer mehr, und mehr bereicheret, folglich nicht allein ihre eigene, sondern auch einer jeden einzelnen Person Glückseligkeit beförderet werde.

Es wäre zwar dieses ein Feld, welches sehr weitschichtig, und wovon sich noch sehr vieles schreiben ließ; allein ich muß ihre Geduld nicht länger mißbrauchen. Bevor ich aber völlig zum Beschluße schreite, so finde ich mich anzumerken verpflichtet, daß obschon ein wohl angeordneter Ackerbau die Glückseligkeit eines Staates befördere (wie wir bereits ersehen) so muß doch selbe durch eine weise Landesregierung mitelst einer guten, und verständigen Polizey gehandhabet werden: ohne
wel=

welcher die erleuchtesten Vorschläge, die beßten Verordnungen wiederum in ihr Nichts zuruckfallen, und manchmal größere Verwirrungen, als jemal zuvor gewesen sind, verursachen. Die Polizey muß auf alles aufmerksam seyn, was das allgemeine Vermögen des Staates vermehren, oder vermindern kann: jenes muß sie zu befördern, dieses zu verhüten suchen. Dieß ist ein allgemeiner, unlaugbarer Grundsatz der Polizey; und er muß vor allen Dingen auf den Ackerbau, und was davon abhangt, angewendet werden.

Es liegt also einem weisen Staatsrathe zu betrachten ob, daß erstens mehrere allgemeine Vorrathskästen errichtet werden, wohin derjenige, so einen Vorrath zu entbehren hat, sein Getreid gegen baarer, und der Billichkeit gemäß gesetzter Bezahlung liefern soll; damit bey einem erfolgenden Miswachse jedermann, besonders aber den Betrangten, und Nothleidenden von diesem Getreidvorrath das Benöthigte zum Lebensunterhalte dargereichet werden möge. Durch dieses Mittel wird zugleich dem Wucher, diesem gehäsigen Lieblingsabgott unserer unseligen Tagen merklich vorgebogen werden.

Ha=

Haben wir nicht zur Schande unserer Zeiten die traurigen Folgen wucherischer Absichten bereits erlebet, wo das zum Wohlthun gebildete Gemüth unsers theuersten Beherrschers so gar zu den schweresten, aber billichsten Strafgesetzen hat müssen gereitzet werden? Weil dieses Laster in unserm Vaterlande, und zwar in den sonst so guten baierischen Herzen zu einer landsverderblichen Gewohnheit geworden ist: ja selbst erhabene, und auch viele dem geistlichen Stande ergebene Leute schämten sich nicht die Betrangniße ihrer Mitbrüder mit einer steinernen Seele anzusehen. War dieß jene Menschenliebe, welche ihnen das heilige Evangelium lehret; welche aber bey dermaligen Zeiten für eine der geringsten Tugenden geachtet wird, und sehr selten auf den Kanzeln zum Vorscheine kommt?

Die zweyte Sorge muß in einem Lande seyn, die Ausfuhr des Getreides nach aller Schärfe in so lang zu verbiethen, bis die gemeinsam zu errichtenden, besonders aber landsfürstlichen Kästen mit einem wenigst dreyjährigen Vorrathe versehen sind, um allen künftigen, unglücklichen Aeußerungen vorbeigen zu können. Dieses zu bewerkstelligen aber müssen an den Gränzorten vertraute, te, und wohlbekannte Leute aufgestellet werden, welche sich durch kein menschliches Absehen blenden, oder wohl gar durch den so verführerischen Abgott des Geldes von ihrer Pflicht abtrünnig machen lassen.

Wir haben schon in unsren Abhandlungen ganz klar bewiesen, daß, wenn die Viehzucht vermehret werden sollte, nicht nur allein durch den vielfältigen Dünger unsere Aecker in flurreiche Gefilde verwandelt, sondern auch zugleich durch das wohlfeiler gewordene Fleisch die Aufzehrung des Getreides vermindert werden müßte. Allein hiezu ist unumgänglich nothwendig, daß man die Schweinzucht empor hebe, derer Ausfuhr (wie vor Alters rühmlich geschehen) gänzlich abschafte, und mit Ertheilung der Pässen vollkommen an sich halte. Wir haben zugleich dargethan, wie alle Gattungen des Fleisches auf solche Art, und alle Lebensmittel überhaupts dadurch wohlfeiler wurden. Damit aber auch alle diese Stücke, und unentbehrliche Lebensmittel bey ihrer Menge nicht mehr der böse Gegenstand des Landsverderblichen Wuchers werden, so soll drittens (wie in allen wohleingerichteten Ländern zum allgemeinen Nutzen rühmlich geschieht) auf

alle,

alle, und jede Victualien, besonders auf das Vieh ein gewisser Tax gesetzet, auf den Marktplätzen genauest darauf gehalten, alle Uebertreter mit den schwersten Strafen beleget, denselben ihre Victualien konfiscirt, und zur Stunde durch die aufgestellten Videnten, oder Amtleute zum Nutzen des gemeinen Wesen (nicht aber etwa, wie es insgemein zu geschehen pflegt, zum Nutzen der Obrigkeit, oder wohl gar des Videnten) nach dem gesetzten Preise verkaufet werden: wodurch dem Eigennutze dem schädlichen Fürkaufe, und verdammlichen Wucher gänzlich vorgebogen seyn wurde.

Unser wohldenkender Direktor von Zoppenbichel (*) hat schon in seiner patriotischen Rede: von der Liebe des Vaterlandes, diesen nützlichen Vorschlag gegeben, und sein redliches Wort dadurch bekräftiget, daß eine hohe Regierung, nämlich die wegen ihrer besondern Gerechtigkeitsliebe, und ächtem Diensteifer bekannte, dann wegen ruhmvoller Einigkeit, dieser Seele großer Unternehmungen, ihrer edeldenkenden Räthen sich selbst in ihrem Glanze ohne anderweitiger Unterstützung erhaltende, hochlöbliche Regierung Burghausen an
die

(*) Dieser verdienstvolle Mann starb, und seine Stelle hat Hr. Scheuk, Doktor und Professor in Burghausen.

die höchste Stelle diesen Vorschlag von wahrer Menschenliebe beseelet bereits zum öftern mit ehrfurchtsvollen Trieben eingesendet habe. Eben diese Regierung ist es, welche, ungeacht deren Rentamt eines der Kleinsten in Baiern ist, und im vorigen Jahrgängen wegen dem erfolgten Miswachse weniger Getreid, als zu andern gesegneten Zeiten eingeärndet hat, jedoch durch ihre gute Veranstaltungen, und Policey nun mehr als die Helfte von Bajern mit Getreide versehen hatte. (*) Da man entgegen andere Jahre auch bey gesegnester Aerndte, und häufig in dem ganzen Lande erhaltenem Getreide genöthiget war in hiesige Gegenden für die Bäcker, und Bräuhäuser die benöthigten Gattungen des Getreides mit vielen Unkösten, und Beschwernissen aus andern Rentämtern herbey füh=

(* Unser würdigstes, und edeldenkendes Mitglied Karl Freyherr von Berchem, Rentmeister zu Burghausen hat sich bey dem unglückseligen Zeitpunkt als ein wahrer, uneigennützer Menschenfreund gezeuget, und mittelst seiner Fürsorge mit eigenem Schaden viele Elende, und andere Leute durch herbeygebrachtes Getreid von Hunger, und Noth großmüthig errettet; es verdienet daher derselbe durch diese bey unseren Tagen so selten gewordene, von ihm aber in vollem Maaße ausgeübte Tugend der ächten Menschenliebe als ein ewiges Denkmal in dem Tempel des Nachruhmes unvergeßlich aufgestellet zu werden.

führen zu laſſen. Ein untrügliches Zeichen, welches Unheil die immer unverantwortentlich fürgedauerte, übermäßige Ausfuhr, die ſchadhaften Anſchütten an dem Innſtrome, der zu verfluchende Wucher, der mit äußerſter Sorgloſigkeit geduldete landſchädliche Hauskauf beſonders der Salzkarnern, welche unter hundert unerlaubten Streichen geladen, und das Getreid ausgeſchwärzet, den dadurch zerfallenen Schrannen, und folglich auch dem lieben Vaterlande zugefüget haben. Auf ſolche Weiſe wurde dieſes Rentamt jederzeit ihres Getreides beraubet, und war bemüßiget zur Betrangniß des gemeinen Weſens um höhern Preis von entfernten Oertern ſolches zu erkaufen, wodurch auch anderen Rentämtern ſehr vieles Getreid entgangen iſt: folglich ſich ſolches überall verminderet, entgegen die Theurung immer mehr, und mehr zugenommen hat.

Wie glücklich wird demnach künftig unſer von Gott geſegnetes Baiern ſeyn, und welchen unendlichen Vorrath wird ſolches beſitzen, um allen künftigen traurigen Folgen entgehen zu können; wenn unſere erleuchteſte landesherrliche Geſetze, vermög derer die Ausfuhr auf drey Jahre ſchärfeſt verbothen geweſen, forthin der ſo eifrige, als unzerſtör=

störliche Gegenstand einer wohlgeordneten Policey verbleiben, und eine verdrähte Mißhandlung, oder schandvolle Außerachtlaßung dieser gerechtesten Gebothen niemal der verdammliche Vorwurf kurfl. Räthen, Beamten, und anderer Bediensteten seyn wird; sondern dieselben ohne von dem Eigennutze eines Antriebes zu bedärfen, bloß von ihrer Pflicht angereizet alle ihre Kräften erschöpfen werden, für das Glück ihrer Mitbürger, und des ganzen Staates zu wirken.

Dadurch können endlich die unächten Gesinnungen gottloser Wucherer, und niederträchtiger Seelen ersticket, diese Bösewichte, die keiner sanften Bewegung zur Menschlichkeit mehr fähig sind, ausgerottet, und dem zu verabscheuenden Geize, und schandvollen Raubereyen, dieser langen Reihe strafbarer Handlungen, die abhelfliche Maaß vollkommen verschaffet werden.

Nicht mehr wurden die so lange Jahre verlorenen, unbehorchten Seufzer, und ungesehen, bittersten Thränen redlicher Patrioten in stiller Wehmuth dahin fließen; wenn diese Unmenschen gänzlich vertilget wurden, derer niederträchtiger Busen die eigennützigsten Gedanken nähret: und in derer Herzen sich der Geiz mit seinem ganzen

Witze

Witze ausgedehnet hat, damit ihre unedle Seelen zu keinem neuen Gefühle mehr erobert werden können.

Da ich gezeiget habe, wie nützlich, ja nothwendig ein gewisser Satz auf alle Lebensmittel sey, so wird diese Wahrheit um so mehr durch den auf das in unverschwinglichem Preise gewesene Getreid ertheilten Satz bestärket. Welchen ungebundenen Dank ist also das Vaterland unserm würdigen Mitgliede **Karl Kursius** schuldig, welcher diesen Vorschlag unserm beständigen Vicepräsidenten Freyherrn von Hartmann überreichet, und welchen derselbe als überaus nützlich erkennet, und sohin mit einem Beysatze begleitet hatte, welcher seine ungeheuchelte, patriotische Denkungsart an Tag geleget, und daher mit unerschrockener Brust, und reinenen Gesinnungen geschrieben war.

Die aus der Menge der Lebensmittel entspringende Wohlfeile verschaffet demnach allen Ständen die vergnügtesten Tage; wo hingegen die Theurung in einem Lande öfters der Verboth des nahen Verfalles ist. Wie unverantwortlich, machiavelisch ist nicht also der Satz von der Glückseligkeit eines Staates durch die Theurung.

hat

hatte solche nicht in unserm Vaterlande überhand genommen? Wer wird aber behaupten können bey diesem elenden Zeitpunkte nur den Schatten eines Glückes erblicket zu haben? Wär dieser so unächte Satz wahr, und untrüglich gewesen, aus welchen Ursachen dann hat unser durchleuchtigster Chur= und Landesfürst sich genöthiget gesehen so gerechte, aber auch scharfe Verbothe, und Strafbefehle ergehen zu lassen?

Ja, ja! die Wohlfeile, diese nährende Seele eines gesegneten Staates, ist allein vermögend zu unsrer erquickenden Zufriedenheit uns neuerdings zu beleben; und ich bin der gesicherten Hoffnung, daß dieses zu bewerkstelligen schon die beßten Anordnungen gemachet sind, und noch täglich ausgesonnen werden därften. Alsdenn werden unsere entzückte Herzen von den süßesten Empfindungen durchdrungen in eifrigen Anbethungen gegen das höchste Seyn dahin strömen, welches uns einen für das Wohl seiner Bürger eifrigst besorgten Landesvater in seiner Gnade, und Segen gegeben hat.

Au=

Anhang

einer so nützlich = als glücklichen Erfindung, wie den schadhaften Folgen des Schneedruckes abzuhelfen sey.

Da der beständige Vicepräsident der churbaierischen landwirthschaftlichen Gesellschaft Freyherr von Hartmann nach beywohnenden patriotischen Trieben immer mit einem natursforschenden Geiste beseelet ist, um den Nutzen, und das Wohl seines Nebenmenschen zur Vollkommenheit zu befördern; so ist derselbe auf eine nützliche Erfindung gerathen: welche sowohl durch geprüfte Unternehmungen, als durch natürliche Gründe kräftigst unterstützet wird.

Es ist jedermann zum Genügen bekannt, welchen ungemeinen Schaden der so genannte Schneedruck besonders an kalten Gegenden, wie auch an jenen zwischen den Waldungen liegenden Aeckern, nnd schattichten Plätzen zugefüget; denn je länger solcher fürdauert, je schädlicher ist derselbe den mit Winterfrüchten angebauten Feldern.

Selbst dem Schnee muß man diesen sich ergebenden Schaden nicht zumuthen; denn, da der Schnee eines der reinsten Luftwässer ist, und ungemein viele ölichte Theile mit sich führet: so ist sein Wasser den Pflanzen vorzüglich nutzbar, und befördert ganz außerordentlich derselben Wachsthum.

Wenn die Sonne den Schnee mit ihren warmen Stralen erweichet, oder derselbe durch eine sonstige gelinde Witterung zerfließt, so senket sich dessen nährende Feuchtigkeit in die Erde hinein, und füllet die Saftröhrchen der Pflanzen mit dem Leben, und mit der Kraft eines schnellen, und fruchtbaren Wachsthumes.

Weiters hat der Schnee noch anbey die nützliche Eigenschaft, daß er die Gewächse gegen den Frost ungemein bewahre; die Erde für die Kälte der Winde beschütze, in der nöthigen Wärme zum Triebe des Saames erhalte, und denselben durch seine salpeterichte Feuchtigkeit aufschließe. Verständige Hauswirthschafter haben aus eigener Erfahrniß ersehen, daß den Gründen, und Feldfrüchten nichts ersprießlicher sey, als wenn man auf den Aeckern, und Wiesen den Dünger in dem späten Herbste ausbreitet; weil sodenn im Frühjahre

jahre der Schnee sich mit den fetten Theilen des Mistes vereinbaret, und also den Wachsthum ausnehmend beförderet, vermehret, und selbst die Gründe verbessert.

Es ist folglich nicht selbst der Schnee, sondern dessen langes Liegen auf den Gründen an dem schädlichen Schneedrucke Ursache. Denn dadurch wird der Schnee immer fester, setzet sich zusammen, und benimmt der Luft den Durchzug.

Und da ohne der Luft keine Pflanze, oder anderes Gewächs als ein organischer, oder lebhafter Körper leben kann; so wird dadurch besonders der empor sprossende Saame des Getreides erstikket, und muß daher gänzlich absterben: weil ohne dem beständigen Einflusse der Luft keine innersiche Bewegung statt findt: folglich ohne derselben der Wachsthum unmöglich befördert werden kann. Die organischen Körper werden auf solche Weise, und in Ermanglung der Luft der Verfaulung ausgesetzet, und gehen zu Grunde.

Diesem Uebel abzuhelfen, ist kein anderes Mittel vorhanden, als daß man in jenem Falle, wo der Schnee lang liegt, zusammen sitzt, und eine dicke Haut bekommt (folglich die den Ge-

wäch=

wachſen unentbehrliche Luft zu wirken, und gehörig durch zu bringen gehemmet wird) den feſt gewordenen Schnee mit breiten eiſenen Rechen locker mache; deſſen obere Fläche, ſo weit ſie gefroren iſt, aufriegle, und zertheile. Hieburch wird der Luft der benöthigte Einfluß mitgetheilet, und der Weg zu ihrer nothwendigen, und unentbehrlichen Wirkung verſchaffet.

Ein fleißiger Landmann wird durch Befolgung dieſes erprobten, und nutzbar gefundenen Vorſchlages von dem Uebel des Schneedruckes gewiß befreyet ſeyn: auch deſſen Mühe, und Fleiß durch die ſich zeigende reiche Aernde, als der einzigen Urquelle glücklich = und geſegneter Tage hundertfach belohnet werden.

Anzeig

eines Buches für alle Liebhaber der Künste, Manufakturen, Handelschaft, und Ackerbau.

Theoretisch-praktisches Werk, die Künste, Manufakturen und Handelschaft betreffend, oder Abrisse, und Beschreibungen der nützlichen Maschinen, und Modellen, welche in dem Saale, der zur Aufmunterung der Künste, Manufakturen, und Handelschaft errichteten Gesellschaft, zu London aufbewahrt werden. Nebst einer Nachricht von verschiedenen Entdeckungen, und Verbesserungen, welche die Gesellschaft in dem Feldbau, den Manufakturen, der Chemie, und den schönen Künsten in Engeland, wie auch in den brittanischen Kolonien in Amerika gemacht hat. Aus dem Englischen ins Deutsche übersetzt von J. B. mit 55 Kupferplatten. München, und Leipzig, verlegts Johann Nepomuk Fritz 1779.

Den Nutzen, die gute Absichten, den Gebräuchen dieses Werkes zu empfehlen, ist eine Mühe, die gar leicht kann unterlassen werden.

Die Vielheit der Gegenstände, die Nützlichkeit derselben in allen Umständen ist alles, was ich von einem Werke sagen kann, so Engelland geliefert, und der verdienstvolleste Mann ins Deutsche zu übersetzen unternommen.
Das Buch enthält folgendes.

Innhalt des ersten Buchs.
Vom Feldbau.

Enthält Beschreibungen, und Erklärungen von verschiedenen Pflügen und andern Ackerbau Werkzeugen, welche auf Kupferplatten vorgestellet sind.

1tes Kapitel. Beschreibung des offenen Drainpflugs des Hrn. Knowels.

2tes Kapitel. Beschreibung des gedeckten Drainpflugs des Hrn. Makes.

3tes Kapitel. Beschreibung eines Pflugs mit sechs Schärren, und sechs Messern des H. Gers.

4tes Kapitel. Beschreibung eines Pflugs von dreyen Furchen des Hrn. Dukets.

5tes

5tes Kapitel. Beschreibung des Treuching-pflugs des Hrn. Dukets.

6tes Kapitel. Beschreibung des Drillpfluges des Hrn. Willeys.

7tes Kapitel. Beschreibung des Pferd-Hon und der Ege des ehrw. Hr. Hewets.

8tes Kapitel. Beschreibung des Pferd-Hon, und der Ege des ehrw. Hrn. Hewets, das Unkraut und die Ameisenhaufen damit zu vertilgen, wie auch Wasen damit zu schneiden.

9tes Kapitel. Beschreibung des Pfluges des Hrn. Ringroses um ein mit Heide überwachsenes Feld aufzureissen.

Beschreibung des Distelschneiders des Hrn. Ringroses.

10tes Kapitel. Beschreibung eines Pfluges des Hrn. Arbuthnots, welcher doppelte Furchen macht.

11tes Kapitel. Nachricht von einem auf eine neue Art verfertigten Pflüge des Hrn. Cath-
ber

der Clarkes, welchen er der Gesellschaft übersendet hat.

12tes Kapitel. Beschreibung, und Erklärung des Pferd Hon und der Ege des Hrn. Lloyds.

Beschreibung und Erklärung der Ege des Hrn. Lloyds für feste thonartige Böden.

13tes Kapitel. Beschreibung und Erklärung der Maschinen des Hrn. Edgills, um Stroh, Spreu ꝛc. damit zu schneiden.

14tes Kapitel. Beschreibung und Erklärung der Maschinen des Edgills, um Rüben damit zu schneiden, nebst Verbesserungen davon durch Hrn. William Bailley.

15tes Kapitel. Beschreibung und Erklärung der Zurüstung des Hrn. Rutts, um das färberröthe Krant zu trocknen; nebst seiner Beobachtung, wie man damit umzugehen habe, von der Zeit an, da es aus der Erde genommen wird, bis es in die Fabricke kömmt.

16tes Kapitel. Beschreibung, und Erklärung des Getreide Butzers, oder der Waunmaschine des Hrn. Evers.

17tes

17tes Kapitel. Beschreibung des Modells der Windmühle des Hrn. Evers, um damit Korn zu dreschen, und es zugleich zu mahlen, nach einem Maaßstabe von $1\frac{1}{2}$ Zolle zu einen Fuße.

18tes Kapitel. Beschreibung und Erklärung des Präambulators, oder Wegmessers des Hrn. Edgeworths.

19tes Kapitel. Beschreibung und Erklärung der Maschine des Hrn. Kristoph Saverlands, um das Erdreich zu libelliren, oder eben, und gleich zu machen, nach einem Maaßstabe von einem Zolle zu einem Fuße.

20tes Kapitel. Beschreibung und Erklärung eines pyramidischen Bienenstockes, welcher der Gesellschaft von R. Karl Whitworth Bart, eines ihrer würdigsten Vizepräsidenten, verschaft worden ist.

21tes Kapitel. Beschreibung und Erklärung der Sensen und des Stangenhackers, mit welchem man in Brabant und Hainault das Getreid einerntet, welche durch H. William Hanburg Esq. der Gesellschaft vorgelegt worden sind den 1 Juny 1763.

Zwey=

Zweytes Buch.
Vom Feldbau.

Begreift in sich eine kurze Nachricht von den Pflügen, Maschinen und Modellen, welche in dem Ackerbaufache der Gesellschaft vorhanden, aber noch nicht in den Kupferplatten gestochen sind.

1tes Kapitel. Eine kurze Beschreibung des Drainpfluges des Hrn. Klarkes.

2tes Kapitel. Eine kurze Beschreibung einer Feldwalze von einem Modelle nach einem Maaßstabe von vier Zolle zu einem Fuße, welche der Gesellschaft von Hrn. Jakob Skawen den 13 August 1767 vorgelegt worden ist.

3tes Kapitel. Eine kurze Beschreibung des einfachen Kultivators des Hrn. de Chatnau Beaur.

4tes Kapitel. Eine kurze Beschreibung des doppelten Kultivators des Hrn. Chatnau Beaur. um die Erde damit locker zu machen, und das Unkraut in den Zwischenräumen der Furchen zu vertilgen.

5tes

5tes Kapitel. Eine kurze Beschreibung der Zydermühle des Hrn. Karl Lloyds, von einem Modelle nach einem Maaßstabe von einem Zolle zu einem Fuße.

6tes Kapitel. Eine kurze Beschreibung einer Zyderpresse des Hrn. Lloyds von einem Modelle nach einem Maaßstabe von zween Zoll zu einem Fuße.

7tes Kapitel. Eine kurze Beschreibung einer Zurüstung, mit welcher man Stöße von Getreide, von Heu, von Holze ꝛc. nach Erforderung der Umstände auf eine Zeit lang zudecken kann, von einem Modelle nach einem Maaßstabe von 2 Zoll zu einem Fuße. Sie ist der Gesellschaft von Hrn. Richard Lovel Edgeworth Esq. verlegt worden.

8tes Kapitel. Eine kurze Beschreibung des Drillpfluges des ehrw. Hrn. Gainsborughs.

9tes Kapitel. Eine kurze Beschreibung des Drillpfluges des H. Willirys mit einem Rade.

10tes Kapitel. Eine kurze Beschreibung das Drillpfluges des Hrn. Bestlands, von einem

nem Modelle nach einem Maaßstabe von 1½ Zolle zu einem Fuß.

11tes Kapitel. Eine kurze Beschreibung des Skarifikators oder Feldritzers des Hrn. Johann Winn Backers, welcher der Gesellschaft den 7 April 1767 vorgelegt worden ist.

12tes Kapitel. Eine kurze Beschreibung eines Handbrills für Gartensaamen, welche H. Johann Arbuthnot Esq. erfunden, und der Gesellschaft den 4 May 1769 vorgelegt hat.

13tes Kapitel. Eine kurze Beschreibung des Models einer Maschine, um Bäume sammt den Wurzeln aus der Erde zu heben, so H. Rudolph Valtravers der Gesellschaft vorgelegt hat.

Drittes Buch.

1tes Kapitel. Ein Verzeichniß derjenigen sowohl aus dem hohen Adel, als anderer, welchen ihrer großen Verdienste wegen die goldene Schaumünze, oder Medaille der Gesellschaft verehret worden ist.

2tes Kapitel. Ein Verzeichniß derjenigen, welchen für ihre eingeschickten Abhandlungen vom Anbau des Weitzens, der Gerste, des Luzerns, der Ruben, die Ehrenpreise zuerkannt worden.

3tes Kapitel. I. Ehrenpreis wegen Aussäung der Eicheln.

II. Ehrenpreis wegen Pflanzung schottländischer Tannenbäume.

III. Ehrenpreis wegen Pflanzung der Kastanienbäume.

IV. Ehrenpreis für englische Ulmenbäume mit schmalen Blättern.

4tes Kapitel. Ehren= und Geldpreise wegen Pflanzung des Krauts Färberröthe genannt.

5tes Kapitel. Preise und Schankungen wegen Anbauung des Hanfs.

6tes Kapitel. I. Ehren= und Geldpreise wegen Anbauung der welschen Bibemell.

II. Preise wegen Anbauung des Lukzerns.

III. Preise wegen Anbauung der Möhren oder gelben Rüben.

IV.

IV. Preise wegen Anbauung der Kohlrüben, oder Dorschen.

V. Preise wegen Anbauung verschiedener Grasforten.

7tes Kapitel. I. Ehrenpreise für Bienenstöcke.

II. Geldpreise für Bienenstöcke.

III. Preise und Schankungen für Bienenwachs.

Viertes Buch.
Von Manufakturen.

Es enthält Beschreibungen und Erklärungen derjenigen Manufakturmaschinen der Gesellschaft, welche auf Kupferplatten gestochen sind.

1tes Kapitel. Beschreibung des Strumpfweberstuhls des H. Unwins.

2tes Kapitel. Beschreibung und Erklärung des Weberstuhls des H. Almonds.

3tes Kapitel. Beschreibung eines italienischen Haspels, welcher der Gesellschaft von einem würdigen Mitgliede verschaffet worden ist.

4tes

4tes Kapitel. Beschreibung und Erklärung eines italienischen Seidenhaspels, nebst des H. Verriors Methode, die Seide schief darauf zu legen.

Fünftes Buch.
Von Manufakturen.

Kurze Beschreibungen der Maschinen und Modellen, welche in dem Manufakturfache der Gesellschaft verwahret, aber noch nicht abgezeichnet sind.

1tes Kapitel. Eine kurze Beschreibung des neu erfundenen Kammkessels, oder der Feuermaschine des H. Samuel Heywards, bey welcher man Wolle kämmet, oder kartätschet.

2tes Kapitel. Eine kurze Beschreibung des Spinnrads des H. Webbs.

3tes Kapitel. Eine kurze Beschreibung des Spinnrads des H. Thomas Perrens.

4tes Kapitel. Eine kurze Beschreibung des Spinnrads vom langen Gange des H. Thomas Perrens.

5tes

5tes Kapitel. Eine kurze Beschreibung der Maschine des Hrn. Georg Buckleys, auf welcher sechs Fäden zugleich, und durch eine Person gesponnen werden.

6tes Kapitel. Eine kurze Beschreibung des Spinnrads des H. Harrisons.

7tes Kapitel. Eine kurze Beschreibung der Maschine des Hrn. Thomas Perrens, auf welcher man Garn zugleich spinnen, doppeln und zwirnen kann.

8tes Kapitel. Eine kurze Beschreibung der Maschine des Hrn. William Kragers, auf welcher Woll- Lein- und Baumwollgarn aufgehaspelt und gedoppelt werden kann.

9tes Kapitel. Eine kurze Beschreibung der Maschine des Hrn. Jeremiah Burrows, auf welcher Woll- und Baumwollgarn gehaspelt, gedoppelt und gezwirnet wird.

10tes Kapitel. Eine kurze Beschreibung der Maschine des Hrn. Garratts, auf welcher Flachs, Wolle und Baumwolle gesponnen, gedoppelt, und gezwirnet wird.

11tes Kapitel. Eine kurze Beschreibung der Maschine des Herrn William Garatts, auf welcher Garn gedoppelt, und gezwirnet wird.

12tes Kapitel. Eine kurze Beschreibung des Seidenhaspels des ehrw. Hrn. Pullens.

13tes Kapitel. Eine kurze Beschreibung eines Seidenhaspels, welcher von Hrn. Johann Poweal Esq. der Gesellschaft vorgelegt worden ist.

14tes Kapitel. Eine kurze Beschreibung des Strumpfwirkerstuhls des H. Whymans.

Sechstes Buch.
Von Manufakturen.

1tes Kapitel. I. Preise und Schankungen wegen Beschäftigung der Armen in den Werkhäusern auf dem Lande.

II. Preise und Schankungen für fein gesponnenes Leingarn, über das, was den Vorstehern der Werkhäuser bezahlet worden ist.

2tes Kapitel. Eine kurze Nachricht von der Beförderung der Teppichfabrike.

3tes Kapitel. Preise für Droget-Tuch von einer besondern Art, welches auf ausländische Märkte geführet zu werden tauget.

4tes Kapitel. Preise wegen Verfertigung des Papiers für die Kupferstichdrucker.

5tes Kapitel. Preise für Papier aus Seide.

6tes Kapitel. Die Kunst, erhabene Figuren auf Papier zu drucken, welche Hrn. Benjamin Moore in der Newgatestraßen zu London erfunden und zur Vollkommenheit gebracht hat.

7tes Kapitel. Preise wegen Verfertigung des marmorirten oder vielfärbigen so genannten türkischen Papiers.

8tes Kapitel. Preise wegen Zubereitung des dicken Hirschleders.

9tes Kapitel. Das Leder mit Eichensägspännen zu gerben.

10tes Kapitel. Die Kunst das Leder roth und gelb nach türkischer Art zu färben, welche der Gesellschaft von Hrn. Philippo mitgetheilt worden ist.

11tes Kapitel. Die Kunst Lein- Woll- Seiden- und Baumwoll-Tuch auf einem Webstuhl stuhle zu sticken; eine Nachahmung der italienischen und marseillischen Stickerey.

12tes Kapitel. Preise wegen Verzinnung des Kupfer= und Meßing Geschirres.

13tes Kapitel. Preise für Pointspitzen.

14tes Kapitel. Preise für Spitzen aus Leinfaden.

15tes Kapitel. Preise für Schiffhüte.

16tes Kapitel. Verschiedene Materialien aus dem Stamme des Planting oder Moosbaums, aus welchen Gaze, Blondspitzen, Stricke, Knüpfwerke, Lichterdachte ꝛc. verarbeitet werden.

17tes Kapitel. Verehrungen wegen Verfertigung der Saiten für musikalische Instrumenten.

18tes Kapitel. Preise wegen Kräuselung des Flors zu Trauerhüten.

Siebentes Buch.
Von der Mechanik.

Enthält Beschreibungen und Erklärungen der Maschinen und Modellen der Gesellschaft, welche auf Kupferplatten vorgestellt sind.

1tes Kapitel. Beschreibung des Modells einer Sägmühle des Hrn. Standfields.

2tes Kapitel. Beschreibung und Erklärung der Maschine des Hrn. Burrows, auf welcher Glas geschliffen, und poliert wird, von einem Modelle nach einem Masstabe von einem Zolle zu einem Fuße.

3tes Kapitel. Beschreibung des Krans des Hrn. Binchbecks.

4tes Kapitel. Beschreibung und Erklärung des Modells einer hydraulischen Maschine des Hrn. Wirzs, welches von Hrn. Rudolph Valtravers Esq. vorgelegt worden ist,

5tes Kapitel. Beschreibung und Erklärung des Modells der verbesserten hydraulischen Maschine des Hrn. Wirzs, welches der Gesellschaft von Hrn. Valtravers Esq. vorgelegt worden ist.

6tes Kapitel. Beschreibung und Erklärung der Wassermaschine des Hrn. Merrymanns.

7tes Kapitel. Erklärung der Zurüstung, welcher sich die Holländer bey ihrem Turbot oder Platteis, und Tod= oder Stockfischfange bedienen,

nen, nebst der Methode ihre Angelseile ins Meer zu werfen.

7tes Kapitel. Beschreibung und Erklärung der Maschine des Hrn. William Baileys, Löcher damit zu bohren, welche den Haus= und Schiffbaumeistern, Zimmerleuten, Mühlarzten, Rad= und Pumpenmachern ꝛc. nützlich seyn kann: sie tauget auch die Erde zu bohren, um Mineralien zu entdecken.

9tes Kapitel. Beschreibung und Erklärung des gewundenen oder Spiralbohrers des Hrn. Phineas Cookes, welcher auf eine neue Art verfertiget ist.

10tes Kapitel. Beschreibung und Erklärung der Pumpe des Hrn. Blandfords.

11tes Kapitel. Beschreibung und Erklärung des Thürangels des Hrn. Delivitzs.

12tes Kapitel. Beschreibung und Erklärung der Wagenfedern, welche von Hrn. Joseph Jacob auf eine neue Art verfertiget werden.

13tes Kapitel. Beschreibung und Erklärung der Winde, welche Hr. Abraham Straghold auf eine neue Art eingerichtet hat.

14tes Kapitel. Beschreibung und Erklärung des Luftreinigers oder Ventilators des ehrw. Hrn. Hales.

15tes Kapitel. Beschreibung und Erklärung einer Maschine, mit welcher die Luft in den Minen gereiniget wird, nach einem Modelle, so der Gesellschaft durch Hrn. Keane Fitzgerald Esq. F. R. S. vorgelegt worden ist.

Achtes Buch.
Von der Mechanik.

Enthält eine kurze Nachricht von den Mühlen, Modellen und andern Maschinen, welche in dem Saale der Gesellschaft verwahret werden, die aber noch nicht abgezeichnet sind.

1tes Kapitel. Eine kurze Nachricht von der Handmühle des H. Johann Gordons, Korn damit zu mahlen.

2tes Kapitel. Eine kurze Nachricht von einer Stahlmühle des H. Peter Lyons, Korn damit zu mahlen.

3tes Kapitel. Eine kurze Nachricht von einer Handmühle des H. Samuel Parsons.

4tes Kapitel. Eine kurze Nachricht von der Handmühle des H. Karl Lloyds.

5tes Kapitel. Eine kurze Nachricht von der Handmühle des H. William Baileys.

6tes Kapitel. Eine kurze Nachricht von der Fluthmühle des H. Nichalls.

7tes Kapitel. Eine kurze Nachricht von dem Modelle einer Fluthmühle des ehrw. H. Humphery Gainsbouroughs zu Henley an der Thames in der Provinz Orford.

8tes Kapitel. Eine kurze Nachricht von dem Modelle einer Fluthmühle des ehrw. H. Robert Lords.

9tes Kapitel. Eine kurze Nachricht von dem Modelle einer Fluthmühle des H. William Koulthards.

10tes Kapitel. Eine kurze Nachricht von zwoen Windmühlen, das Wasser aus dem Boden damit zu heben, wovon die zwote ein Schaufelrad und einen Trog hat, welche der Gesellschaft durch H. Kollier Esq. vorgelegt worden sind.

11tes Kapitel. Eine kurze Nachricht von einer Windmühle des H. Nichalls.

12tes

12tes Kapitel. Eine kurze Nachricht von einer Windmühle mit Springfedern des H. Richard Lewis.

13tes Kapitel. Eine kurze Nachricht von einer Windmühle des H. Jakob Verriers von North Kurry in der Provinz Somerset.

14tes Kapitel. Eine kurze Nachricht von dem Modelle eines Krans des H. Galabines.

15tes Kapitel. Eine kurze Beschreibung des Krans des H. Jakob Fergusons.

16tes Kapitel. Eine kurze Nachricht von dem Thürschloße des H. Moores.

17tes Kapitel. Eine kurze Nachricht von dem Modelle eines Wagens mit vier Rädern des H. Thomas Kottons von Chigwell in Essex.

18tes Kapitel. Eine kurze Nachricht von dem Modelle eines Wagens mit vier Rädern von H. H. Kranefield und Kon.

19tes Kapitel. Eine kurze Nachricht von der Aufmunterung, welche die Gesellschaft der Turbot- oder Platteisfischerey gegeben hat, um die Städte London und Westminster mit Fischen

zu

zu verſehen, welche dahin anf der Achſe geführt werden.

20tes Kapitel. Eine kurze Nachricht von den Preiſen, welche die Geſellſchaft für Schiffmodelle, und für Maſchinen, durch welche die Geſchwindigkeit und die Steife des Widerſtands derſelben beſtimmet werden ſollte, ausgetheilet hat.

21tes Kapitel. Eine kurze Nachricht von den Pumpen, um das Waſſer aus den Schiffen zu ziehen, welche der Geſellſchaft vorgelegt worden ſind.

22t:s Kapitel. Eine kurze Nachricht von der Zurüſtung des H. Winns, um das Leben der Schiffleute zu erhalten, welche an das dem Winde entgegenſtehende Ufer des Meers geworfen werden.

23tes Kapitel. Eine kurze Nachricht von verſchiedenen der Geſellſchaft vorgelegten Maſchinen, deren Erfinder mit Schankungen nach Maas des Nutzens ihrer Maſchinen belohnet worden ſind.

1. Das Modell eines Krans mit dreyen Kräften des ſinnreichen H. Jakob Ferguſons.

2. Ein artiger Kompaß, mit einer Magnetnadel, und einem Protraktor des H. Aaron Millars aus New=Jerſey. 3. Ein

3. Ein Visierstab des H. Efforbs, welcher auseinander geht.

4. Ein Kran mit einer Triebmaschine in einer ganzen Größe des H. Georg Black aus Berwick an dem Tweed.

5. Das Modell einer Maschine des H. Thomas Hunts, um Räderschienen daraus zu schmieden.

6. Ein eiserner Ofen, den man überall versetzen kann, des H. Robert Klements.

7. Eine Siebmühle des H. Nathaniel Stebmans.

8. Das Modell einer hydraulischen Maschine des H. Westgarths, welche das Wasser durch das Wasser in die Höhe treibt.

9. Eine neue Spreuschneidmaschine des H. Baileys.

Neuntes Buch.

Ehren- und Geldpreise, welche für verschiedene Stücke aus der Kemie ausgetheilt worden sind.

Zehentes Buch.

Eine kurze Nachricht von den Ehren=und Geldpreisen und Schankungen, welche die Gesellschaft wegen Pflanzung der Maulbeerbäume und der Weinstöcke, wie auch wegen verschiedener Artikel in den brittanischen Kolonien in Amerika ausgetheilet hat.

Eilftes Buch.

Eine kurze Nachricht von den Geldpreisen und Schankungen, welche wegen den schönen Künste von der Gesellschaft sind ausgetheilt worden.

Dieß ist kürzlich der Innhalt dieses so nützlichen Werkes, das so gut gemacht, daß man nicht mehr verlangen kann.

Fortsetzung
des landwirthschaftlichen Anhangs wider das Vorurtheil, das Brachfelder nothwendig seyen.

Weil aber der baierische Landmann den schriftlichen Beweisen (so nutzbar und unverwerflich selbe auch immer seyn mögen) sich gar nicht fügen will, sondern vielmehr durch thätige Beyspiele, und den dadurch erkannten Nutzen zur Verbesserung der Landwirthschaft, und seiner häußlichen Umstände geleitet, und gleichsam angetrieben zu werden verlanget; welches auch nach den Beyspielen anderer wohl angeordneten Staaten durch Belohnungen am beßren erfolgen kann: so ist es die Sache einer hochen Landesregierung diesen so vorzüglichen Gegenstand in erleuchteste Beurtheilung zu nehmen.

Wenn also den Begüterten vom Adel, wie auch den Pfarrern und Beamten, welche eine Landwirthschaft haben, und die landgedeilichen Vorschläge unsrer Gesellschaft emsig befolgen sollten, große Ehrentitel unentgeltlich ertheilet, solche zu bessern Pfarreyen und Bedienstungen befördert, dem gemeinen Landmanne hingegen bey
er=

ersprießlicher Nachfolgung derley nutzbarer Unternehmungen reichliche Prämien mittelst Austheilung goldener Medaillen, oder anderer Schankungen gegeben wurden, so dörfte durch solche untrügliche Mittel und Wege die in Baiern bisher nur mittelmäßig geführte Landwirthschaft in kurzer Zeit auf den höchsten Grad der Vollkommenheit gebracht werden.

Der Adel, die Geistlichkeit, die Beamten, der mittere und gemeine Stand durch den Reiz solcher Belohnungen und Schankungen beseelet, würden mit einer rege gewordenen, heißen Begierde die landgedeilichsten Unternehmungen fürkehren: und dem Staate dadurch einen unendlichen Reichthum verschaffen. Denn was man anfangs den Hunderten nach verwandt hat, kömmt mit der Zeit den Tausenden nach mit der glücklichsten Folge herein. (*)

Se=

(*) England und Frankreich geben uns davon die schönsten und reizenden Beyspiele. Diese zwo mächtigen Kronen wußten die herrschenden Vorurtheile durch große Belohnungen zu vertilgen, und mittelst reichlich ausgetheilter Prämien ihrer Unterthanen einen wahren Eifer zur Verbesserung des Ackerbaues, Vermehrung der unentbehrlichen Viehzucht, und überhaupts zu der

edeln

Die Landesindustrie, der Nationaleifer würden zugleich immer reger, und zur vollkommenen Blüthe anwachsender; der Unterthan bereicherte sich, und eben hiedurch auch der Regent eines solchen gesegneten Landes: indem der Reichthum

der

edeln Landwirthschaft einzuflößen. Ja der große, erhabenste, und für die landwirthschaftlichen, auch schönen Wissenschaften so eifrigst besorgte, dermal allerglorwürdigst regierende König von Schweden (dieses reitzende Urbild weisester Regenten) hat sogar den hohen Wasaorden allergnädigst gestiftet: mit welchem Allerhöchstdieselbe jene großen, gelehrten Leute beehren, welche sich in Verbesserung der Landwirthschaft, und geprüften Anleitung zu dieser so nützlichen Wissenschaft ganz besonders hervorthun. Von diesem erleuchtesten Könige, welcher da der größte Menschenfreund, das Gedankenfest und die Bewunderung unsrer aufgeklärten Tage ist, und welcher nicht allein für unsre Gesellschaft und ihre Werke, sondern auch für unsern beständigen Vicepräsidenten eine ganz ausnehmende, allergnädigste Hochschätzung trägt, müssen wir mit entzückender Freude anrühmen, daß Allerhöchstdieselbe von den edelsten Trieben zu den Wissenschaften begeistert fast allen Versammlungen der hohen Akademie in Stockolm beyzuwohnen allergnädigst geruhen: als von welcher erleuchtesten Akademie unser ruhmvolles und würdigstes Mitglied, der erhabene Karl Friederich Graf von Scheffer Reichsrath des Königreiches in Schweden, Ritter, Commandeur und Kanzler aller königlichen hohen Orden, auch gewesener Hofmeister Sr. Majestät des Königes und der Durchleuchtigsten Erbprinzen dermalig verdientester Präsident ist

der Unterthanen die wahre Schatzkammer der Fürsten ist.

Sehen sie meine obschon schwache, doch wohl meynende Gedanken wider das Vorurtheil von der Nothwendigkeit der Brachfelder!

Wie sehr wünschte ich mir das sanfte Vergnügen zu erleben, daß die hier angebrachten, nutzbaren Entwürfe werkthätig befolget würden! Welche entzückende, gränzenlose Freude wurde nicht nur meinen redlichen Busen, sondern auch die für den allgemeinen Nutzen des Vaterlandes, so eifrig denkenden Gemüther unserer Mitglieder beherrschen; zumal wenn wir durch unsere gesammelte Versuche, daraus entsprungene Begriffe, vorgenommene Proben, und also erhaltene untrügliche Beweise uns mit der süßen Hoffnung schmeicheln dörften, eine dem werthen Vaterlande nutzbare Versammlung geworden zu seyn!

Welche rührende, und zarte Zufriedenheit wird zugleich unseren menschenfreundlichen Herzen entgegen strömen, wenn endlich unsere nützliche Vorschläge (diese ächten Früchte unserer reinen und patriotischen Gesinnungen) zu einer allgemeinen, und gedeilichen Nachahmung gebracht seyn werden.

Etwas von Weyer und Fischereyen.

Will man öde Weyer (die mit faulen Koth, und Rohren völlig verwachsen) nützlich herstellen, so lasse man solche um Jakobi 3 oder 4 Tage vor dem der Mond neu wird, unter dem Wasser abnehmen, und das etwelche Jahre durch, so vergehen die Rohr, und der Weyer wird von dem übermäßigen faulen Koth sauber. Etliche lassen die Rohr stehen, und thuen nicht gar so unrecht, doch müssen sie auf die Zeit sehen, damit das Gras, die Rohr nicht groß seyn, und darum im Frühling thun.

Baierisch-ökonomischer Hausvater zum Nutzen und Vergnügen.

VI. Stück. Jenner 1780.

Oekonomische Regeln für das Monat Hornung.

Man fahrt in diesem Monate fort die Felder vom Wasser zu reinigen, die Gräben auf solchen zu säubern. Bessert auch die Wege. Stutzet im letzten Viertel, ehe der Saft in die Aeste steigt, die Weiden, und Felber: damit sie um so leichter wachsen. Die Ameisen Häufen muß man auch bey feucht und kalten Wetter in der Fruhe, oder auf dem Abend, wann keine Sonne mehr, mit Schläglen fest zusammen stossen, so soll ihr Untergang erfolgen.

In Gärten im abnemmenden oder neuen Monde ie nach Beschaffenheit der Kälte Petersil, Spinnat, Rettige, gelbe Rüben, Zwiebeln,

beln, Bohnen, Erbſen u. d. gl. ſáen, ſtecken. Neue Beete zurichten, und wohl bearbeiten laſſen.

Von Baum und Obſtgärten. Die Bäume von den Rauppen, nnd alten Blättern ſäubern, beſchneiden, doch die Stärkern zu erſt, dann die Schwächern nemmen. Kerner in die Baumſchule ſetzen, wo man ſie nicht ſchon im Herbſte geſetzt. Die jungen Bäume im letzten Viertel umſetzen, ſo wenig wurmſtichiges Obſt verurſachen ſoll. Keinen jungen noch alten Baum naß verſetzen, noch weniger mit naſſer Erde beſchitten, denn dieß macht ſie erſticken. Das Holz ſchlagen, ſo man zu Waſſer Gebäuden verbrauchen will, weil es länger im Waſſer haltet.

Vom Vieh. Dieß ſoll man erſetzen, und ihm wohl warten, vor der Kälte bewahren. Die Pferde, und ſonderlich für die Stutten ſoll man Sorge tragen, daß man nicht überſehe, wann ſolchen die Euter wachſen, weil dieß ein ſicheres Zeichen, daß ſie bald fohlen werden. Diejenigen Stutten, ſo man will belegen laſſen, nicht zu viel Futter reichen, zuvor wohl purgiren, aberlaſſen. Dem Beſcheller Kräuter reichen, ſo ihn erhitzen, und recht ſpringen machen. Den kalbenden Kühen beſſeres Geſod reichen, fleißig in der Nacht auf solche sehen, warmes Getrank mit Kleyen, Trebern, Rüben, Kraut vermengt, daß sie viel Milch geben, reichen. Die Zucht=kälber in der sechsten, höchst siebenden Woche absetzen. Den Schaafen fleißig unterstreuen, ihre Ställe vor der Kälte bewahren, jenen, welche Säugemütter, statt Laub, und Stroh, Heu vor=legen. Da man aber an Heu einen Abgang hat, so schneide man Stroh, und weiche es in Salz=wasser, so thut es die nämliche Dienste. Die Ferkel, so beym wachsenden Monde fallen, auf=ziehen, und daß sie der Milch in Bälde vergessen, Anfangs Brod, und Gersten fürwerffen. Das brutige Geflüge izt, und im folgenden Monat ansetzen. Enten=Eyer kaufen, und solche Hüh=nern zum ausbrüten unterlegen.

Von der Bienezucht. Bienenstöcke kaufen, solche reinigen, und an die gehörigen Stellen ver=setzen; die übrige Könige tödten.

Von der Fischerey. dem Hechte, weil er izt am Beßten, nachtrachten, und den Fischteichen oft Luft machen.

Im Hause. Gesponnenes Garn, damit es wohl weiß werde, soll man in einem Kesel Wasser sieben, in der Weil saubre Asche in einem Bobig thun, das sidtnde Wasser darauf schütten, etwas erkalten lassen, bis man die Hand darinne leiden kann, dann trocknes Stroh in Kessel legen, einen Streu nach dem andern in den Kessel auf das Stroh legen, allezeit Aschen darzwischen, bis der Kessel voll, doch daß es gemächlich sieben kann. Dann laßt man es ohngefähr 3 Stunde im solchem, wäscht es beym Brunne sauber aus, und laßt es eine ganze Nacht über im Wasser liegen, dann hängt man es auf, und laßt es recht ausgefrieren; denn je mehr es gefroren, je schöner, und weisser wird es. Malz im Vorrath, und auf das Lager machen, und dünne aufschütten. Lagerbier zu bräuen anfangen. Die Thüren und Fenster von Kellern annoch wohl mit Strohdecken bewahren.

Das Beyspiel

als die leichteste, und nützlichste Weise, die Verbesserung des Feldbaues einzuführen.

von

Joseph Christoph Otto Leo beyder Rechte Kanditat, Sr. churfürstl. Durchleucht zu Trier, und Bischoffens zu Augsburg, Oberamtmann in Augsburg, und Mitgliede der churbaierischen Gesellschaft sittlich- und landwirthschaftlicher Wissenschaften zu Burghausen.

Worte bewegen zwar, Beyspiele aber haben die Macht die Gemüther zu lenken. Die Aufklärung des Geistes ganzer Völker, und ihre Bildung in politischen, und sittlichen Tugenden erfolgte in den ersten Zeiten weder nach Grundsätzen, noch nach mühesamen Theorien. Der Geist eines einzigen Mannes verbreitete Fruchtbarkeit im ganzen Lande. Sein Beyspiel vertrat die Stelle der Gesetzgebung, und er wurde der Schöpfer seines Volkes. Lange vorher, ehe man die Weltweisheit nach Systemen kannte, den Völkern ihre Regierungsform, und Verfassung nach Grundsä-

zen

tzen der Politick ertheilte, beherrschte eine viel mächtigere Philosophie den Erbkreis, nämlich die **philosophie des Beyspieles.** Diese ist die Tochter des Himmels, die wir im ehrwürdigen Gewande auf alten Gemälden erblicken: jene bescheidene Göttinn, deren sanftes Leben, und Sitten ihr Liebling, und Freund, der Vater der Dichtkunst abgezeichnet hat. Beyspiele waren es, unter derer Beystande der Geist eines ganzen Volkes bey seiner Entwicklung, und Aufklärung einen schnellen Fortgang gewann.

Verbreitete die kriegerische Regierungsform der Römer überall Furcht, und Schrecken, und pflanzte die römische Tapferkeit an allen Orten, wo sie hinkam, Denkmale ihrer Siege; so waren es doch die stillen Tugenden, und die ehrwürdigen Beyspiele der Helden des Frieden, welche den Römer zu seinen Trophäen begeisterten. Das freywillige Opfer war der schönste Tribut, welchen man ben Altären der Gottheit brachte: zum immerwährenden Beweise, daß die Stimme des Beyspieles uns mächtiger, und zu einem schönern Gehorsame einlade, als alle Gesetze, Befehle, und Drohungen. Der Geist des Beyspieles ergießt sich gleich sanften stillen Bächen in liebreiche,

reiche, in menschenfreundliche Handlungen. Selbst Rom, ehe noch jene wilde Liebe zu Eroberungen den Geist des Volkes beseelte, prangte mehr mit sanften, mit wohlthätigen Beyspielen, als mit außerordentlichen Handlungen vom Heroismus.

Es ist Weisheit eines Fürsten, wenn er sein Volk unter dem Beystande seines eignen Beyspieles aufkläret, und zu großen Handlungen anführet. Sein Beyspiel vertritt die Stelle der Gesetzgebung, erwecket die großen Seelen, und man sieht unbemerkt einen ganz neuen Geist unter dem Volke entstehen: einen Geist, welcher die Nation auf immer groß, und glücklich machet, wenn sie diesem Beyspiele mit Klugheit folget. Wenn ein reizender Antrieb der Gesinnungen die Handlungen erzeuget, so sind die Werker vollkommener, als wenn sie durch Zwang hervorgebracht werden. Dort erscheinen große, und edle Vorzüge, das Urbild wird ausgehangen, welchem der große Haufe gleich einer Siegesfahne folget: der Geist der Nachahmung wird in Arbeit gesetzet, und entzündet.

Von der allgemeinen Macht des Beyspieles schreite ich nun zu einer besondern Gattung davon. War die Verbindung des öffentlichen Vortheiles, der Vortheil des ganzen Staates vereinbaret mit dem Privatnutzen eines jeden Bürgers, die Seele von der Freyheit der Republicken im Alterthume: so ist in monarchischen Staaten das Beyspiel des Regenten die leichteste, und nützlichste Weise, sein Volk durch Verbesserung des Feldbaues glücklich zu machen.

Dieß ist die Seite meines Gegenstandes: ich wage den Versuch, denselben in vorliegender Abhandlung ausüblich vor Augen zu stellen, so viel meine wenige Känntnisse mich immer hiezu fähig machen. Es ist kein geringer Theil der Macht des Beyspieles, welcher auf den vollkommensten Wohlstand eines Volkes abzielet, und sich auf alle seine Bedürfnisse erstrecket; indem er dasselbe aufmuntert, der Erde alles dasjenige abzugewinnen, was sie hervorbringen kann.

Den Landmann reizet eben so einnehmend ein großes Beyspiel zum bessern Feldbaue, als die Tapferkeit des Feldherrn dem Soldaten Muth machet. Meine erste Obliegenheit wird daher seyn, das Beyspiel anzuzeigen, durch welches der Bauersmann zur Verbeßerung des Ackerbaues am Stärksten gereizet wird. Vielleicht wird damit auch in diesem Vorhaben mehr bewirket, als

durch

durch Geseze: ja ich behaupte es als den Grundsaz meiner gegenwärtigen Absicht um so standhafter, da ich nicht allein das Gutachten gelehrter, und einsichtsvoller Männer (a) auf meiner Seite habe, sondern auch darinne durch eine vierzehnjährige, in meinem Beamten Stande angebauerte Erfahrung unterstüzet bin.

Vergeblich eifern einige Schriftsteller über die eingewurzelten Vorurtheile, und über den angewohnten Schlendrian des Bauersmannes: vergeblich schreyen so viele Naturkündiger gegen dessen Unbiegsamkeit unter dem Vorwande, daß nichts in der Welt so beschwerlich sey, als denselben zu unterrichten, damit er die mindeste Veränderung in seinen Uebungen unternehme: dieß heißt in schön geschriebenen Büchern Leute angreifen, welche solche nicht zu lesen bekommen, noch weniger sich vertheidigen können. Gelehrte, welche in großen Städten wohnen, können nicht so gründlich, als jene, die auf dem Lande sich häuslich niedergelassen, und mit den Bauersleuten

täg=

(a) Der Herr geheime Rath Reinhard in seinen vermischten ökonomischen Schriften I Theil, 11 Seite.

Lehrbegrif sammtlicher ökonomischer, und Kammeralwissenschaften II Band, I Theil, 137 Seite.

täglichen Umgang zu pflegen haben, von derselben Gesinnungen urtheilen.

Die vermeynte Unbiegsamkeit des Landmannes hat ihren Ursprung nicht von dem Eigensinne, oder einer Hartnäckigkeit, sondern von der Unwissenheit in der Naturlehre, deren wichtige Grundsätze er dermal zu begreifen noch unfähig ist; von dem Abgange eigentlicher, und innerlicher Erkänntniß der Sache, die nur durch Unterricht, Fleiß und Versuche erworben wird: von der Schüchternheit gegen neue Vorschriften, und von dem Mißtrauen gegen obrigkeitliche Anordnungen. Billiger hätten die Gelehrten über die sorglosen, und unschicklichen Anstalten eifern können, durch welche man dem Landmanne die nöthigen Begriffe beyzubringen unterläßt. Derselbe ist eben so begierig, als ein jeder andrer Mensch sich, und den Seinigen den größten Vortheil zu verschaffen.

Wir können demnach gewiß glauben, daß, sobald wir demselben eine bessere, und ihn überzeugende Weise beybringen, er auch eben so bereit, wie ein jeder andrer seyn werde, den größern Vortheil dem geringern vorzuziehen. Dieses kann nicht besser geschehen, als wenn wir ihn durch einige

nige wiederholte, und bestättigte Proben in Beyspielen die größeren Vortheile sehen lassen, und ihm die Gründe dieses Erfolges klar vor Augen legen.

Wenn die Großen selbst Proben anstellen, und durch Beyspiele zur Nachahmung reitzen, ist es oft wirksamer, als die stärkste Redekunst einer ganzen ökonomischen Gesellschaft, welche sie in den gründlichsten, unverwerflichen, und allgemein nützlichen Schriften verwendet. Fruchtlos wird die Verbeßerung des Feldbaues dem Bauersmanne vorgeprediget, wenn nicht dieselbe zuvor auf den herrschaftlichen Gütern eingeführet wird: diese Kammergüter sollten die hohen Schulen für die Landwirthschaft seyn; denn der Feldbau ist eine Wissenschaft, und kein Handwerk. Und diese wahre Brodwissenschaft lehret dem Volke mehr Brod zu verschaffen, die Abgaben dem Landesherrn mit Freuden zu entrichten, für sich selbst aber sein Stück Brod mit Vergnügen zu essen. Es ist kein Stand, der nicht von dieser Wissenschaft das Leben hat. — Wer von Jugend auf gesäet, und gepflanzet hat, kann ein guter Wirth, aber doch kein Wirthschaftsverständiger seyn. Dieß ist eine Wissenschaft, wozu weitläufige Einsicht, und

und vielmal geprüfte Erfahrung gehöret. — Von Religion, und Wirthschaft sprechen die Meisten jenes gerne, was sie am Wenigsten davon verstehen.

Wer wird die Kunstwiesen vor dem verwüstenden Weyderechte sicher stellen? Wer wird zu Stande bringen, daß die Gemeinheiten vertheilet, und die Stallfütterung eingeführet werde? — Ich antworte: reitzende Vorspiele in den Domainen, angenehme Einladungen vernünftiger Gemeinden, guter Rath, und Unterricht, kräftige Unterstützungen. Der Feldbau ist ein Feind alles Zwanges. „Einladen (saget Montesquieu in
„seinem Geiste der Werke der Gesetze) wo man
„nicht zwingen darf, Leuten, wo man nicht
„befehlen darf, das ist die höchste Geschick-
„lichkeit. Die Domainengüter sind der wahre Spiegel der Bauerngüter. Noch bestimmter spricht der kluge Freyherr von Bilefeld (b) meinem Satze das Wort: „Die Kammergüter (schreibt er)
„müssen allen Eigenthümern der Landgüter zum
„Beyspiele, und Muster dienen ihre Wirthschaft
„darnach einzurichten. — Wenn der Landesherr
„eine neue Art der Feldarbeit überhaupt einfüh-
„ren

(b) Des Freyherrn von Bilefeld Lehrbegriffe der Staatskunst. C. 12. §. 4, 375 Seite.

„ren will, so muß er den Versuch davon in
„seinen Kammergütern anstellen; — Die beß=
„ten Beweise überreden das Bauernvolk nicht.
„Die Befehle machen aufsätzig; allein! Bey=
„spiele rühren es; und was es mit Augen sieht,
„dem folget es nach.

Die von dem Herrn Pfarrer Mayer zum
wirklichen Beyspiele angezogene Herrschaft konnte
ihre Unterthanen durch den angeschaften Espar=
cetsaame zu dem Anbaue dieses vortrefflichen Fut=
terkrautes so lange nicht bewegen, bis sie die
Proben zu machen befahl, und diese vor aller
Augen etwelche Jahre schon da stunden.(*) „Da=
„rum (fährt der preiserobernde Herr Pfarrer
„fort) folget denn ganz natürlich, wenn Herr=
„schaften eine bessere Bauart einzuführen ge=
„denken, so müssen die eigenen Kammeralgü=
„ter das seyn, auf welchem sie durch ihre Be=
„biente

(*) Die gleiche Bewandtniß hatte es in den churbaieri=
schen Landen mit dem Anbaue des Klees, und mit
der Anlegung der Hopfengärten u. s. f. Bloß thätige,
und reitzende Beyspiele waren es, welche die nichtigen
Vorurtheile bestritten, und den klaren Nutzen dem
Landmanne gezeiget, auch dadurch verursachet haben,
daß man sich auf diese zween landwirthschaftlichen Ge=
genstände mit größtem Fleiße, und allgemein = er=
sprießlichstem Eifer begeben.

„ diente die Proben am ersten bestättigen. Ge=
„ lingt es da, so stellet sich der Bauer dahin,
„ er sieht, und ohne Lehre, Ermahnung, und
„ Antriebe erfüllet er das ihm nicht entdeckte Ver=
„ langen. (c)

Der Marqui ̶ ou Turbilly, jener dem Wohl seiner Mitbürger sich gewidmete große Menschen= freund, hat meinen Grundsatz eheschon im Wer= ke selbst bewiesen, und der Welt vor Augen ge= leget, was Beyspiele, und Ermunterungen in den Gemüthern gemeiner Leute vermögen: hie= durch hat er diese zur Nachahmung in seiner Feld= bauart bewogen, dem Armen Brod verschaffet, den Mittelmäßigen wohlhabend gemachet, und den Ackerbau in seiner ganzen Gegend empor ge= bracht. Man kann hievon die Geschichte in sei= ner Abhandlung lesen. (d)

Was Wunder ist es, daß die Herrschaft Warthausen in Schwaben als ein Muster der schönsten landwirthschaftlichen Einrichtung von vielen Fremden besuchet werde, da sie selbst ihren
Herrn

(c) Joh. Frid. Mayers Pfarrers zu Kupferzell ꝛc. Beyträ=
ge, und Abhandlungen zur Aufnahme der Land = und
Hauswirthschaft. I. Theil, 69 Seite.
(d) Des Marquis von Turbilly praktischer Unterricht
zum Aufreißen der Brachen.

Herrn, und Reichsgrafen von Stadian, vorigen churmaynzischen Premierminister, und Großhofmeister zum Verfasser, und zum Vorgänger gehabt?

Der durchleuchtigste Karl Friderich Markgraf von Baden hat sich zur Ehre gerechnet, selbst das Beyspiel der verbeßerten Landwirthschaft seinen Unterthanen zu ertheilen. Dieser Fürst ließ mit derselben auf seinen Kammergütern den Anfang machen, welches fürstliche Vorbild die Unterthanen zur Nachahmung auf das Lebhafteste ermunterte.

Haben diese Beyspiele die von vielen dem Bauersmanne zugemessenen Vorurtheile, und Eigensinn, welche sie bisher als die größten Hindernisse in Verbeßerung des Feldbaues vorgegeben haben, so leicht besiegen können; so läßt sich eine eben so starke Witterung in den baierischen Staaten hoffen, wenn Se. churfürstliche Durchleucht, oder höchstbesselben Ministerium auf den churfürstlichen Domainen, oder Kammergütern der verbeßerten Landwirthschaft den ruhmwürdigsten Anfang unter eigener Verwaltung geben ließen, über sämmtliche Kammergüter aber, und derer Wirthschaftsaufseher die Direktion einem

alten Bauart verwaltet werden, oder derer Pacht=
zeit zu erst sich endigte.

Es versteht sich von selbst, daß ein solcher
Domainen Direktor (so will ich ihn einsweil
nennen) nach Untersuchung jeden Kammergutes
einen umständigen Bericht, mit seinem Gutach=
ten begleitet, dem hohen Ministerium überrei=
chen; diesem dagegen gefällig seyn müßte, jenem
mit all= benöthigter Hilfe uneinstellig an Han=
den zu gehen. Zur Beförderung des höchstherr=
schaftlichen Nutzen wäre daher sehr vorträglich,
wenn der bemelte Director zugleich als ein wirk=
liches Mitglied Sitz, und Stimme in dem Hof=
kammerkollegium, und in dem Fache der land=
wirthschaftlichen Sachen den Vortrag zu erstatten
hätte. Ungeacht er den ganzen Sommer in Un=
tersuch= und Einrichtung der Domainen zubräch=
te, wurde er doch zur Winterszeit in dem Kolle=
gium ersprießliche Dienste leisten, und aus dem
Kammerarchivs die beßten Mittel zur Hebung
der in Baiern der Feldbauesverbesserung in We=
ge stehenden Hindernisse entdecken können.

Wäre es für einen so großen Staat, wie
Baiern ist, zuviel, wenn man auf einen mit ob=
bemerkten Eigenschaften begabten Mann zween

A a 2 tau=

tausend Gulden jährlicher Besoldung verwenden sollte? — Mancher Kommißär steht ja eben so hoch. Sollten nicht in ganz katholischen Staaten für den zu verbessernden Feldbau erfahrne Gelehrte durch stattliche Besoldungen herbeygezogen werden; weil diese Wissenschaft bey den Katholicken im Deutschlande selten wohnet? Unter 50 Authorn habe ich kaum einen dieser Religion zugethanen gelesen. Soll man wohl in Baiern, wo der Feldbau die beträchtlichste, und fast einzige Quelle des Nahrungsstandes ist, das Beyspiel anderer Länder, in denen die Landwirthschaft mit so rühmlichem Eifer verbeßert wird, mit einer unthätigen Gleichgiltigkeit ansehen können, ohne durch eine nacheifernde Ausübung den patriotischen Vorschlägen der churfürstlich-baierischen Gesellschaft der Sittenlehre, und der Landwirthschaft die erwünschte Wirkung zu verleihen? — Wer wird noch an dem erhabenen Werthe des verbesserten Feldbaues zweifeln; und daß derselbe der Aufmerksamkeit eines Regenten würdig sey? Führwahr Niemand.

Der hochwürdigste Fürst, und Bischof zu Fulda empfand am Lebhaftesten diesen löblichen Trieb seine Unterthanen durch Verbesserung des
Feld=

Feldbaues glücklich zu sehen. Um dieses heilsame Vorhaben auf das Beßte ins Werk zu setzen, bestimmte dieser Fürst kraft des am 15. Hornunge 1772 ertheilten Diploms (e) eine eigene ökonomische Deputation, welche den Verfall des Ackerbaues untersuchen, dem Landmanne die leichtesten Wege zu Verbesserung an Hand geben, und über alles an denselben Bericht erstatten solle. Schon in allen Gegenden des fuldaischen Landes merket man einen landwirthschaftlichen Eifer glimmen: es waren gleich in dem ersten Jahre mehr öde Felder, als sonst umgerissen. Die Huthweyden sind schon in verschiedenen Dörfern unter Aufsicht der Deputation durch einen Feldmesser in gleiche Theile gesöndert worden. „ Man wußte auch wohl (schreibt man aus dem „ Fuldaischen) was Beyspiele zur Ermunterung „ des Landmannes vermögen: daher wollte die „ Deputation mit einer gut eingerichteten Land= „ wirthschaft den Vorgang machen. Se. hoch= „ fürstliche Gnaden übergaben NB. dem ökono= „ mischen Fleiße dieser Gesellschaft ein bisher ver= „ pachtet gewesenes, 3 Stunden von Fulda ge= „ legenes Domainengut. Man wird in weni=
„ gen

(e) Fuldaische wöchentliche Polizeyökonomie= und Zeitungsanzeigen, 11 Stück.

"gen Jahren die Früchte ihres Fleißes berech-
"nen können.

Ferne sey es, daß ich in ähnlichem Falle an dem großen Beyspiele des einsichtvollen Churfürsten von Baiern hätte zweifeln sollen, welcher, für das Wohl seiner Unterthanen gerühret, nicht nur die zu Burghausen errichtete landwirthschaftliche Gesellschaft bestättiget, und diese aller der Akademie der Wissenschaften in München verliehenen churfürstlichen Freyheiten theilhaftig gemachet, sondern auch von Empfindungen der Vaterliebe durchdrungen jenen, die sich in Befolgung der zum gemeinen Beßten abzielenden landwirthschaftlichen Unternehmungen vor andern hervorthun werden, zu mehrerer Aufmunterung Belohnungen verheißen hat. (f)

Von den auf den Kammergütern in Diensten stehenden Unterthanen wäre ein doppelter Nutzen zu erwarten: denn diese Güter würden mit gutem, und getreuem Gesinde bedienet seyn, und dieses nach vollstreckten Diensten die beßten Bauern in den Dörfern abgeben. Auf dieser hohen Schule konnte der junge Unterricht, und der

Mehr=

(f) Gesetze der churbaierisch- landwirthschaftlichen Gesellschaft vom 19. Nov. 1769. §. I. VII. und X.

Mehrbejahrte guten Rath empfangen, beyde zugleich aber wurden zur Nachahmung der verbesserten Bauart bald gereizet werden, wenn zuvor derselben Nutzen auf landesfürstlichen Gütern in Beyspielen hervorleuchten wurde.

Wie geschwind sich ansehnliche Verbeßerungen in der Landwirthschaft durch einen darinn die ächte Einsicht besitzenden Mann machen lassen, und wie leicht diese auf einem Kammergute, wo man weder gegen die gemeine Weydgerechtigkeit (diese Tyranninn des Feldbaues) noch gegen die vermischte Lage der Grundstücke, noch mit dem Geldmangel zu kämpfen hat, auszuführen seyen, bestärken neuere ausgeübte Beyspiele in den markgräflich-badischen Landen, und in einigen churpfälzischen Oberämtern.

Das herrliche Beyspiel des Landesfürsten also kann die Unterthanen zu dem gemeinsamen Wohl des Vaterlandes reizen. Diese werden sodenn unter sich selbst eifersüchtig zu ihrem allgemeinen Beßten arbeiten. Sollte wohl ein Reiz kräftiger seyn, den Muth des Landmannes zu der Verbesserung des Feldbaues erwecken zu können? Er wird jedem Erfolge der neuen Feldbauart auf den Kammergütern mit Neugierde entgegen sehen.

sehen. Die geringste Nachricht, oder Anweisung davon wird ihn, der auf nichts so begierig, als auf seinen Nutzen ist, sogleich aufmerksam machen. Er wird mit beyden Händen zugreifen, und die neuen Vortheile sich zu zueignen suchen. Durch die Richtigkeit des auf den Domainen zuvoderst geprüften Entwurfes, und von den Vortheilen, die daraus entsprungen, überzeuget, wird er anfangen solchen in Ausübung zu setzen. Denn der Landmann ist zum Nachahmen gebohren, und verspüret bey sich schon einen innerlichen Trieb auf die möglichste Verbesserung seines Ackerbaues äußerst bedacht zu seyn. Auf diese Weise ist der Weg zur Aufnahme des Feldbaues bald gebahnet: und nichts hindert ein weises Ministerium mehr um solchen in kurzer Zeit auf die erhabenste Stuffe der Vollkommenheit zu bringen.

So bald das landesherrliche Beyspiel ernstliche Triebe zur Nachfolge in den Gemüthern der Unterthanen wird erreget haben, so ist der glückliche Zeitpunkt eingetreten, in den Dörfern die Verbeßerung des Feldbaues mit der beßten Wirkung verbreiten zu können: denn hat der Landesvater das süße Vergnügen, seinen Wille mit dem Willen seiner Landeskinder vereinbaret, und

die

die Verfügung leicht befolget zu sehen, daß die Gemeinweyden in gleichem Maaße an den Armen wie an den Reichen ausgetheilet, das Vieh beständig auf dem Stalle unterhalten, jedem Unterthane seine verstreut besitzende Feldgründe an einem Stücke zugemessen, und sämmtlichen der benöthigte Kleesaame in ächter Beschaffenheit von dem nächst gelegenen Kammergute vorgestrecket werde.

Die Erfüllung nur einer, doch höchst nöthigen Bedingniß muß ich mir hiebey noch ausbitten: diese ist, daß der Landmann auf den Fall seines verbeßerten Feldbaues mit höheren Abgaben nicht beleget zu werden versichert seyn sollte. Nichts wiedersteht der Verbesserung des Ackerbaues mehr als die beschwerte Freyheit sein eignes Gut zu verbeßern. Diese Auflagen sind gleichsam eine Strafe, welche die Verbeßerung unmittelbar verfolget. Und alsdenn wird der Bauer nicht mehr seinen Hof verlassen; der Dableibende nicht mehr seine Aecker halb angebauet, und seine Wohnung gänzlich verfallen sehen; jeden öden Fleck Landes wird er befruchten, und mit jedem Getreidschnitte Fleiß, und Liebe für sein Vaterland einärnten. Welche Vortheile aber

für

für ein ganzes Land, wenn alle wüste Strecken angebauet werden, und kein Theil des Bodens ungenutzt bleibt! — Welchen sehr zahlreichen Viehstand, und diesen von der schönsten, und besten Art wird der Landmann sodenn nach dem Beyspiele der Domainen durch die auserlesene Nachzucht sich verschaffen, denselben ungleich besser unterhalten, und daraus überflüßige Nahrung für seine Aecker ziehen?

Diese allgemeine Landesverbesserung ist das einzige, und rechte Mittel den Landmann aufrecht zu erhalten, und seinen Wohlstand zu befördern. Alle übrige einfache Arzneyen sind zu schwach, ihm seine Gesundheit wieder zu geben. Es fehlet ihm zu sehr am Vermögen seinen Aeckern die behörige Hilfe zu leisten. Wenn er nun den vierten Theil seines Gewinnes noch an Steuern, den andern zu weitern, unter hundertley Nämen vermummten Auflagen abgeben muß; so bleibt ihm in der That nichts als Armuth übrig. Ein einziges schlechtes Jahr ab*: setzet ihn völlig außer aller Thätigkeit: und der Landesherr ist genöthiget, ihm unter die Arme zu greifen, oder derselbe muß vom Hause, und Hofe laufen.

Es ist ein Fehler für das ganze Land, wenn der gemeine Mann alle Jahre seinen Boden ausleeren muß; wenn er nicht einen Vorrath an Getreide hat, um einen Mißwachs zu übertragen, und den Mund der schmachtenden Armuth zu füllen. Ein Fehler davon wir vor mehr Jahren die betrübten Folgen schmerzlichst empfunden haben! — Versuchten es nur die Großen des Staates, die Wirthschaft nach diesem Systeme einzurichten, und ihr diese vortheilhafte Wendung zu geben, mit Verwunderung wurden sie sehen, wie der Landmann in Aufnahme, und zu Kräften kommen, wie er seine Felder auf die möglichste Art nutzen, und mehr als zweymal so viel davon erheben, wie er sich dadurch den Steueranschlag erleichtern, und statt des halben, nur den fünften Theil für die Steuern, und für alle übrige unter einem Namen vereinfachte Auflagen abzugeben nöthig haben würde. Dieß ist die Arzney, der Fuß, wobey er bestehen kann. — Zur Erzielung der Absicht die landesfürstlichen Einkünfte auf eine billige, und dauerhafte Art zu vermehren, muß mit Verbeßerung des Landmannes der Anfang gemachet werden: alle andere Vorschläge, die nicht auf dem blühenden Feldbaue gegründet sind, werden nur ein bloßes, gewebtes System

ab=

abgeben, das von keiner Dauer seyn wird. Der große Staatsminister, Herzog von Sully, und mit solchem die selbst redende Wahrheit bestättiget es, daß die Verbeßerung des Ackerbaues die erste, und allein unerschöpfliche Quelle des vollkommensten Wohlstandes in einem jeden Lande sey. — Ich kehre von meinem Feldwirthschaftseifer zurücke.

Nun wird der Nationalfleiß des baierischen Landmannes mit geschwinden Schritten herbey eilen, welchen der verdienstvolle, und unvergeßliche Freyherr von Ikstatt in einer akademischen Rede vorgesaget hat. Nicht mehr schüchtern, nicht mehr träg gegen bewehrte neue Versuche, nicht mehr mißtrauisch gegen hohe obrigkeitliche, bestgemeynte Anleitungen wird er nach alter deutscher Gewohnheit seyn; wenn er in den landesfürstlichen Domainen die glücklichen Vorgänge sieht. — O! wahrhaft die reizendeste Leitung, die bloß auf der großmüthigen Entschließung des landesväterlichen Herzens ruhet, die in ihrem vorgehenden Gebrauche zur freywilligen Nachahmung, und in das Glücke des Volkes gelinde wirket, und die eben darum dem Landesherrn, und dem Unterthane die leichteste, und die nutzbareste ist! Das

erste

erste glaube ich bisher erwiesen zu haben: den Nutzen des Unterthanes, und des ganzen Landes habe ich im Vorbeygehen, weil desselben Erklärung nicht unmittelbar zu gegenwärtigem Vortrage gehöret, kürzlich berühret; jetzt bleibt mir noch an Tag zu legen übrig, daß diese Art des Beyspieles in ihrer thätigen Anwendung auch für die Domainen die nützlichste sey.

Auf diesem Wege habe ich zufoderst einen hohen Berg zu besteigen, der von den Meynungen vieler neueren Kammeralisten aufgethürmet vor mir erscheint, welche da behaupten wollen, daß die Verpachtung fürstlicher Gütter nützlicher als die Verwalt= und Berechnung derselben sey. — Zu meinem Glücke hat der gelehrte, und erfahrungsvolle Herr Doktor, und Professor Schreber (*) eheschon der Beschwerlichkeit mich enthoben, diesen Berg zu bestürmen. Er hat die für die Verpachtung angeführten Vortheile der stärksten kammeralischen Schriftsteller mit dem besten Bestande widerleget, und durch die triftigsten, aus der Erfahrung wider die Verpachtung bestättigten

---

(*) Daniel Gottfried Schrebers der Rechte Doktors Abhandlung von Kammergütern, und Einkünften 64 und 89 Seite. — Ferner 114, und 123 Seite.

ten Gründe überzeugend bewiesen, daß die Verwalt= und Berechnung der Domainen derselben Verpachtung vorzuziehen, und einem Landesherrn ersprießlicher sey. Nur einige Ausnahmen hat er mir annoch zu beantworten übrig gelassen. Die erste derselben stützet sich auf die Größe eines Staates, auf die Vielheit, und Lage der Domainen, auf die Kosten der Einrichtung; die zweyte auf die Natur, und Eigenschaft derselben. — Der von mir in dieser Schrift aufgestellte Domainendirektor wird nach seinen Eigenschaften, und Verfahrungsart, die ich von ihm fodere, diese Ausnahmen leicht zu erledigen wissen, sammentliche Kammergüter werden nicht auf einmal unter die Verwaltung genommen, sondern je nach, und nach, so, daß jederzeit mit dem Gewinne aus dem ersten die Auslage für andere bestritten werden kann. — Die dritte Ausnahme ist, wenn eines Landesherrn mehreste Einkünfte aus Oekonomien gezogen, wenn starke in baarem Gelde bestehende Apanagen entrichtet werden müssen, wenn viele Schulden vorhanden sind; so würde mehr für als wider die Verpachtung der Domainen zu sprechen seyn. — Auch einem in solchen Umständen sich befindenden Fürsten würde durch meine die Einkünfte vervielfältigende Feldbauart ungleich besser als durch die

Ver=

Verpachtung aufgeholfen werden. Die vierte Ausnahme begründet nur stärker meine Meynung: Es ist, saget der Herr Professor, auf die Umstände der Zeitläufe der Bedacht zu nehmen, weil diese die Sache gar sehr ändern. Unsere aufgeklärte, jüngere Zeiten haben den Feldbau durch Entdekung einer bessern Bauart merklich geändert. Ein nach derselben Regeln eingetheiltes, und angebautes Landgut wird in dem Ertrage die zeitherige Verpachtung wenigst doppelt übersteigen. Wer damit noch nicht die möglichsten Versuche angestellet hat, steht mit seiner wirthschaftlichen Wissenschaft nur bey den ersten Anfangsgründen: denn dieser Ertrag hat sich in vielen Gegenden schon durch die Erfahrung geoffenbaret.

Zu dessen leichterem Begriffe will ich nicht mein eigenes, sondern ein frembdes Landgut in einer kleinen Schilderung anführen. Ich wurde ersuchet ein durch Pächter entkräftetes Rittergut in Augenschein zu nehmen, und von desselben Verbeßerung meine Gedanken zu eröffnen. Es bestund aus 248 Jucherten Ackerfeldes, 52 Tagwerken Wiesen, worunter aber 15 Tagwerke nur saures Gras, und Schilf hervorbrachten, aus 8 Tagwerken Baumgärten, und einer über 100 Ju=

cherte

cherte haltender Waldung. Auf dem Gute befanden sich 4 Pferde, und 54 Stücke Rindvieh, derer sammentliche geringe Art, und Ansehen die schlechte Fütterung verrieth. Von dem Kleebaue wußte man wenig. Das Vieh lief vor, und Nachmittag auf der Weyde, oder vielmehr auf öden Plätzen herum. — Der Beständer entrichtete jährlich für alles 1400 fl. Pachtgeld. Das Gut war von Steuern, Zehenden, Gülten, und Zinsen befreyet, hatte Gartenrecht, folglich alle bequeme Eigenschaften zur Anwendung der neuesten, und besten Feldbauart. — Ich machte hierüber einen Plan, zu Folge dessen künftig 120 Stücke Rind= oder Hornvieh, nebst den 4 Pferden auf dem Gute wohl unterhalten werden könnten, und dieses Gut unter selbstiger Bewirthschaftung 4300 fl. nach Abziehung aller jährlichen Unkosten schon in dem vierten Jahre eintragen wurde. Unter diesen waren nebst den Saatgesind= und anderen allgemeinen Unkosten noch besonders ausgeworfen: zu jährlicher Unterhaltung der Gebäude 300 fl. zu Verbeßerungen im Felde 300 fl. und dem Wirthschaftsaufseher 300 fl. — Viele, die keine Naturgeschichte, weniger ihre Lehre kannten, spotteten über meine herausgebrachte Ertragssumme; andere zweifelten nur an der Anwen=

wendung meines Systems in diesem Boden, unter diesem Himmelsstriche; den letzten, als mehr Nachdenkenden erklärte ich meine aus den Quellen der Naturlehre geschöpfte, practische Grundsätze, und derer durch Kunst, und Fleiß zu erzielende Wirkung; sodenn fragte ich sie, wie viel die best gehaltene Juchert jährlich eintrage? Ihre Antwort nahme ich zum Ansatze, und berechnete ihnen Stück für Stück: ich überzeugte sie durch Vernunftschlüsse, und angestellte Versuche, auf was Art jede Juchert des ganzen Gutes in den besten Stand versetzet werden wurde; und sie mußten, durch genauere Einsicht der Sache überführet, selbst meinen Plan rechtfertigen. — Wenn also zehn Kammergüter, welche in der Summe jetzt zehn tausend Gulden Pacht bezahlen, sohin durch eigene Verwaltnng vermög meiner Bauart dreyßig tausend Gulden liefern, soll dieß nicht die nützliche Behandlungsweise der Domainen seyn? — Ich schmeichle mir hierauf mit dem Bejahungsworte der churbaierischen, preiswürdigsten Landwirthschafts Gesellschaft um so lebhafter, als meine Abhandlung Wahrheiten enthält, von denen ich versichert bin, daß wenn ihr, durch Gelehrsamkeit, und Erfahrung vollendeter

Geist solche weiter überdenken will, sie selbige dem Staate sehr nützlich finden werde.

Diese hochansehnliche Gesellschaft pranget von einer Menge hoher Glieder, welche Säulen des churbajerischen Staates sind, die einen großmüthigsten Churfürsten unterstützen, dessen Herz zu nichts anderm gebildet ist, als groß zu seyn, und seine Staaten glücklich zu machen. Diese sind es, welche einem weisesten Beherrscher seiner Unterthanen, einem mächtigsten Landesfürsten dienen, welcher der Klugheit derer, die er zu seiner Unterstützung erkiesen hat, Gerechtigkeit wiederfahren läßt, und zu befördern nichts hindansetzet, was ihm Gutes von denselben vorgetragen wird. Die preiswürdige Gesellschaft wird daher alle Mittel erhalten, um das von mir hierinn bezeichnete landesfürstliche Beyspiel zur Ausübung bringen zu können, dessen Folgen ihren Ruhm, und Andenken unsterblich machen müssen; weil sie dadurch in kurzer Zeit den blühendesten, und reichsten Feldbau in sammentlichen baierischen Landen, den größten Fleiß, und Eifer der Unterthanen, und endlich das dauerhafteste Glücke unter allen Einwohnern befördern wird.

Georg

Georg Gottfried Strelin, fürstlich ötting-wallersteinischen Rathes, auch der churfürstlichen Gesellschaft sittlich- und landwirthschaftlicher Wissenschaften zu Burghausen Mitgliedes.

Geprüfte Bemerkung
von
Entstehung des Mutterkornes.

Das Mutterkorn ist eine merkwürdige Pflanze, welche die seltsamsten Abänderungen eines unbeständigen Schicksales erfahren muß. — Aus einer Arzney, (noch findt man es in einigen Apothecken,) man es zum schrecklichsten Gifte, zur Entstehungsursache der so fürchterlichen Kriebelkrankheit, bis endlich neuere Naturforscher die Rettung seiner Unschuld versuchten.

In der Reihe dieser letzten hat Herr Hofrath von Model zu St. Petersburg eine vorzügliche Stelle eingenommen, doch bleibt auch nach seinen chymischen Untersuchungen immer noch richtig, daß das Mutterkorn, ob es gleich unschädlich seyn mag, dennoch ein verdorbenes, und kein gesundes Gewächs sey; und wenn man die Wahrnehmungen, und das Urtheil des Herrn Hofmedicus Wichmann damit vergleicht, so zweifelt man noch ziemlich, ob chymische Versuche hinlänglich seyn möchten, die Schädlichkeit, oder Unschädlichkeit dieses Korns in Absicht auf den menschlichen Körper zuverläßig zu bestimmen.

So lange diese Pflanze noch zweydeutig ist, hat man Anlaß genug, wo nicht auf ihre Vertilgung, dennoch auf ihre Absönderung von den menschlichen Nahrungsmitteln zu denken; dieses ist wenigstens der sicherste Weg, den man wählen kann. — Sonderbar genug scheint es also, daß so wenige Naturforscher an die Entstehung dieses Gewächses, an seine Vertilgung, und Absönderung von den menschlichen Nahrungsmitteln dachten, während eine Menge Schriftsteller über seine Schädlichkeit, und Unschädlichkeit sich zankte. Außer dem Wenigen, was in den Anzeigen der Leipziger ökonomischen Societät vom Jahre 1771 — in den wienerischen nützlichen Nachrichten, das Oekonomie= und Commerzwesen betreffend, — und in den Schriften der Herren Zecher, und von Model davon anzutreffen ist, wurde wenigst mir nichts bekannt.

Auf dem nämlichen Wege, auf welchem die meisten menschlichen Erfindungen gemachet werden, ben, ganz von Ohngefähr nämlich, glaube ich die Entstehung dieser Pflanzenkrankheit entdecket zu haben, — welche mich sodann auch auf die Mittel zu ihrer Vertilgung leitete.

Vor ein paar Jahren erlaubte mir mein Beruf in den Sommermonaten öfters den ganzen Tag nicht eine einzige Erholungsstunde; ich verwandte daher die Abendstunden zu meinen Spaziergängen in die Kornfelder, welche fast unmittelbar an die engen Ringmauern meines damaligen Wohnplatzes gränzten. — Als die Frucht zu reifen anfieng, fielen mir auf einem solchen Spaziergange Kornähren mit ganz besonders großen Mutterzapfen ins Aug, welche mir so ungewöhnlich schienen, daß ich mich nicht enthalten konnte, einige davon abzubrechen. Ich entdeckte aber dadurch, daß es keine Mutterzapfen, sondern kleine nackente Schnecken waren, welche an den Kornähren hiengen, und daß mich bloß die Dunkelheit des Abends geblendet hatte. — Nun wurde meine Neugierde erst rege, ich wiederholte meine Beobachtungen alle Abende, zeichnete mir die Aehren, an welchen ich solche Schnecken fand, mit Fäden, und im Felde ihre Stellen mit Steinen, und Stäben, besuchte sie am Tage,

Tage, und auch des Morgens sehr fruh wiederum, und bemerkte dadurch ganz deutlich, daß sich diese ungebethenen Gäste Abends nach Sonnenuntergange auf den Aehren einfanden, solche mit einem Schleime, (den andere vor mir auch schon bemerkten, aber mit dem Namen Hönigthau beehrten,) überzogen, und Morgens fruh vor Sonnenaufgange wiederum verließen; worauf ihr angenehmes Nachtlager nach, und nach in Mutterkorn ausartete. — Und diese Beobachtungen setzte ich so lange fort, bis sie durch die Aernte unterbrochen wurden.

Viel zu vergnügt über meine gemachte Entdeckung, als daß ich sie hätte verschweigen können, theilte ich solche dem Herrn Kämmerer, und geheimen Rathe, Freyherrn von Hartmann alsogleich mit, und wurde von diesem großen Naturforscher nicht nur zur Fortsetzung meiner Versuche ermuntert, sondern auch dazu angeleitet, die Probe anzustellen, ob sich nicht die nackte Schnecken, als Urheber des Mutterkorns, durch Gips, oder noch besser durch Kalk, von der Saat abhalten ließen, weil dieser, wie ich ebenfalls der Meynung bin, der Pflanze weniger nachtheilig seyn kann, als jener.

Das

Das folgende Jahr wiederholte ich also meine Verſuche, jedoch in einem andern Lande, und ſah ſie zu meinem unausſprechlichen Vergnügen alle beſtättiget. — Der im Frühjahre auf dem Kornacker geſtreute Gips, vorzüglich aber der Kalk, hielt die ungebethenen Gäſte wenigſtens ſo lange von der Saat ab, bis er ſeine Natur völlig verändert, und ſich in dem Erdboden verloren hatte. — Als aber gegen die Zeit der Aernte ſich dennoch wiederum einige dieſer kleinen nackten Schnecken einfinden wollten, und das Aufſtreuen wegen der erlangten Höhe der Frucht nicht mehr wiederholet werden konnte, ließ ich die Aehren mittels einer Gießkanne Abends mit Kalkwaſſer beſprengen, und fand auch hievon eine erwünſchte Wirkung. — Nur iſt es zu bedauern, daß auch dieſe ganz einfache Manipulation bey einem groſſen Felde ſehr beſchwerlich wird. — Indeſſen hat man zum Glücke nicht nöthig zu ſolchen Mitteln oft zu greifen, da das Mutterkorn nur alsdann einen merklichen Nachtheil bringt, wann es, wie doch ſelten, und meiſtens nur in ſehr regneriſchen Jahren geſchieht, ſehr häufig wachſet; das wenige aber, was ſich faſt alle Jahre einfindt, gar leicht durch ein Sieb von der geſunden Frucht ab-

ge-

gesondert werden kann, indem die Mutterzapfen merklich größer sind als andere Roggenkörner.

Diese Beobachtungen fand ich, bey angestellter Vergleichung, mit demjenigen, was andere von der Entstehung des Mutterkorns bemerket, gedacht, und geschrieben haben, ganz wohl zusamme passend; und deswegen zweifle ich fast nicht mehr, die wahre Veranlassung desselben entdecket zu haben, ob ich gleich gar gerne bekenne, daß meine wenige Beobachtungen noch nicht hinreichen, diese Sache außer allem Zweifel zu setzen, und daher aufrichtig wünsche, daß sie erst von einsichtigern Männern ferner geprüfet, und bestättiget werden möchten.

Die Art, und Weise hingegen, wie durch die Schnecken das Mutterkorn erzeugt werden könne, scheint mir gar keiner Schwürigkeit unterworfen zu seyn, und stimme ich diesfalls der Theorie des Herrn Möllers, welche derselbe in seinen Gedanken von den Ursachen des so genannten Mutterkorns, oder Brandes im Roggen der Welt bekannt machte, vollkommen bey, obschon dieser Schriftsteller übrigens das Mutterkorn von dem so genannten Honigthaue, dieses aber von dem Stiche eines ihm unbekannten Insectes herzuleiten suchet.

Kurze

Kurze Nachricht

von dem Leben, und Schriften des gewesenen Direktor der kurfürstlichen sittlichen und landwirthschaftlichen Gesellschaft zu Burghausen.

Joseph Franz von Hoppenbichel Weltpriester der Gottesgelehrtheit Doktor, kurköllnischer Beneficiat zu Altenötting, apostolischer Protonotarius, des königlichen portugesischen Ordens Jesus Christus Ritter, kurpfälzischer geistlicher geheimer Rath, wie auch baierischer und fürstlich freysingischer geistlicher Rath, der kaiserl. franziscischen Akademie der freyen Künste in Augsburg Rath, beständiger Direktor der churfürstl. Gesellschaft sittlich und landwirthschaftlicher Wissenschaften, dann der k. k. Gesellschaft des Ackerbaues in Tyrol und der chursächsischen physikalischen ökonomischen Gesellschaft in der Oberlausitz Mitglied, ward gebohren zu Burghausen im Jahre 1721. allwo sein Herr Vater als Regierungsrath gestanden. Er verdient wegen dem großen Eifer und ununterbrochenen Briefwechsel, denn er in Gesellschaft des Freyherrn von Hartmann für die Entstehung, Verbreitung und Aufrechthaltung der churfürstlichen Gesellschaft sittlich und wirthschaftlicher Wissenschaften zu Burghausen verwendet hatte, einen ansehnlichen Rang unter den vaterländischen Gelehrten. Seine vielen langwierigen und mühsamen zum Beßten der Geschichtskunde unternommen Arbeiten, welche er uns in der Handschrift hinterlassen hat, beweisen, daß die Zeit seines Lebens im stätten Fleiße müsse zugebracht haben. Auch sein schöne zurückgelassene Sammlung von Naturalien und Kupferstichen wird von Kennern geschätzet; und man muß sich in der That nicht wenig wundern, daß er es hierinn mit seinem gar mittelmäßigen Einkommen so hoh habe bringen können.

So viele Verdienste sich nun dieser Gelehrte um die Wissenschaften, und das Wohl seiner Mitbürger erworben hat, so wenig sind sie ihm vom Vaterlande belohnet worden. Aber bey allem dem gereicht ihm zur unauslöschlichen Ehre, daß ihm von Auswärtigen viele Ehrenbezeugungen erwiesen worden. Unter welchen aber steht diejenige billig oben an, daß er im Jahre 1773 von Sr. päbstlichen Heiligkeit mit dem portugesischen Ritterorden Jesus Christus ist beehret worden, welches Ordenszeichen er den 6. Juni gedachten Jahres aus den Händen Sr. iezt regierenden

renden hochfürstlichen Gnaden zu Freysing in Angesicht des ganzen Hofes mit den feyerlichsten Ceremonien erhalten hat.

Was seine Schriften anbetrift, ist nur Schade, daß hievon die wichtigsten nicht zum Drucke gekommen sind, und noch mehr wäre zu bedauren, wenn sie in solche Hände kommen sollten, die hievon keinen rechten Gebrauch machen könnten.

Seine gedrukte Schriften sind:

1) Rede von dem großen Nutzen der Glückseligkeit eines Landes durch den Flor und die Aufnahme der zierlichen Wissenschaften. Burghausen 1766. 4.

2) Rede von der großen Nothwendigkeit und dadurch erfolgenden Vorzüglichkeit einer guten und reinen deutschen Sprache und Schreibart im Vaterlande. 1768. 4.

3) Die glückliche Vereinbarung der Gelehrtheit mit der Heiligkeit. Eine Lobrede zu Ehren des heiligen Johann von Kent (Cautius) Burghausen 1769. 4.

4) Rede von der Liebe des Vaterlandes eben allda 1770.

5)

5) Landwirthschaftliche Erinnerung wider das Vorurtheil: das Brachfelder nothwendig seyen Burghausen 1772. 4.

6) Rede von dem großen Einflusse einer guten Erziehung und vernünftigen Unterweisung der Jugend in schönen und nützlichen Wissenschaften und guten Sitten auf die Glückseligkeit eines Staats, gehalten zu Burghausen den 4. Nov. 1773. und gedruckt mit des Freyherrn von Hartmanns Abhandlung von dem Wachsthume der Pflanzen 1774. 4.

In der Handschrift liegen:

7) Genealogische und chronologische Beschreibung aller Päbste, Erz= und Bischöfe auch Bißthümer.

Ist in einer Tabelle verfaßt, die 11 Fuß lang und 7 breit ist.

8) Hierachia Germaniae: oder ordentliches Verzeichniß aller Erz= und Bischöfe Deutschlandes von dem Ursprunge und ersten Bischofe eines jeden Erz= und Hochstiftes bis auf das Jahr 1777.

9) Ehrensaal des hohen und niedern Adels, vier Bände in Fol., worinn über 3000 adeliche Fa=

Familien enthalten sind, und mit vielen Stammtafeln belegt.

10) Barnaſſus venerabilis Cleri ſecularis, oder Beschreibung aller Weltgeistlichen, die sich von den apostolischen Zeiten an bis 1770 durch gelehrte Schriften berühmt gemacht. Es sind hierinn mehr als 4000 Personen.

Dieser tugendhafte Mann, den die Unschuld seines Wandels, die Aufrichtigkeit seiner Sitten, und die genaue Ordnung in seiner Aufführung sowohl zu Empfehlung dienten als seine Gelehrsamkeit, starb endlich noch mehr mit Verdiensten als Jahren überhäuft den 27ten Jänner 1779. Auf seinem Grabmal lieset man folgende Aufschrift:

Hier ruhet der hochwürdige und wohlgebohrne Herr Joseph von Hoppenbüchel auf Ober- und Niederoffendorf, Ritter des königlichen portugesischen Jesus Christus-Orden. Sr. churfl. Durchl. zu Pfalz-Baiern geheimer Rath, Direktor der Gesellschaft sittlich- und landwirthschaftlicher Wissenschaften zu Burghausen, verschiedener Akademien Mitglied.

Se

Gelehrte Bürger, Ackersleute
zollet schuldige Thränen!
dem tugendhaften Priester;
dem unermüden Geiste;
dem ächten Patrioten;
dem weisen Manne.

Der reich an schwer errungenen Verdiensten nach erlebten 57 Jahren selig im Herrn entschlief den 27ten Jenner 1779.

Ein

Ein Mittel, Ratten und Mäuse zu vertreiben.

Man stellt mehrere Ratten oder Mäusefallen einzeln auf den Kornboden, und wo sich solche aufhalten, doch mit der Anmerkung: daß diese Fallen auf das Lebendigfangen müssen eingerichtet seyn. Hat man solche gerichtet, so schaut man beyläufig, wann man glaubt, daß sich eine könnte gefangen haben, über die Fall, wo überall eine gefangen worden, halt man einen Sack, daß der Ratt oder die Maus hineinlaufen muß, und sucht solche mit den Händen, zwischen dem Sacke zu halten, streift dann den Sack zurück, und halt die Maus so lange beym Kopf, bis man sie bis an Hals in einer besonders zubereiteten Wagenschmier (die so düne mit Fischthran oder Fischschmalz als wie Wasser angemachet werden muß) gesteckt, läßt dann die beschmierte Maus laufen. Dieses Thierchen durchlaufet so verstrichen ihre sonstigen Weege, und bringet den Gestank von der Wagenschmier, und Fischthran oder Fischschmalze mit ihrem Durchlaufen überall hin, verursachet also mit dem Gestank, daß das übrige Ungeziefer, so noch da, und den Fischthran und Wagenschmier nicht dulten kann, in gar kurzer Zeit verliert.

Von Fischereyen.

Wann man bey guter Zeit schöne Karpfen zu bekommen gesonnen ist; so muß man starke Setzlinge brauchen, solche in einen Weyer versetzen, der stark die Sonn und überhaupts viel schlamiges Wesen; übrigens wenig, oder viel mehr keine Brunnquellen hat; solche Fische werden mit kurzer Zeit groß. Einige Oekonomien haben auch den Brauche, daß sie Mist in dergleichen Weyer thun, und man hat aus der Erfahrung, daß Schweinsmist am besten dazu dienen soll.

Nicht alle Weyer sind mit der nämlichen Gattung zu besetzen, wie nicht jeder Boden mit der nämlichen Frucht kann besäet werden. Man muß also eine Auswahl treffen. Z. B. in jene Weyer, so mit Weißfischen, und Schleyen sehr überhäuft sind, da thun die Karpfen nicht gut, sondern Hechte, und Perslinge.

Grundeln in den Weyern zieht man so, man nimmt Bachgrundeln, die eben nicht am grösten, so nach Beschaffenheit man den Weyer vor sich sieht, z. B. 1 Maaß, setzt dann diese Maaß bey Zeiten in feuchte, und sandigte Weyer, so so aber nicht zu tief, und man wird damit seinen Zweck erreichen, und Grundeln bekommen.

Ein erprobtes Mittel wider die Wanzen.

Viele Männer rathen Sachen, so sie oft nur gehört, niemals aber selbst erprobet. Ich denke oft so bey mir, wie ein Mann noch so unter den Leuten ein Aufsehen macht, der seine Erfahrung Niemand als einem großen Bande fremder Blätter, so von Tag zu Tag an seiner Thüre ankommen, zu danken hat. Das nämliche Mittel laß ich schon einmal in einer hiesigen Schrift, allein ich wette der Verfasser hat es nichts weniger, als probirt. Ich stehe jedem gut, daß ich aus Erfahrung schreibe, und will den ganzen Proceß, wie ich ihn unternommen, hersetzen.

Man wechselt hier alle halbe Jahre, wenn man nicht bleiben will, die Wohnungen, und da ich mit andern Menschen gleiches Schicksaal hatte, so zoh ich aus, und kam in eine Wohnung, wo dieses Ungeziefer in so einer Menge sich vorgefunden, daß alle Wände davon volle waren. Rechts, links, wo ich hinsah, krochen diese Thierchen von den Wänden herab; ich dachte also an den

den Rath, den mir einmal ein Mensch nicht mittelbar mitgetheilt, sondern unmittelbar mir zugekommen war, dachte auf das Mittel, und da ich immer in der Meinung gewesen, ich hätte etwas vergessen, gieng ich alsogleich an das Ort, wo ich solches einmal gehört, und machte folgendes Unternehmen.

3 Loth blauen Vitriol nahm ich unter die Weiße, und den Kalch, womit man die Löcher, woraus die Thierchen gekrochen, verstrichen, und ließ das Zimmer mit dieser von Kalch und Wasser und Vitriol zusammengesetzter Weise zweymal überstreichen, und erfuhr, daß dieses Mittel gut, denn es ist gegen 4 Monate, mit dem ich diese Operation vorgenomen, und zur Stunde wurde ich keine Wanze in den Mäuren mehr gewahr.

Dieses Mittel, so sonderlich es scheinen mag, ganz sicher ist, und man hat noch dabey zu merken: daß auch die Mauren um viel weißer, als mit purem Kalke geworden. Der Mann, der die Stube ausgeweisset, konnte das eher nicht, als bis das Ende da war, glauben. Würde dieses so öfter unternommen, so ist kein Zweifel, daß es nicht

noch

noch mehr Vortheile in Rückſicht der Thierchen als der Weiße ſchaffe.

Von dem Dunger, ſo man in Gärten verbrauchet.

Schaaf= und Kühmiſt wird in den Gärten für den nützlichſten gehalten; Roß= Tauben= und Hünermiſt ſoll, weil er all zu hitzig, gegen den Winter, damit die Hitze durch die Früchten Sage dieſer Jahreszeit gemindert werde, ausgebreitet werden. Das Gaſſenkoth ſollte man mit den Wägen zuſammen führen, und das ſonderlich an jenen Orten, wo gemeinte Viehtrüften. Man kann auch die Laugenaſche mit Ochſenmiſt und Mergel vermengt mit Nutzen gebrauchen. Gärber= loh, ſo zwey oder mehr Jahre gelegen, wie auch die Aſche für ſich verurſachet eine große Fruchtbarkeit, und hindert das Ungeziefer.

Guter Glasleim.

Sehr zart und ſubtil gepülvert weiſſes oder venediſches Glas und Mennige unter einander, mit einem Oel= oder Spickfirniſſe angemacht, der bald trocknet.

Zerbrochene Gläser, Krüge, Töpfe ꝛc.
behende zu leimen.

Ungelöschten Kalk mit Eyerklar auf einem Stein wohl unter einander gerieben, das zerbrochen Geschirr damit bestrichen, die Stücklein mit Geschicklichkeit in einander gefugt, und trocknen lassen.

Holz vor Feuer zu bewahren.

Im warmen guten Leimwasser zart gepülverten Alaun solvirt, so viel es dessen mag annehmen, selbiges hierauf lassen siebend heiß werden, und darein gerührt zart geriebenen Hammerschlag und Ziegelmehl, zu gleichen Theilen, so viel, daß es gleich einem dünnen Teig werde, solches hiernächst also heiß. Messerrückens dicke auf ein Bret gestrichen, und trocknen lassen.

Ein dergleichen Brett nimmt vom Feuer nicht leichte Schaden, wenn gleich das Feuer nächst dabey wäre, oder gar darauf angemacht würde, inmassen diese Kütte von dem Feuer je länger, je härter wird, und zuletzt wie Eisen.

Daß eine gemeine Lampe noch einmal
so lange brenne, als sonsten.

Solches zu bewerkstelligen, wird nur ziemlich viel Salz in das Oel gegossen.

Daß das Oel im Brennen nicht rauche noch ruse.

So netze den Tacht in Weinessig, und lasse ihn wieder trocknen. Oder: thue distillirten Zwiebelsaft in die Lampe, und oben darauf Oel.

Das Rüböl, so von den Winterrüben oder Rebs gemacht wird, ist sehr gut zum Brennen: man macht es zuvor sieden, stellet solches vom Feuer, und gießet etliche Tropfen Wasser darein, dadurch wird verursachet, daß es weder übel riecht noch schmeckt, so daß einige den Sallat damit anmachen können.

Ochsen, Kälber, Schöpfen oder Hämmel binnen Monatsfrist über die massen fett und mast zu machen.

Klein geschnittene gelbe Rüben und Wickenkörner, mit Häckerling wohl vermischt, denselben so Tags als Nachts zu fressen gegeben, und sie jedesmal darauf saufen lassen, so nehmen sie geschwinde zu.

Eisen mit Zinn zu löthen.

Man bedienet sich hierzu eines Löthbolzens von Kupfer oder Eisen. Man reibet diesen Bolzen, wann er zuvor gehörig heiß gemacht ist auf einem Stein, mit Zinn, Theer und Salmiak vermischt, wenn nämlich der Bolzen von Eisen ist. Ist er aber von Kupfer, so reibt man ihn in Harzöl oder anderem Fett. Wenn das Eisen, welches gelöthet werden soll, nicht vorher verzinnt gewesen ist, so müssen die Seiten, welche zusammengelöthet werden sollen, eingefeilt, und mit Theer und Salmiak überstrichen werden.

Mößing zu löthen.

Man lege über die Fuge, welche zusammengelöthet werden soll, Meßing, Schlagloth und Borax. Wenn dieser Meßing soll geschmiedet werden (denn wenn er heiß oder glühend ist, läßt er sich nicht schmieden) so kann es sich leicht ereignen, daß es Risse bekommt, und der Meßing sich wirft, welches ebenfalls mit Schlagloth und Borax wieder zusammengelöthet werden kann, nur muß man alsdann erstlich Scheidwasser darauf thun, welches sich sogleich durch die Ritzen zieht, wie hart und dichte sie auch zusammen sitzen, und alsdann fließt die Löthung nach, sonsten aber nicht.

Anzeig eines Buches

für Liebhaber der Naturgeschichte, so bey Verlegern dieses Werkes zu haben.

Naturgeschichte aus den besten Schriftstellern mit merianischen Kupfern. Heilbronn in der eckebrechtischen Handlung, Fol. 1779.

Die Naturgeschichte, diese Urquelle, aus der man wahre Kenntniße zu schöpfen Gelegenheit hat, diese so nützliche Wissenschaft, wie lange blieb solche vernachläßiget, mit welchem Eigensinn verboth mancher den Zugang in die Schulen. Endlich als man ein= und den andern sah, der sich damit abgab, so gieng das Ding unter die Leute, es ward Mode, man dumelte sich Stubenvoll Steine zu samlen, richtete solche ein, und wann wer vom Auslande kam, zeigte man sie her — gut, man sah sie, vergaß nicht, daß man solche gesehen, schrieb sich zur Noth auch noch einige auf; und das war nun das ganze Studium, daß die ganze Verwendung auf eine so ohnumgänglich nützliche Wissenschaft, den Nutzen, die Vortheile der Naturalien, die Verarbeitung zu Verschiedenen Dingen, so man pretiosa nennt, und oft Produkten unsers eignen Vaterlandes, so

ein

ein ausländischer Fleiß polirt, hergerichtet, diese selbst zu machen, fällt keinem ein; doch ich muß dieses Werke, das ich hier angezeigt, seine Lage im Kurzen zeigen.

Das Werk ist in Abschnitte getheilt.

V. Abschnitte handeln von vierfüßigen Thieren.

VI. Abschnitte von Vögeln.

II. Abschnitte von den Sommervögeln.

Das Werk ist für Liebhaber der Naturgeschichte ganz unentbehrlich, die schönen Kupfer, so mit Wahl entnommen, und nicht wie in Jonstons Werke aus allerley fabelhaften Thieren zusamengetragen. Man findet was davon, allein nur so viel, daß der Leser wisse, was er durch tradition gehört. O mit welchem Vergnügen, mit welche Freude könnte ein Land stehen, wann es einmal anfieng die verborgenen Schätze seines Erdstriches zu untersuchen, wie glücklich waren die Fürsten, wann statt schmerzenden Klagen auf dem Throne anhören zu müssen, ihre Unterthanen sie mit Erfindungen überhäuften, wann schlafe Unthätigkeit sich entfernte; aber, was findet besser solches zu bewirken, als Geschenke, Ehrenstellen, die Freundschaft der großen. Was

Was thut der beste Kopf, wann er sein Talent nicht geschützet sieht, er artet oder aus, oder es ersticket solches, daß vieleicht ohnglaublichen Nuzen gebracht, vieleicht die Einkünften um ein merkliches gemehrt.

Engelland, und Schweden wären gewiß nicht so groß, so beglückt, wann nicht die Belohnung, die Aufhelfung guter Köpfe voran gegangen, und nicht verdienstvolle Männer wären belohnt worden. Baiern, das von Gott beglückte Baiern, wie viel größer, beglückter könnte es nicht seyn, da aber der rechtschafne Patriot gar selten sein schluzendes Herz durfte hören lassen, da immer der gemeine Mann aus der Ursach hat leiden müssen, weil leere Köpfe seine Obmänner waren, so konnte sich kein Stand empor heben, alles Gute würde Neuerung genennt, und man hatte fast recht vor allen Neuen zu erschrecken, denn es gieng gemeiniglich auf die Bekrenkuug der Unterthanen aus. Nun hast du Zeit dich zu erhollen, jezt darfst du sprechen, und wann deine Reden noch nichts bewirket, so traue auf den weisesten Regenten, halte dich rechtschaffen, man wird dich hervorziehen, du sahst Beyspiele, und vieleicht bist du das nächste. Es werden die Schulen gebessert, die Tugend gekrönt, und die Rechtschaffenheit geschützet. Man wird seine vaterländische Schätze aufsuchen, und verbrauchen, und dann erst empfinden, daß Karl Theodor der beste Regent, gütig, aber auch scharf, scharf gegen die, so das Herz des Staates zu untergraben denken, und unter dem Scheine selbem aufzuhelfen, solches zu Grund zu richten suchen. Mancher Patriot wird bald aufhören müssen diese so heiligen Titel zu führen, bald wird solcher ihn nicht mehr schützen, decken. Man wird ihm den Titel wegnemmen, und der Betrüger wird sich in der Blöße darstellen. Alles wehrt eine Weile, und oft ist es ein Augenblick, der die Larve dem Scheinpatrioten entnimmt, und den Bösewicht in seiner lang verhülten Größe darstellt.

Inn=

Innhalt

der in dem ersten Bande enthaltenen Materien.

Im August.

Von den verschiednen Erbarten, als dem Grunde der ganzen Landwirthschaft. Seite 3.

Gedanken über die Polizey. S. 26.

Von verschiedenen Haus= dann andern Mitteln, seine Gesundheit zu schützen. S. 43.

Im September.

Von dem Nutzen, und Vortheil der Garten= und Thonerde. S. 49.

Abhandlung von der Erkenntniß und Verbesserung der Erde. Von Leopold Freyherrn von Hartmann. S. 58.

Fortsetzung der Polizeywissenschaften, und zwar, erstes Hauptstück des theoretischen Theiles. Von der moralischen Bildung der Unterthanen. S. 103.

Fortsetzung der verschiedenen Haus= dann andern Mitteln seine Gesundheit zu schützen. S. 112.

Etwas zur Aufnahme der Landwirthschaft.
S. 119.

Eines alten Freundes, und Gönners der Leipziger Samlung eingeschickter Beytrag, von der Gesinden oder Ehehalten Noth. S. 120.

Im October.

Von dem Nutze, und dem Vortheil der kalkartigen Erdarten. S. 129.

Erste Gründe, welche bey dem Ackerbaue zu beobachten sind. Von Sigmund Grafen von Spreti ꝛc. S. 139.

Erster Abschnitt. Von der Beschaffenheit des auszustreuenden Saamens. S. 139.

Zweyter Abschnitt. Von der Beschaffenheit des Ackers. S. 143.

Dritter Abschnitt. Von der Zubereitung des Ackers. S. 160.

Vierter Abschnitt. Von dem Säen. S. 174.

Fünfter Abschnitt. Von den wirthschaftlichen Beschäftigungen bey dem Wachsthume der Feldfrüchte, bey der Aernde, und Absönderung des Sames, dann dessen Verwahrung. S. 180.

Fortsetzung der verschiedenen Haus = dann andern Mitteln, seine Gesundheit zu schützen.
S. 185.

Ein bewährtes Mittel zu Heilung des Krebses. S. 189.

Antwort auf die Frage des münchnerischen Intelligenzblatts Nro. 38. S. 190.

Im November.

Vom Nutze, und Vortheil des Sandes. S. 193.

Abhandlung von dem Wachsthume und den Krankheiten der Pflanzen. Von Leopold Freyherrn von Hartmann 2c. S. 203.

Anhang eines auf geprüften Erfahrungen gegründeten Landwirthschaftlichen Versuches den sogenannten Trill aus den Feldern auszurotten.

Sendschreiben, welches Anmerkungen über gewisse thörrichte aberglaubische Gebräuche enthält, und eine Begebenheit davon erzählt, samt vielen Noten des Hausvaters. S. 243.

Fortsetzung auf die Frage des münchnerischen Intelligenzblatts Nro. 38. S. 252.

Landwirthschaftlicher Anhang wider das Vorurtheil, daß Brachfelder nothwendig seyen. Von Jos. Franz Xav. von Hoppenbüchl. S.254.

Anzeig der feyerlichen Versammlung der churfürstlichen Gesellschaft sittlich, und landwirthschaftlicher Wissenschaften in Burghausen. S.271.

Nach=

Nachricht des Hausvaters. S. 272.

Im December.

Oekonomische Regeln für das Monat Jenner. S. 273.

Abhandlung von dem Einfluße eines wohl angeordneten Akerbaues in die Glückseligkeit eines Staates. Von Sigmund Franz, des H. R. R. Grafen von Haßlang ꝛc. S. 277.

Anhang eines so nützlich = als glücklichen Erfindung, wie den schadhaften Folgen des Schneedrnckes abzuhelfen sey. S. 321.

Anzeig eines Buches für alle Liebhaber der Künste, Manufakturen, Handelschaft, und Akerbau. S. 325.

Fortsetzung des landwirthschaftlichen Anhangs wider das Vorurtheil, daß Brachfelder nöthig. S. 348.

Etwas von Weyern und Fischereyen S. 352.

Im Jänner 1780.

Oekonomische Regeln für das Monat Hornung. S. 353.

Das Beyspiel als die leichteste, und nützlichste Weise, die Verbeßerung des Feldbaues einzuführen. Von Joseph Christoph Otto Leo ꝛc.
S. 359.

Georg

Georg Gottfried Strelin ꝛc. Geprüfte Bemerknng von Entstehung des Mutterkornes.
S. 385.

Kurze Nachricht von dem Leben, und Schriften des verstorbenen Herrn von Hoppenbüchel ꝛc.
S. 391.

Ein Mittel, Ratzen und Mäuse zu vertreiben.
S. 397.

Von Fischereyen
S. 398.

Erprobtes Mittel wider die Wanzen. S. 399.

Von den Dunger, so man in Garten verbrauchet.
S. 401.

Guten Glasleim zu machen.
S. 402.

Zerbrochene Gläser, Krüge, Töpfe ꝛc. behende zu leimen.
S. 402.

Das Holz vor Feuer zu bewahren. S. 402.

Das eine gemeine Lampe noch einmal so lang brenne, als sonsten.
S. 402.

Daß das Oel nicht rauche noch ruse. S. 403.

Ochsen, Kälber, Schöpsen oder Hämmel binnen Monatsfrist über die massen fett und mast zu machen.
S. 403.

Eisen mit Zinn zu löthen.
S. 403.

Meßing zu löthen.
S. 404.

Anzeig einer Naturgeschichte mit merianischen Kupfern.
S. 405.

Nachricht.

Es dient allen Herren Subscribenten zur Nachricht, daß die Monatschrift künftig auch bey Herrn Johann Nepomuck Fritz Buchhändler nebst dem schönen Thurm zu haben; belieben also alle dorthin ihre Einlaggeldter zu schicken; man wird schleinig den Herren Liebhabern die Stücke übermachen.